共治天下

士族的崛起与衰落

《国家人文历史》 编著

人民日报出版社

北 京

图书在版编目（CIP）数据

共治天下：士族的崛起与衰落/《国家人文历史》
编著. —北京：人民日报出版社，2024.1
ISBN 978-7-5115-8132-7

Ⅰ.①共… Ⅱ.①国… Ⅲ.①士—群体—研究—中国
—古代 Ⅳ.①D691.2

中国国家版本馆CIP数据核字（2023）第248198号

书　　名：共治天下：士族的崛起与衰落
　　　　　GONGZHI TIANXIA：SHIZU DE JUEQI YU SHUAILUO
作　　者：《国家人文历史》

出 版 人：刘华新
选题策划：鹿柴文化　周　斌
责任编辑：张炜煜　霍佳仪
特约编辑：缪红建

出版发行：人民日报出版社
社　　址：北京金台西路2号
邮政编码：100733
发行热线：（010）65369509　65369512　65369527　65369528
邮购热线：（010）65369530　65363527
编辑热线：（010）65369514
网　　址：www.peopledailypress.com
经　　销：新华书店
印　　刷：三河市华润印刷有限公司
法律顾问：北京科宇律师事务所 010-83622312

开　　本：880mm×1230mm　1/32
字　　数：224千字
印　　张：10
版　　次：2025年2月第1版
印　　次：2025年2月第1次印刷

书　　号：ISBN 978-7-5115-8132-7
定　　价：52.00元

序

　　士族是中国历史中一个特殊的社会阶层，从三国鼎立到隋朝统一，经历了近四个世纪、数十个政权的兴亡。作为一个兴起于汉代的社会阶层，士族在魏晋南北朝时期的政治舞台上扮演着极其重要的角色，余风遗响及于隋唐。本书精心挑选这一时期士族中的主要家族以及士族人物，通过对一个个经典小故事的叙述与解读，将学者精深研究的结论寓于轻松诙谐的文字之中，涉及政治、经济、军事与文化等多维历史问题，向读者呈现士族在汉代萌生、魏晋南北朝鼎盛、隋唐走向衰微的全貌。个人认为若试图轻松地了解魏晋南北朝以及汉唐历史，这是一本值得一读的好书。

　　士族，可以说是有文化、世代任官的家族。"士"之名，缘于西周时期贵族的底层，他们的主要职责是执干戈以卫社稷，作为贵族，又需具备礼、乐、射、御、书、数六个方面的基本修养，即所谓的"六艺"。春秋战国时期，随着周代封建制的崩溃，君主集权国家逐渐形成，原本"士"所承担的战斗职责由所有平民承担，直到汉代，二十等军功爵最低一级称"公士"，士与农、工、商合称"四民"，共同构成新型国家的基础。同一时期，以孔子为代表，出现了有别于"武士"的新型"文士"，他们学习文化知识，培育个体人格，以出任官吏、教化百姓为职志。

汉代独尊儒术，选贤与能，"士"逐渐演变成文士的专称。由于经济与教育条件的制约，当时能够成为文士的人并不多，一些家族得以成功地以儒学传家、世代为官，被称为"世家""世族"，其中甚至数代有家族成员官至三公，所谓"累世三公""四世五公"。地方郡一级政府在当地自选官吏，并承担向朝廷推举人才的责任，到东汉中后期，不少郡的官场已被少数家族掌控。这些具有地方甚至全国性影响的家族，学术界一般称之为"世家大族"。数代具有儒学修养，并担任官职，是成为"世家大族"的必要条件。汉末动荡，"世家大族"也是各方势力拉拢的对象。

三国魏建立后，设置"中正"，由各郡在京任职的官员兼任，以"士"为考察对象，根据德行、才能、家世考察人才，分为"九品"，以此作为选任与官员升迁的依据，后被称为"乡品"或"资品"。司马氏当政后，为控制人才选拔，又仿效"郡中正"置"州中正"。对郡中正核定的士人品第，拥有裁量权，称为"大中正"，也称"州都"。中正，尤其是州中正所定品第，并无监督程序，"高下逐强弱，是非由爱憎"在所难免。至西晋时，对德行、才能这两个相对空泛的标准来说，"家世"，即父、祖的官、爵，成为中正定品的关键因素，"故据上品者，非公侯之子孙，则当途之昆弟也"。"士族"因而产生，那些在汉魏、魏晋"禅让"过程中相继支持曹氏、司马氏夺权的家族，自会官高爵显，独占中正品第中的"上品"。

"上品"指的是被中正评为二品的人才。班固在《汉书·古今人表》中，将先秦至秦朝的古人定为上上、上中至下下九个等级，上上为周公、孔子之类的圣人，而下中、下下，全是品德恶劣的人、叛贼。或许是受其影响，九品中正制度下，一品被视为像孔子那样的圣人才可以拥有的品第，未曾授人，至于八品、九品，也不必评定，故三品至七品通称"下品"。中正评定的"乡品"或"资品"，与魏晋时形成的官分九品相配合。被评为"上品"者，初次任官，最高可以做五品官；而被评为"下品"者，初任官职品级相应降低。士族子弟的初任官职被称为"起家"官。被评为"上品"人才的士族子弟，起家之官品级高、职务清闲、待遇丰厚、晋升容易，被称为"清官"；而被评为"下品"的士族子弟，起家之官品级低、任务繁重、待遇微薄、晋升困难，被称为"浊官"。士族原本是一个相对封闭的圈子，其内部又有"高门""寒门"之别，前者往往又被称为"膏粱""华腴""华族""门阀"，因而并非一个享有同等权利的社会阶层。进入东晋南朝，士族内部的高低划分已然固化，高门子弟"平流进取，坐至公卿""凡厥衣冠，莫非二品，自此以还，遂成卑庶"。门第不受皇权影响，正所谓"士大夫故非天子所命"。

魏晋形成的士族，不仅具有封闭性，还有强烈的地域性。受汉代地域经济文化发展程度以及魏晋政权地域性特征的双重影响，西晋统一后，在河北、关陇特别是吴、蜀立国的江南、巴蜀，很少有士人能够被评定为二品人才，其家族也难以发展成高门。这在一定程度上使统一的西晋缺乏足够的凝聚力，难以得到各地社会精英的广泛支持，西晋政权的迅速崩溃与此不无关系。西晋灭亡后，以琅琊王氏、陈郡谢氏、颍川庾氏、谯国桓氏为代表的高门士族，从北方逃至江南继续发展。他们主要来自今河南、山东一带，压制江南士人，视河北、山西、关陇等地的后来者为"荒伦"。上百家士族，内部又根据门第高下形成一个个排他性的婚姻圈，门第越高，享有的政治、经济特权越多。南朝时皇权借武力伸张，高门士族人士身居高位而不亲事务，以保持家族地位不受冲击为要务，"殉国之感无因，保家之念宜切"，逐渐沦为寄生阶层，在南朝后期的政治动荡中丧亡殆尽。

相比于西晋末逃至江南的士族，十六国北朝时的北方士族没有高高在上的政治地位，但在长期动荡中聚族而居，同宗同族观念浓厚，士族人士具有很强的政治军事才干，在与十六国北朝各政权的长期合作中积聚起家族声望。北魏孝文帝改革时，试图建立如同南方那样等级分明的士族门阀制度。西魏北周时，按门第选官的办法在政治上被否定，而旧时士族高门凭借根植于乡里的家族势力，在隋唐时期人才辈出，其中的名门望族清河崔氏、范阳卢氏、陇西李氏、荥阳郑氏、太原王氏及其分支被称为"五姓七宗"，长期具有广泛的社会影响。随着社会经济的发展、知识传播的深入，文化人才增加，根据考试成绩差额选拔人才的科举制日益成熟，士族最终退出历史舞台。"旧时王谢堂前燕，飞入寻常百姓家"，中晚唐诗人刘禹锡的此句，不仅是对南朝士族风流的凭吊，也是对社会现实变迁的写照。

受《共治天下：士族的崛起与衰落》一书编者所邀，略述士族兴亡梗概如上，或有助于读者理解书中内容，是为所望！

何德章
中国魏晋南北朝史学会荣誉副会长
天津师范大学历史学院教授

目录

两汉士族的

崛起

Ⅰ

第五章　北方士族的生存之道

第六章　士族时代的黄昏

两汉士族的崛起

第一章

三个顶级士族的崛起之路

做学问是高尚的，也是功利的……世人读书、求学，似乎都是以兼济天下为己任，但实际上，绝大多数人都只是想提升自己的政治地位。

一 汝南袁氏，东汉士族典型崛起之路

"天下之人非家吏则门生也，孰不从我？四方之敌非吾匹则吾役也，谁能违我？"

汉献帝建安二年（197年），袁术在寿春僭越称帝，他的昔日部将孙策听说后，当即令手下谋士张纮写了封信予以斥责。开篇第一句便是信中张纮以袁术口吻写成的话（《三国志·孙策传》注引《吴录》），即证明了汝南袁氏的"权之重，势之盛"。

诚然，自袁安成名后，汝南袁氏连续四世都有人担任"三公"之职；及至东汉后期，这个家族早已"门生故吏遍布天下"，成了与弘农杨氏并驾齐驱的顶级豪族。汉末军阀袁绍、袁术，也是在家族余荫之下，才一度成为主导时局的关键人物。

从名不见经传到"天下莫得而比"，汝南袁氏只用了一百年左右的时间。它是如何维持自身门楣不坠，还能更进一步的？

明经入仕，名士标杆

东汉自建国以来，就对儒家经学极为推崇；皇帝也以身作则，时常与大儒、博士"讲经论理"。在皇权推动下，经学与政治牢牢结合，考试多以经学内容为主，以至于全国各地的士子无不研习经学，希望以明经入仕。从启蒙阶段的蒙学到高等教育中的太学，经学无处不在，民间甚至有"遗子黄金满籯，不如一经"的说法：给儿孙留下一箱黄金，不如教他们研习经学。在当时社会经济条件下，经学仍只是少数人所能掌握的知识。具有家学渊源的士子更容易步入仕途。汝南袁氏发家的"第一桶金"，也得益于此。

袁安是汝南袁氏第一个位列"三公"之人。史载，袁安的祖父袁良精通《孟氏易》，西汉平帝时举明经，为太子舍人；东汉建立后，任成武县令。彼时，阴阳与五行学说大行于世，《孟氏易》以阴阳灾变的角度阐述易学原理，符合上层的统治需求，由此成为显学。东汉经学大家许慎、马融、荀爽、郑玄等人，都或多或少取资于《孟氏易》。

袁安少习家学，初为汝阳县功曹。"功曹"一职为郡守、县令的重要佐史，掌管官吏功过与人才选拔，汉代例由本地人担任。袁安初出茅庐，就能担任县功曹，除个人能力外，世传《孟氏易》这一文化背景自然也是一项重要因素。可仅仅是这样，显然还不够。

任功曹期间，袁安行事公正，"所在吏人畏而爱之"。后因事到都城洛阳，遇大雪封门，洛阳令亲自巡查，唯见袁安住所前前无行人之迹，以为冻饿而死，进屋后见袁安僵卧在床。面对问询，袁安说："大家的日子都不容易，我何必再去麻烦他人？"此话既出，洛阳令为之叹服，遂"以为贤"而推举他为孝廉，袁安因此从地方属吏成为朝廷命官。而"袁安困雪"也成为一个典故，用来形容士人有操守、安贫乐道。如南宋诗人陆游《稽山雪》云："冻吟孰窥袁安户，僵卧兀尽苏武节。"

有洛阳令的举荐，袁安顺利进入仕途，先后任阴平县长、任城县令、楚郡太守、河南尹，所到之处无不肃然。凭借出色的政绩，袁安平步青云，一路升任司空、司徒之职，终是位列"三公"。

由此可见，世传家学只是袁安仕途的"敲门砖"，能让他提前占据优势；个人的品行、操守以及能力，才是袁安能位列"三公"的决定性因素。是以，当袁氏后人无法达到袁安的高度，但又想维持门楣不坠时，就只好"另辟蹊径"了。

清浊分野，阿附权贵

袁安为司徒时，匡扶社稷，维护幼主，不畏强权，并数次与外戚窦氏相争，于是"自天子及大臣皆恃赖之"。凭借这份恩情，袁安后人多以门荫入仕。

袁安长子袁赏蒙父荫拜为郎官；次子袁京"初拜郎中，稍迁侍中"，后任蜀郡太守；三子袁敞亦"以父任为太子舍人"。郎官是中央或地方官的"预备役"，至东汉时，多以"任子"或"赀选"（捐官）的方式选拔。太子舍人也选自于忠臣良官之家，"轮番宿卫，似郎中"，相当于提前与未来天子打好了关系，如蜀汉"名相"董允、费祎，皆曾任太子舍人。袁安三子的仕途起点，亦可见一斑。

尽管袁安的儿子们都以门荫入仕，但是他们仍继承了父亲的清正之风。据《后汉书·袁安传》记载："安子京、敞最知名。"除记载不详的袁赏外，袁京、袁敞皆习《孟氏易》有所得，袁京后来辞官归隐，多次拒绝朝廷征辟，贤名远扬；袁敞"廉劲不阿权贵"，有其父之风，后累迁至光禄勋、司空，成了汝南袁氏第二个位列"三公"之人。袁敞有一子袁盱，也累官至光禄勋，在"跋扈将军"梁冀专权之时，袁盱"不相阿附"，亦有清名。

同为第三代，袁京二子袁汤、袁彭的表现也可圈可点。袁汤举孝廉入仕，不仅当过司空，还因为拥戴桓帝有功而获封安国亭侯，食邑五百户，成为汝南袁氏首个封侯之人。与之相比，身为兄长的袁彭在道德上的表现更为出色，他承袭了袁氏一门的清正廉洁之风，被时人比作著名贤臣贡禹和第五伦。然而，自袁汤与袁彭之后，汝南袁氏有了明显的"清浊之分"。

袁彭有一子为袁贺，贺又生袁闳、袁忠与袁弘，忠又有一子，是为袁祕。从袁彭到袁祕，祖孙四代皆安贫乐道，有忠正清亮之名，颇有袁安遗风。袁闳虽然生活贫苦，"居处仄陋，以耕学为业"，却坚持不受袁汤儿子的资助；就连看望父母也要变更姓名，不愿招摇过市。

反观袁汤的三个儿子——袁成、袁逢、袁隗，既不以家学入仕，也未见其突出能力，但最终却个个身居高位。这是因为，袁氏自第四代开始结交外戚、宦官，甚至阿附权贵。袁汤长子袁成（字文开），即袁绍名义上的父亲，其为人好交结，人脉广阔，是大将军梁冀的重要谋主，深得其重视，当时有"事不谐，问文开"的说法。袁成早夭后，袁逢、袁隗勾连中常侍袁赦，互为表里；彼时宦官势大，而袁氏家族亦"富奢甚，不与它公族同"。

袁氏子弟承袭家学、秉持操守，再加上家世庇荫，想要平步青云，似乎也并非难事。既然如此，为何袁逢、袁隗不惜舍弃清名，也要选择这条捷径呢？

党锢之祸，汝颍冠冕

袁氏家族的选择，更像是一种"自我调节"。东汉中后期以来，社会风气与政治环境的显著变化，在很大程度上改变了汝南袁氏以及其他世家大族的心态。

首先，两汉家学逐渐衰落。

做学问是高尚的，也是功利的；对两汉士人而言，更是如此。世人读书、求学，似乎都是以兼济天下为己任，但实际上，绝大多数人都只是想提升自己的政治地位，或者说，改善生活、出人头地乃至光耀门楣；因此，家学才十分重要，它不仅是一种学术传承，更是延续家族政治利益的必要手段。

而这一切的前提是，学问与仕途之间是牢牢绑定的。但东汉中后期以来，学问就不那么重要了，世家子弟想要入仕，多的是办法：家世和名气已经取代学问，成为影响仕途的决定性因素。文人之间"激扬名声，互相题拂，品核公卿，裁量执政"，以达到养名目的；负责察举的官员则以主观标准为依据，给公族子弟大开后门，"举孝廉"也成为公族子弟"镀金"的第一步。家学带来的政治收益减小，人们对它的追求也就可有可无了。

汝南袁氏世传《孟氏易》，连续几代因此获益，顺风顺水。身居高位，政治和人脉资源的积累也将更加容易，故袁汤之后，袁氏子弟鲜少研究学问，家学的衰落不可避免；与袁绍同辈的袁弘，甚至徒步寻师求学，足见袁氏家族的文化氛围已大不如前，这便为其日后由文转武埋下了伏笔。

其次，社会风气竞相豪奢。

袁氏发迹之初，尚能秉持气节，"袁安困雪"还传为一时美谈，是后辈子弟的学习榜样。然而，东汉自建立以来，上层社会就存在着豪奢之风。尽管皇室以身作则、厉行节俭，但是这种风气并未得到遏制，比如汉明帝马皇后"常衣大练，裙不加缘"，但她出身的扶风马氏却是闻名天下的巨富之家，向来以豪奢著称。

随着中央皇权的衰落与地方中小地主的崛起，经济资源集中在少数贵族之家，豪奢之风也开始席卷全国各地。尽管人们还对清贫高士保持着高度评价，但是回到家中，他们仍会沉迷享乐。身为东汉王朝的顶级家族，汝南袁氏很难在这种环境下不受影响。优渥的物质条件，让汝南袁氏放低了道德门槛，解开了"清正之名"对自身的束缚。

袁绍的叔叔袁隗，迎娶马融之女为妻，生活无比富足，从小锦衣玉食的袁术，更是一个典型：在占领寿春后，他奢侈无度、横征暴敛，就连兵败以后，这位走投无路的仲氏皇帝还想着再喝一口蜜水。

最后，政治环境越发险恶。

东汉皇帝早夭，自和、安二帝后，宦官与外戚轮流执政，以至于朝政日趋黑暗，引发了清流士人的激烈抗议，其中最值得关注的是"汝颍士人集团"。汉末至西晋十六国，流传着"汝颍多奇士"的说法。东汉中后期，闻名天下的"三君""八俊""八顾""八及"中，有颍川人李膺、荀昱、杜密和汝南人陈蕃、范滂、蔡衍、陈翔；尤其是陈蕃和李膺，更是士大夫公认的领袖，在社会和朝堂上都拥有极大影响力。

围绕在陈蕃、李膺身边的汝颍士人，因为对抗宦官与外戚的经历，在赢得颇高声名的同时，也遭遇了残酷打压。陈蕃、李膺、杜密、范滂、荀昱等人相继遇害，幸存下来的荀爽、陈纪等名士也被禁锢终生。党锢之祸后，一批汝颍士人的态度有了微妙变化。

据《三国志·荀彧传》注引《典略》记载："中常侍唐衡欲以女妻汝南傅公明，公明不娶，转以与彧。父绲慕衡势，为彧娶之。"又据《后汉书·荀彧传》记载："绲畏惮宦官，乃为彧娶中常侍唐衡女。"无论荀绲是被动还是主动，他都与宦官唐衡结成了亲家，这显然是汝颍士人对时局的妥协。就连"颍川四长"之一的陈太丘陈寔，也选择明哲保身：宦官张让之父去世后，他主动前去吊丧，赢得了张让好感，"及后复诛党人，让感寔，故多所全宥"。

可惜，能清楚认识到这一点的人毕竟只是少数。其他汝颍士人作为抗议主力，很难不会被宦官集团重点"关照"。在两次党锢之祸后，遭遇重创的汝颍士人暂时沉寂，等待日后的复兴。而这个机会，正是汝南袁氏带来的。此为后话。

与荀绲、陈寔一样，袁隗对待宦官也是尽量交好。据《三国志·袁绍传》注引《英雄记》记载："（袁绍）不应辟命。中常侍赵忠谓诸黄门曰：'袁本初坐作声价，不应呼召而养死士，不知此儿欲何所为乎？'绍叔父隗闻之，责数绍曰：'汝且破我家！'绍于是乃起应大将军之命。"

乍一看，袁隗、袁绍怕了宦官集团；但实际上，这正是汝南袁氏的高明之处。袁隗与宦官的和平相处，不仅维持了家族荣光，也让汝南袁氏成为汝颍士人在朝堂上仅存的一支力量；汝颍士人若想入仕，必然要通过汝南袁氏。这将会是一笔庞大的政治资源，同时也进一步坐实了汝南袁氏"门生故吏遍布天下"的事实。

此外，汝南人许邵、许靖主持的"月旦评"，也应当是在汝南袁氏这个"地头蛇"的默许下进行的；作为东汉后期最负盛名的人物品评盛会，其对舆论的影响亦不容小觑。这些资源，都为袁绍、袁术二人日后的割据提供了很大助力。

由文转武，袁氏巅峰

从清正到巨富，汝南袁氏只用了数十年时间，其急剧扩张的背后，必然伴随着以权谋私与土地兼并。这绝非个例，东汉时期的豪强地主一旦取得政治上的高位，就会"收获"大批土地和人口，进而拥有强大的经济和军事实力。正因如此，汝南袁氏才能迅速从文官世家转变成以袁绍、袁术为核心的割据军阀。

自袁安以来，袁氏子弟多出任光禄勋、太仆或地方郡守；至袁成与大将军梁冀交好时，始任左中郎将。被过继给袁成的嗣子袁绍，亦是大将军何进的心腹谋士，后出任中军校尉，仅在上军校尉蹇硕之下。而袁绍与外戚何进同谋，必然有家族支持，其背后的主导者正是他的叔叔袁隗。

据《后汉书·孝灵帝纪》记载，汉灵帝驾崩之后，"后将军袁隗为太傅，与大将军何进参录尚书事"。紧接着，小黄门蹇硕、董太后（灵帝母）以及骠骑将军董重（董太后之侄）便惨遭何进清洗。蹇硕一死，袁绍顺理成章接管西园军；而外戚董氏的谢幕，也保证了大将军何进与何太后的利益。

在袁隗的默许下，何进顺利掌握朝政大权，并采纳袁绍的建议，征召四方猛将入京谋诛宦官。然而，戏剧性的一幕出现了：何进"稀里糊涂"地死在了宫中。随后，袁隗、袁绍、袁术像是早有准备一般，不仅备好兵马一举铲除了宦官及"无须者"共计2000余人，还矫诏杀死了宦官任命的司隶校尉樊陵与河南尹许相，牢牢把持了朝政。

袁绍、袁术年轻时的游侠梦，终于实现了。他们少时以侠气闻，招揽奔走之友，为这场宫变做好了充足准备。汝南袁氏也在这次行动中表现出前所未有的果决，并一举铲除了宦官，可谓振奋人心。但可惜的是，他们并没有享受到胜利果实，因为董卓来"摘桃子"了。

开启乱世，盛极而衰

讽刺的是，董卓一度是袁隗眼中的自己人。据《三国志·董卓传》注引《吴书》记载："并州刺史段颎荐卓公府，司徒袁隗辟为掾。"董卓是良家子弟，又是袁隗门生，这让他很容易得到汝南袁氏的信赖，毕竟东汉时期的恩主与故史，是一种非常牢靠的"君臣关系"，没有多少人敢冒天下之大不韪，背叛自己的恩主。

可董卓偏偏就敢。他能进入洛阳，原本有袁隗支持。据《太平御览》引《续汉书·献帝纪》记载："昭宁元年，董卓住兵屯阳苑，使者就拜司空。"昭宁是少帝刘辩年号，而在何进死后有资格做出这个决定的，除了皇帝就是袁隗。不难看出，袁氏家族希望借助董卓的军事力量，继续稳固其在朝堂上的地位；但令他们想不到的是，董卓成长于边地，"尝游羌中"，不可能被中原士人标榜的道德束缚。

董卓入洛后，兼并何进、何苗兄弟的部曲，又策反吕布，得到了并州军的支持，实力大增。权欲熏心的他为了更进一步，欲废帝另立，但此举遭到了袁绍的强烈反对。后者忌惮董卓兵强，遂乃出奔洛阳，打算"曲线救国"。不过，袁绍想救的"国"并非东汉王朝，而是汝南袁氏的更进一步。

君不见，董卓掌权后，为培养自己的力量，令吏部尚书周毖、尚书郎许靖以及伍琼、何颙等人负责选举，提拔大批"幽滞之士"进入中央或地方为官。

周毖，汉阳人，"卓信之，而阴为绍"；何颙，南阳人，袁绍的"奔走之友"；至于许靖、伍琼，更是袁绍的老乡汝南人。看来，袁绍提前留了一步后手。故张邈、韩馥、刘岱等人前往地方为长官后，纷纷响应袁绍号召，加入关东联军，共誓讨董。汉末乱世的序幕，也在盟主袁绍、副盟主袁术的主持下，缓缓拉开。

凭借家世，袁绍、袁术拿到了最好的牌。袁绍坐拥冀、青、并、幽四州之地，成为河北霸主；袁术横跨江淮，僭越称帝，威风一时。尽管如此，袁氏兄弟都没能成功把手中的好牌打出"王炸"效果，并最终为曹操做了"嫁衣"。

乱世之下，需要重新洗牌，汝南袁氏手中的好牌被曹操洗掉了。故三国以后，昔日鼎盛的汝南袁氏，自此烟消云散；反观低调的弘农杨氏，却在西晋以后再度辉煌。

二 弘农杨氏，从军功封侯到经学传家

东汉后期，汝南袁氏一直赫赫有名，及至汉末，袁绍、袁术趁势割据河北、淮南地区，在乱世之中出尽风头。因此，当世人谈起这个辉煌显赫的汝南袁氏家族，总习惯把它与当时另一个顶级大族弘农杨氏相提并论。

相较于汝南袁氏，弘农杨氏发迹更早，在西汉时期就曾风光一时；到了东汉，它亦是"四世三公"，备受士人推崇。奇怪的是，汉魏更替之际的弘农杨氏，非但没有像汝南袁氏那样，积极投身于争霸大业，而且未能维持住家族荣光，在曹魏时期十分低调。

随东汉王朝的发展而兴盛，因东汉王朝的覆灭而落魄，弘农杨氏的历史变迁，正是汉代世家大族发展的一个缩影。

西汉时代的昙花一现

杨氏先祖，可追溯至西汉初年。初，西楚霸王项羽于乌江之畔自刎，王翳取其头，郎中骑杨喜，骑司马吕马童，郎中吕胜、杨武则各得其一体，皆封侯。而其中的赤泉侯杨喜，正是弘农杨氏的先祖。杨喜的籍贯、封地均不在弘农华阴，可他却是弘农杨氏的奠基人杨震的八世祖。汉武帝及其之前，豪族强宗的迁徙情况较为频繁，且地望与籍贯并非影响他们入仕的关键因素，故

杨氏先祖的籍贯，不时会有变动。

根据李开元先生的说法，以军功封侯的杨喜属于"汉初军功受益阶层"，但只是其中的"秦人集团"，非刘邦之亲信。这便意味着，尽管杨喜是汉初军功贵族集团的一员，但是因资历尚浅而无法获得政治上的高位。汉初以军功封侯者的封地多为一县，且与杨喜一同封侯的其他四人所在封地——涅阳、中水、杜衍、吴房，也都是县，可见赤泉侯应当也是县侯。至杨喜之孙杨毋害时，先改封临汝侯，为一乡侯，后于汉武帝元光二年（前133年）因罪免爵。可见，杨氏先祖在西汉初年的政治地位每况愈下。

直到杨敞之时，杨氏的情况才算有所好转。杨敞是杨震的嫡系先祖，也是现有记载中杨氏首个落籍于弘农华阴之人，其世系为：杨敞—杨忠—杨谭—杨宝—杨震。

据《汉书·杨敞传》记载：

杨敞，华阴人也。给事大将军莫府，为军司马，霍光爱厚之，稍迁至大司农。……后迁御史大夫，代王䜣为丞相，封安平侯。

结合杨敞为人处世"谨畏事，不敢言"的表现来看，他在政治上并无长处，能封侯拜相更多是因为他搭上了辅政大臣霍光的"顺风车"。但不管怎么说，杨敞毕竟官至丞相，这层身份足以让杨氏子弟在仕途上有着较高起点。

杨敞有二子，长子杨忠承袭父爵，后早夭；其次子杨恽少年聪慧，深得外公司马迁喜爱，自幼习《太史公书》，拥有较高的文化素养。年岁稍长后，杨恽以父荫任郎官，"好交英俊诸儒，名显朝廷"。至汉宣帝地节四年（前66年），霍氏子弟欲谋反，杨恽向朝廷告发，因功获封平通侯，迁中郎将。在任期间，杨恽的政治才能逐渐显露，逐渐赢得汉宣帝的信任，弘农杨氏也因此愈发兴盛。正如杨恽在《报孙会宗书》中所说：

恽家方隆盛时，乘朱轮者十人，位在列卿，爵为通侯，总领从官，与闻政事。

若弘农杨氏能按部就班地走下去，不出几代，这个一门二侯的家族就会在官僚儒学化的背景下逐渐蜕变为真正的世家大族。只可惜，杨恽锋芒毕露，不知收敛；加之其年轻气盛，争强好胜，从而惹上了杀身之祸。在政敌构陷下，杨恽先是失官免爵，后被判处腰斩；他的侄子杨谭本承袭父爵，在杨恽被斩后，也被免爵，成为庶人。至此，弘农杨氏在西汉时期的辉煌戛然而止，昙花一现。

"关西孔子"的横空出世

杨恽虽死，但罪不至死，故弘农杨氏的底蕴还在。实际上，自杨喜封侯以来，杨氏的政治地位虽然不高，但侯爵之位带来的荣耀与经济实力仍不容小觑。杨敞、杨恽父子发达后，也仗义疏财，回报宗族。据《汉书·杨恽传》记载：

初，恽受父财五百万，及身封侯，皆以分宗族。后母无子，财亦数百万，死皆子恽，恽尽复分后母昆弟。再受訾千余万，皆以分施。其轻财好义如此。

杨恽罢官后，也曾回归弘农华阴，"治产业，起室宅，以财自娱"，颇有所得。这便为杨氏子弟提供了相对优渥的生活环境。西汉前、中期儒学大兴于世后，弘农杨氏也有足够的资本读书学习，并逐渐转型为一个以诗礼传家的文化家族。至西汉末年，杨谭之子杨宝已成为当时的著名隐士和儒者。

杨宝习欧阳《尚书》有所得，声名渐起。值天下大乱，他隐居山中，教授弟子，并拒绝与王莽政权合作，在士林中获得了颇高声望。光武帝刘秀建立东汉后，崇尚儒学，以"公车特征"杨宝，宝固辞不受。这种洁身自好、坚持操守的品行，对家族子弟尤其是其子杨震产生了深远影响。

隋唐以降，凡以弘农杨氏标榜自身之人，无论真假与否，皆首推杨震。各家《后汉书》皆称杨震少孤贫，亦习欧阳《尚书》。值得注意的是，杨震曾拜师太常桓郁。汉代学者往往固守一经传家，如徐良学《大戴礼记》，"家业传世"；甄宇习严氏《春秋》，传于后世；又有千乘欧阳氏世传伏氏《尚书》、汝南袁氏世传《孟氏易》等。因此，士人想要通经博览，不仅需要天赋，也得另寻他法，或游学，或拜师。杨震自幼好学，能清贫守志，是个做学问的好苗子，被桓郁收下后，他"明经博览，无不穷究"，以博学闻名，时诸儒为之语云："关西孔子杨伯起。"

受父亲的影响，杨震成名后并未立即入仕，而是继续隐居在湖县，以钻研学问、教授弟子为乐。若他只是持续一两年，未尝不是"沽名钓誉"，但杨震却足足坚持了20多年，其间还多次拒绝州府征辟。要之，杨震早年成名，与父亲杨宝的清名、"关西孔子"的威望和教授子弟不无关系，可惜如今所见诸史、经，已不见其学术成果。而真正让杨震青史留名、备受士人推崇的，则是他晚年的政治活动。

杨震50岁左右时，朝堂局势大有变动。汉安帝登基后，邓太后临朝称制，外戚邓骘也被拜为大将军，入朝辅政。和、安二帝时，灾异频繁、政局渐乱，邓氏为匡扶朝政，多举贤才入仕。

杨震深受儒家"达则兼济天下"的思想影响，在目睹了东汉王朝的社会危机后，欣然入仕。被邓骘辟为茂才后，杨震任襄城县令，迁荆州刺史，后入朝为太仆，历任太常、司徒、太尉等职。太尉在"三公"中名位最高，而弘农杨氏不仅是四世三公，太尉在"三公"中名位最高，弘农杨氏四世太尉，其辉煌便始于杨震。

杨震在仕途上扶摇直上，除了声名之外，也与其师承有关。比如龙亢桓氏累世为帝师，按《后汉书·桓荣传》：

伏氏自东西京相袭为名儒，以取爵位。中兴而桓氏尤盛，自荣至典，世宗其道，父子兄弟代作帝师，受其业者皆至卿相，显乎当世。

在重视声名与师承的东汉，杨震只要不犯大错，自然能平步青云。

难能可贵的是，却能维持其清正守节之风而不倒。

与东汉王朝休戚与共

东汉中期，朝政逐渐腐败，故杨震虽然入仕，却有颇多掣肘，难以在政治上有太大建树。不过，有这么几件事，让他广为世人称颂，留清名传于后世。

初任官时，杨震就拒绝收受贿赂，一句"天知、神知、我知、子知"广为世人传颂。后来，杨震的官越做越大，却依然廉洁奉公，以至于"子孙蔬食步行"。有人劝他置办产业留予后人，而杨震的回复却是："使后世称为清白吏子孙，以此遗之，不亦厚乎。"杨震入仕所愿，唯一清白吏尔。

因此，政绩不见得有多突出的杨震，在邓氏默许下，始终是朝堂上的中流砥柱。外戚政治被视为东汉衰败的主要原因之一，不过就邓太后与外戚邓氏而言，他们匡扶幼主、整顿风气并缓和朝政危机的种种行为，还是值得肯定的。在此情形之下，杨震以身作则，为天下士人和弘农杨氏立下了为人处世与做官的道德标准。当宦官乱政时，杨震不屈权贵，上疏直陈利弊，在匡扶社稷的同时，勇于与宦官斗争，因而遭到了中常侍樊丰的忌恨。

不久后，邓太后去世，外戚邓氏随之倒台。作为邓氏的合作者，杨震也被宦官弹劾，招致罢免。在返乡途中，杨震饮鸩而卒，向朝堂发出了最后一击。如此悲壮之举，不仅使杨震的身后名更上一层楼，也让杨氏后人始终以"清白吏子孙"自居，是以弘农杨氏子弟无不严于律己，并注重德行与操守。

汉顺帝继位后，下诏为杨震平反，其后人也荫补入仕。令弘农杨氏门楣不坠的，正是杨秉这一支。杨秉、杨赐、杨彪皆累官至太尉，世称"东京名族"。在此过程中，杨氏子孙始终贯彻着杨震的清白守节与忠诚报国，可谓"德业相继"。杨震有"四知"闻名天下，其子杨秉亦有"三不惑"，即酒、色、财也。杨秉做官数十年，言行如一，"余禄不入私门"，故吏要送他百万钱，也闭门不受，史载"以廉洁称"。其他杨氏子弟，也都秉持清白，不辱门风，当得起后人对杨震"謇謇其直，皎皎其清"的颇高评价。具体而言，主要表现在三个方面：

首先，杨氏坚决与宦官势力斗争。杨秉升任"三公"后，有意识地与宦官集团针锋相对。桓帝延熹三年（160年），杨秉直接向中常侍单超"开炮"，称其为"元恶大憝，终为国害"，并要把单超侄子单匡定罪，结果反而被罢免；后经皇甫规等朝臣力保，这才得以重返朝堂。之后，杨秉仍坚持打击宦官及其党羽，还曾"条奏牧守以下匈奴中郎将燕瑗、青州刺史羊亮、辽东太守孙谊等 50 余人，或死或免，天下莫不肃然"。

杨秉之子杨赐任司徒时，曾"坐辟党人免"。可见，杨赐虽没有被列为"党人"，却是名士清流在朝堂上的"保护伞"之一。灵帝使人问政，作为灵帝师傅的杨赐也毫不留情面地指出宦官干政所带来的种种乱象。杨赐之子杨彪进入朝堂后，亦曾揭发宦官，扳倒了贪婪成性的黄门令王甫。总之，自杨震出仕以来，杨氏虽屡任"三公"，却不像汝南袁氏那般爱惜羽毛，他们不惜丢官坐免，也坚持与乱政的宦官集团作对。

其次，杨氏不阿附、结交权贵。同为"东京名族"，汝南袁氏维系门楣的主要方式，是见风使舵，及时与外戚、宦官打好关系；反观弘农杨氏，却有意识地拒绝依附权贵。跋扈将军梁冀掌权时，杨秉称病归家，其他杨氏子弟既不以公族子弟而自居，也"不与豪右相交"。他们唯一所依靠的，正是东汉王朝。

与东汉王朝休戚与共，是弘农杨氏的立身之本。

亦如杨震所愿，杨氏入仕，乃为匡扶社稷、肃清风气。他们坚持与宦官、权贵斗争，并始终维护皇权，代表天下士人守护皇帝，因而总能得到同道中人的鼎力支持。哪怕被宦官针对，遭到罢免，弘农杨氏也能在宦官式微之时快速起复，并在其他朝臣支持下重新成长起来。究其根本，盖因自杨震以来，弘农杨氏皆能恪守清白身份，以一腔报国之志影响天下士人。

诚然，杨氏一门在政治上建树不多，但作为"正道中的一束光"，这个家族犹如被树立起来的典型，成为东汉中后期黑暗政治下的一缕曙光，让无数士人仍能看到希望，并愿意以身报国。而这，正是弘农杨氏能四世太尉而不倒的根本原因。当然也不可否认，世传家学的文化背景，门生故吏遍布天下的人脉资源，以及与其他顶级大族的互相联姻，同样是弘农杨氏长盛不衰的原因。

魏晋时代的大起大落

东汉末年，王室衰微，世家大族都开始各寻出路。最早转型的汝南袁氏，已经在谋划改朝换代，为称帝建国而努力；其他公族之家，也纷纷选定军阀投资，以期获得更高的政治回报。反观弘农杨氏，却跟随汉献帝从洛阳到长安，再从长安回返洛阳、许都，始终不离不弃。

汉献帝在长安时，杨彪与同族杨奇（一作琦）为其周旋四方，护佑汉帝安危。杨奇曾与钟繇等人合谋诛杀李傕，虽然未果，好在策反了其麾下大将宋晔、杨昂令，"傕由此孤弱，帝乃得东"。在此过程中，杨彪也多次挺身而出，"尽节卫主，崎岖危难之间，几不免于害"。杨彪对汉帝的忠诚，再次维护了家族的清正之名。但这样的家族，恰恰是曹操无法忍受的。

据《后汉书·杨彪传》记载：

建安元年，从东都许。时天子新迁，大会公卿，兖州刺史曹操上殿，见彪色不悦，恐于此图之，未得宴设，托疾如厕，因出还营。彪以疾罢。时袁术僭乱，操托彪与术婚姻，诬以欲图废置，奏收下狱，劾以大逆。

作为坚定的"保皇党"，杨彪跟随天子至许都后，很快遭到了曹操的针对。显然，曹操有意借杨彪来"杀鸡儆猴"。然而，弘农杨氏名声太大，曹操刚迎奉天子，立足未稳，不好直接向杨彪下手。随着曹魏势力的急速增长，曹操开始打算与杨氏合作，借其声名以尽量减小取代汉祚的阻力。

对此，杨彪并没有选择妥协。建安十一年（206年），曹操大破袁氏余党，权势大增，杨彪"见汉祚将终"，乃称病不出。至建安十三年（208年），曹操一统北方，进丞相，以杨彪之子杨修为主簿，但杨修也屡屡挑战曹操的权威。后来，杨修卷入夺嫡风波，为丁仪密白，下狱死。杨修本罪不至死，但他是袁氏之甥，加之杨彪不愿与曹操合作，故惹来杀身之祸。

值得注意的是，杨修死于建安二十四年（219年）。"当建安之三八，实大命之所艰。"这一年，曹操心力交瘁，自知时日无多，遂对汉室最后的拥护者弘农杨氏痛下杀手，扫除了汉魏禅代的最后障碍。好在，杨修虽死，弘农杨氏却得以幸免。杨修之孙杨准，在西晋时期官至冀州刺史。可见，弘农杨氏虽不仕曹魏，却很容易被标榜汉室高门的司马氏引为同类；故西晋建立后，杨氏得以重新起复。

不过，率先发迹的却是杨奉这一支族裔，代表人物有杨炳、杨骏、杨珧、杨济。杨炳在曹魏官职低微，且早逝，他的女儿杨艳之所以能成为晋武帝皇后，是因为司马氏欲通过这种方式，表达其代魏决心。故杨艳病逝后，晋武帝又娶杨骏之女杨芷为后。在此情形之下，弘农杨氏才能迅速跻身朝堂，并以外戚的身份执掌朝政。

晋武帝去世后，杨骏作为辅政大臣辅政，杨氏兄弟因此飞黄腾达，史载"骏及珧、济势倾天下，时人有'三杨'之号"。只是，杨骏的发迹多依仗其外戚身份，本人并无多少才干。鉴于东汉外戚政治的不良影响，朝臣对于杨氏也多有警惕之心；加之杨骏本人嫉贤妒能，引发宗室不满，这便让晋惠帝皇后贾南风趁机钻了空子。没过多久，杨骏便为贾后所杀，死在了"八王之乱"前夕，他的两个弟弟杨珧、杨济也被株连，被夷灭三族。杨骏专权，终是为弘农杨氏带来了灭顶之灾。

在这之后，杨秉这一支也受到了很大影响。据《世说新语·赞誉》注引《八王故事》记载："杨准有六子，曰：乔、髦、朗、琳、俊、仲，皆得美名。论者以谓悉有台辅之望。"杨修之孙杨准入晋以后颇有声望，膝下六子亦多有美名；若朝局平稳，他们父子未尝不能再一窥宰辅之职。怎奈杨骏死后，西晋一朝也很快崩溃。贾南风乱政、八王之乱、永嘉之乱……让中原大地再受刀兵之灾，杨氏子弟也流离失所，不复昔日荣光。

散落在各地的杨氏子弟，为谋求政治上的高位，开始"病急乱投医"。杨准之子杨朗随司马氏南渡，依附在王敦羽翼下；后王敦谋反，杨朗仍一心为其效忠，渴望他成功后而获得高额的政治回报。杨准之孙杨亮为安身立命，曾入羌人姚襄政权，后投降桓温，随他一同伐蜀，立有战功。杨亮之子杨佺期、杨广后来也成为东晋重要将领，以果敢英勇而著称。只可惜，此时的弘农杨氏已沦为以武力安身立命的低等士族，不受士族看重。

据《晋书·杨佺期》记载：

佺期沈勇果劲，而兄广及弟思平等皆强犷粗暴。自云门户承籍，江表莫比，有以其门地比王珣者，犹恚恨，而时人以其晚过江，婚宦失类，每排抑之。

备受排挤的杨佺期，注定会沦为政治斗争的牺牲品。东晋隆安三年（399年），杨佺期被荆州刺史殷仲堪蒙蔽，死于桓玄铁骑之下，其兄杨广亦一同遇害。无奈之下，其弟杨思平与从弟杨尚保、杨孜敬"俱逃于蛮"，后归于刘宋，又被杀。至此，显赫一时的弘农杨氏便退出了历史舞台。

南北朝及隋唐之后，仍有一些家族以弘农杨氏后裔自处，如北魏杨播、隋朝的建立者杨坚等。但他们所云世系无从证实，显然是伪托望族，冒袭先祖。所谓"天下杨氏出弘农"，这些家族苦心孤诣地编造此等出身，不过是往脸上"贴金"罢了。

三 颍川荀氏，理想屈从于现实

论汉末三国时代的顶级谋士，必有荀彧一席之地。曹操外出征战，荀彧坐镇后方，替他处理内政、解决补给，并选拔大批人才入仕，好比汉高帝刘邦之萧何、张良。同时，曹操统一北方的战略规划，也曾得到荀彧的不断修正。但随着魏氏强盛，忠于汉室的荀彧不可避免地成为曹魏代汉的一大阻碍。

建安十七年（212 年），董昭等人劝曹操进魏公、加九锡，荀彧明确表示反对，操"由是心不能平"。不久，荀彧"以忧薨，时年五十"。在这句话之后，史家陈寿别有深意地写道："明年，太祖遂为魏公矣。"又据裴松之注引《魏氏春秋》载："太祖馈彧食，发之乃空器也，于是饮药而卒。"可见荀彧之死，实为自绝。

在汉室与曹操之间，理想主义者荀彧最终选择了前者；可为了家族兴衰，他只能以自杀来表明个人态度。荀彧虽死，家族却辉煌显赫了上百年。或许，与整个颍川荀氏的发展相比，荀彧的个人理想实在是微不足道。

东汉后期：声名渐起

颍川荀氏在东汉前中期的发展史无明载，可知其仕途不显；不过，作为荀子后人，荀氏应该不缺少文化修养。让颍川荀氏闻名于当世的荀淑，少时就以博学而闻名。据《后汉书·荀淑传》记载，荀淑是荀子十一世孙，也是荀彧祖父，他"少有高行，博学而不好章句，多为俗儒所非，而州里称其知人"。

东汉时代的选官，重视经学、品德与名声。荀淑"不好章句"，难以明经入仕；但他的博学与见识，却让他闻名州里。对一般人而言，经学这条路走不通，还能举孝廉；与之相比，荀淑的仕途起点更高：他因为德才兼备、明断是非，得以举贤良方正入仕。值得注意的是，举荐荀淑的房植、杜乔，是汉顺、桓年间数一数二的大名士。

房植，少时以经学知名，官至河南尹，名重朝堂，世称"天下规矩房伯武"；杜乔，曾为司徒杨震征辟，历任太子太傅、大司农、光禄勋等要职，与"天下名贤"的李固并称为"李杜"（杜，指杜密）。此二人，不仅是对抗外戚梁冀的中流砥柱，也是党人集团的早期领袖。荀淑受他们二人照拂，自然与党人非常亲近；后荀淑对策时，"讥刺贵幸"，与权宦针锋相对，遭到大将军梁冀排挤，没想到因祸得福，被党人引以为同道。

因此，荀淑能显名于世，除了他自身德才兼备外，也与党人对他的推崇有很大关系。东汉后期，名士清议之风愈演愈烈，时太学生口耳相传："天下模楷李元礼，不畏强御陈仲举，天下俊秀王叔茂。"李膺与王畅位列"八俊"，陈蕃是"三君"之一，他们三人都是党人的核心骨干与领导者，掌握着社会舆论，这种影响甚至已超越地域限制，能辐射到全国各地。荀淑不畏强权，以自身德行被李膺、王畅等人推为师长，号为"神君"，身为"榜样的榜样"，其名气与社会影响力可想而知。

颍川荀氏的成名还与几个二代子弟有关。荀淑兄有二子，昱（一作翌）和昙，都是一时俊秀。荀昱"正身疾恶，志除阉宦"，亦为"八俊"之一，他后来与陈蕃、窦武等人谋诛宦官，事败，与李膺等人俱死，留得清名传世。荀淑也有八子——俭、绲、靖、焘、汪、爽、肃、旉，时人谓之"八龙"。初，荀氏故里名为"西豪"，颍阴令苑康（党人"八及"之一）以"高阳氏有才子八人，今荀氏亦有八子"为由，将荀氏故里改为"高阳里"。

按《太平御览》引《汉杂事》：颍川荀氏与同郡陈氏交好，大名士陈寔携子侄拜访荀淑父子时，竟引发天地异象，使德星现世，甚至惊动了皇帝。《太平御览》引《异苑》亦记此事，负责天文的太史上奏说："五百里内有贤人聚。"这个充满奇幻色彩的故事未必可信，却从侧面反映出颍川荀氏和陈氏在士人心中的地位。

不过，荀氏"八龙"未必个个都是"龙"。诚如余嘉锡先生所言："观诸书所述，八龙之中，慈明名最著，叔慈次之，余六龙碌碌无所短长。足见纯盗虚声，原非实录。"荀氏八子并非所有人都有突出才能，却仍有"八龙"之称，颍川荀氏在当时的名望亦可见一斑。好在八子中的荀爽是个能挑大梁的。

时有谚语云："荀氏八龙，慈明无双。"慈明，即荀爽字。他少时好学，12岁时通《春秋》《论语》，得到诸多名士、硕儒的高度称赞。少年成名后，荀爽仍潜心做学问，后成为东汉著名的古文经学大师，现仍存荀氏《易注》，对汉代象数易学具有开创性贡献。灵帝末年，黄巾起，党禁解，五府并辟，荀爽以名著四海，被大将军何进辟为从事中郎，未至，何进被杀，遂止。及董卓秉政，荀爽有心匡扶社稷，于是入仕，在不到百日内一路高升至司空，后与王允、何颙密谋诛杀董卓，未果，寻病终。至此，荀氏在汉末乱局中的首次尝试，暂时告一段落。

在这之后，目睹汉室倾颓的颍川荀氏，也决定与其他家族一样，选定军阀进行"投资"。这个选择并不难理解。荀氏在东汉入仕较晚，达不到弘农杨氏四世三公、累世太尉的高度，也没有像他们一样以"清白"传家。所以对颍川荀氏而言，家族的发展才是第一要务。东汉后期，荀绲曾为荀彧迎娶中常侍唐衡之女，以示对宦官集团的妥协；及至汉末，荀彧为曹操效力，并建议他"奉天子以令不臣"，这既是对匡扶汉室的一种努力，也有振兴家族的政治使命。

汉末三国：大起小落

讨董之战后，关东诸侯纷纷割据一方，天下渐乱。荀彧深知颍川为中原腹地，必陷入战火，故与弟荀谌率宗族投奔汝南袁绍。汝南郡与颍川郡毗邻，早在党锢之祸前，两地就有过许多交集，时有"汝颍多奇士"之称。因此，汝南人袁绍自然是诸多颍川大族的首要选择。

尽管袁绍以上宾之礼对待荀氏兄弟，荀彧却认为他不能成大事。乱世之下，"非但君择臣，臣亦择君"；再加上"鸡蛋不能都放一个篮子里"的道理，荀彧最终选择与荀谌辞别，率领一部分族人投靠了尚且弱小的曹操。就这样，颍川荀氏暂时一分为二，分别为袁绍和曹操效力：荀谌助袁绍谋取冀州，成了袁绍的重要谋主；荀彧雪中送炭，操亦大喜，称他为"吾之子房"。不久后，荀彧之兄荀衍、荀俭之子荀悦以及荀昙（荀淑侄）之孙荀攸皆相继归曹。

让颍川荀氏得以快速发展的关键人物，正是荀彧、荀攸叔侄二人。尤其是荀彧对汝颍士人的举荐，更使诸多颍川大族得以在曹魏政权中占据高位。据《三国志·荀彧传》注引《彧别传》记载：

（彧）前后所举者，命世大才，邦邑则荀攸、钟繇、陈群，海内则司马宣王，及引致当世知名郗虑、华歆、王朗、荀悦、杜袭、辛毗、赵俨之俦，终为卿相，以十数人。

除郭嘉、戏志才外，荀攸、钟繇、陈群、杜袭、辛毗、赵俨也都是颍川。司马懿虽不是颍川人，但他的爷爷司马儁曾经担任过颍川郡太守，与当地大族钟、荀、陈、韩皆有密切往来。诚然，荀彧所举之人无不是英才，而且大批颍川士人的入仕，已足以证明颍川各大世家在乱世中的精诚合作。早在东汉后期，他们其实就放弃了"内卷"，选择守望相助，互相提携。通过建立婚媾、师生等关系，颍川大族编织出了一张巨大的家族网络。

许县在颍川境内，自汉献帝都许后，荀彧"进汉侍中，守尚书令"，以朝廷名义选拔人才，既避免了以私人身份操控选举，也让颍川士人得以纷纷入仕，构建起以荀彧、荀攸、钟繇、陈群等人为核心的汝颍政治集团。在此过程中，颍川荀氏占据了主导地位。

只可惜，荀彧逐渐察觉到曹操的僭越之举，这让忠于汉室的他无法视而不见。从"托古改制"（复古九州制）到"进爵国公"，荀彧多次反对曹操的僭越之举。进爵国公于礼不合，加九锡更是如"王莽故事"，而复古九州制，不仅能打击汉室仅存的最后一丝声望，也能扩大曹操封地（古九州中的冀州疆域辽阔）。

荀彧去世，曹操即进魏公（213年），在打下汉中后（215年），理论上占据了"古九州"（扬、荆、梁三州未全据），进而拥有"托古改制"的资格（曹操改十四州为九州，前提当然是要占据九州）。借"托古改制"之举，汉室余威被进一步削弱，曹操也得以顺利称王（216年），以王国名义把持朝政。彼时，距离荀彧之死不过短短三年时间。

由此可见，荀彧身为颍川士族的核心人物，他的反对给曹魏僭越带来了很大麻烦，这正是他不得不自杀的主要原因。如前所述，颍川荀氏善于应变，自党锢之祸时就因与宦官联姻而保全家族；袁曹争霸，荀彧、荀谌兄弟二人也各为其主。但随着颍川集团的壮大，荀彧无法从中脱身，一旦他与曹操正面对抗，势必会让家族和其他颍川士人遭受打击乃至禁锢。于是，在荀悦、荀彧等人依旧忠于汉室的同时，荀攸却转而支持曹操的代汉之路，他不仅劝曹操进公爵，还在魏国初建时担任尚书令。

不过，荀彧以自杀证明了他对汉室的忠诚，虽赢得身后名、保全了家族，也让颍川荀氏的仕途之路受到了不小影响。最为明显的是，荀彧未能以元勋身份进入曹魏太祖庙配享，足见他已被革除了创业功臣的身份。正因如此，尽管荀彧之子荀诜、荀颙在魏明帝时"以父荫"拜中郎，却是无足轻重的闲散官职，明显比不上其他名族子弟。

魏晋时代，先人名位决定其子嗣的仕途起步。历史学者张旭华认为：五品、六品、七品分别对应高级、中级和低级士族子弟。在此情形之下，荀诜、荀颙的起家官品在魏末官分九品的制度确立时，仅为八品，足见荀彧晚年的"异议"对颍川荀氏的仕进产生了不小的消极影响。好在，颍川荀氏虽然暂时不振，但是颍川钟氏、陈氏与河内司马氏却显赫一时。

荀恽是曹操的女婿，虽为魏文帝所恶，但他的两个儿子荀甝、荀霬仍"以外甥故犹宠待"。荀氏子弟困难时，钟氏、陈氏、司马氏对他们多有扶持。荀攸去世后，子尚年幼，钟繇"经纪其门户"。荀勖（荀爽曾孙）父早亡，无以为继，后依舅家钟氏得以步入仕途。就连荀颛的郎官之职，也可能是姐夫陈群为他争取的。总之，在颍川荀氏青黄不接之际，它的姻亲家族与人脉网络及时伸出援手对其庇护，从而保证了颍川荀氏的家门不衰，并等到了司马氏一族的崛起。

魏晋更替：辉煌显赫

家族人才辈出，是保证其长盛不衰的关键性因素。颍川荀氏在东汉后期有"神君"荀淑名重当世，若把他算作初代，那么延续荀氏大名的荀昱与荀爽，就是最有出息的二代子弟；及至汉末，荀彧、荀攸作为第三、第四代的领军人物，让家族一度兴盛。后因汉魏更替，颍川荀氏青黄不接，到魏明帝曹叡、齐王曹芳时，第四代的荀颛与第五代的荀勖先后倒向司马氏，并成为西晋王朝的开国元勋。至此，颍川荀氏达到了前所未有的鼎盛与辉煌。

关于颍川荀氏的政治选择，人们常将其简单概括为"非曹即马"，即荀氏在遭到曹氏打压后，一部分人选择与司马氏合作，荀勖与荀颛这两个关键人物在正始年间分仕曹马，当后者胜出后，荀颛也带领家族走上巅峰。这种"二元对立"的观点，强调所谓的"政治派系",将人物活动局限在政治集团之内,未免有些片面。因为曹氏与司马氏两大集团内的成员,其实是高度重合的,颍川荀氏也不例外。颍川荀氏从来都不是"非黑即白",他要的是稳赚不赔的"两头通吃"。那么,荀氏凭什么能这么做呢?

显而易见,曹氏与司马氏一族的斗争越发白热化,这才让荀氏以及其他大族有更多的底气来选择。曹丕去世前,给明帝曹叡留下了四个辅政大臣:曹真、曹休、陈群、司马懿。两个曹氏宗亲,两个士族代言人。为政之道,在于制衡,面对曹丕的良苦用心,曹叡似乎没有太理解。或许,曹叡也明白制衡的重要性,但他没有子嗣,又想要快速扩张皇权,这就导致他在处理一些问题时,多次偏向曹氏宗亲。如曹休与贾逵相争时,社会舆论皆向后者,但明帝却明显偏帮于曹休,这就激化了两大派系的矛盾。

齐王曹芳继位后,朝臣派系分别日渐明朗。受命辅政的曹爽与司马懿,前者因为大司马曹真之子的身份,成为曹氏宗亲的核心;而后者则是因历仕三朝,并如曹操当年那样,通过一系列军功而建立起的威望,顺理成章地成为世家大族的代言人。颍川荀氏的起复,正是在此情形下进行的。

荀颛,荀彧第六子,"性至孝,总角知名,博学洽闻,理思周密"。尽管如此,荀颛起步也只是八品郎官。直到司马懿辅政后,念及荀彧举荐之恩,乃见颛奇之,曰:"此荀令君之子也。"有司马懿照拂,荀颛擢拜散骑侍郎,而后逐步高升。与之相比,荀氏有更多子弟反而与曹爽关系密切:荀衍之子荀绍,曾为大将军曹爽长史,曹魏正始年间出任太仆;绍子荀融,在正始年间任大将军曹爽的参军;还有荀爽曾孙荀勖,"仕魏,辟大将军曹爽掾"。

另外，荀粲（荀彧幼子）曾迎娶曹洪之女为妻，而且他和荀融还曾与何晏、夏侯玄、王弼相交莫逆，是这个贵戚圈中的常客。在曹爽执政后，这个圈子中的大多数人物多为其所举，显达一时，可知荀氏与曹氏的关系并非一般。如此，就不难解释荀攸为何能"候补"进入太庙配享了。

曹魏一朝共有五次配祀，分别在青龙元年（233年）、正始四年（243年）、正始五年（244年）、嘉平三年（251年）与景元三年（262年）。其中，以正始四年的配祀入选功臣最多，诸夏侯曹、元勋辅臣、外姓武将、地方都督皆有，唯独不见荀彧、荀攸。明帝青龙元年（233年）的配飨功臣诏书中称："大魏元功之臣功勋优著，终始休明者，其皆依礼祀之。"按照这个原则，荀彧、荀攸绝对有此资格。但正如裴松之所说："魏氏配飨不及荀彧，盖以其末年异议，又位非魏臣故也。"荀彧反对曹魏僭越，失去配享资格不难理解，可支持曹操进魏公的元勋荀攸又为何没有入选呢？

荀氏子弟在魏明帝后期到齐王曹芳时的仕进，是循序渐进的。荀氏因荀彧忠于汉室为曹氏所恶，家族子弟仕途不振；至明帝后期，曹氏与司马氏的矛盾越发激烈，双方都需要更多力量来支持自己。曹爽执政后，因姻亲、门生故吏照拂而尚未被排除在贵戚圈子之外的荀融、荀勖，也得以重新起复。荀绍位列太仆，去世后被赐予美谥"成"，并得以刊石勒铭，就足见曹爽对荀氏的拉拢。但这种拉拢与赏识，是有限度的，所以荀攸也暂时未被列入第二批配祀功臣。

然而一年后，曹氏就兴师动众地进行了第三次配祀活动，且只有荀攸一人入选。荀攸不仅被单独"开了小灶"，还被追谥为"敬"。昔荀彧忠于汉室，谥曰"敬"，此为汉谥；今荀攸得魏谥之"敬"，同样的谥号，即表明曹氏官方认定了荀攸对魏国的贡献。这便意味着，颍川荀氏在曹魏创业之初的功绩，不再隐晦难言，而是被实实在在摆在了台面上。上文已述，先人名位是后辈子弟起官的重要因素，曹氏为荀攸的正名，足以让荀氏子弟未来的仕途一路通畅。只是，曹爽为何要这么做呢？

除了政治环境日趋严峻、荀氏子弟为曹氏效力外，曹爽征讨蜀地的失败，亦是此次行动的直接原因。据《三国志·诸夏侯曹传》记载：

关中及氐、羌转输不能供，牛马骡驴多死，民夷号泣道路。（爽）入谷行数百里，贼因山为固，兵不得进。

曹爽征蜀，失败而回，致使曹氏威信大受打击。在此情形之下，曹爽需要及时拉拢荀氏，利用其在世家集团中的独特地位来稳固根基。荀氏为入仕汲汲营营，曹欲安抚世家大族，双方一拍即合，自此成了"盟友"。

可计划赶不上变化。没过多久，司马懿就悍然发动高平陵之变，诛杀曹爽，夷其三族。昔日依附于大将军曹爽的羽翼，也"树倒猢狲散"，难成气候。不过，曹氏虽倒，颍川荀氏却得以高速发展。

被司马懿赏识的荀颙，因征讨毌丘俭有功，晋爵为万岁亭侯，封邑四百户，后升任尚书。司马昭征讨诸葛诞时，荀颙坐镇京都，如"荀彧故事"。反对司马氏代魏的陈泰去世后，荀颙代替他任仆射，兼吏部尚书，可谓大权在握。至魏元帝曹奂时，身为司马氏心腹的荀颙累官至司空，后以"三公"高位成为西晋代魏的开国元勋，封公爵，食邑一千八百户，历任司徒、太尉兼太子太傅，可谓名重朝野、权倾一时。

荀颢平步青云，不难理解；但作为曹爽故吏的荀勖，竟然也能在入晋以后占据高位。据《晋书·荀勖传》记载："爽诛，门生故吏无敢往者，勖独临赴，众乃从之。"曹爽遇害后，荀勖带头吊丧，维护了自身名誉与颍川荀氏的声望。

然而，这并不能体现出荀勖的壮烈气节。仇鹿鸣先生指出："对荀勖本人而言，这只是实践东汉以降，在清议这类社会舆论规范下形成的士人道德规范，是保全自己名士身份的必要之举，只是一种道德伦理的实践，而非政治示威。"对此，司马氏也是予以理解并隐隐支持的。君不见，司马昭指使亲信弑杀曹髦，带来了极为恶劣的政治影响；所以在接下来的代魏过程中，司马氏尽量不让士人多流血，也极少以株连方式对待官僚家族，以至于西晋年间"魏晋所杀，子皆仕宦"的现象竟十分常见。

要之，荀勖主动为曹爽吊丧，非但没有惹来司马氏的恶感，反而被当成一个典型，以示司马氏的"宽宏大量"。司马昭执政时，荀勖屡献策谋，受到重用，与裴秀、羊祜共掌机密。入晋后，荀勖官拜中书监兼侍中，后累迁至光禄大夫、仪同三司、守尚书令，死后追赠司徒，与荀颢成了颍川荀氏在西晋初年的代表人物。随之而来的，是大批荀氏子弟得以在朝堂上占据高位，他们进入仕途的起点也比荀或二子高出不少。

衣冠南渡：四散飘零

魏晋之际，颍川荀氏鲜少再以博学、明识、闻达、才干等优良品行入仕；取而代之的，是家世门第与婚媾关系。入仕环境的变化，让许多荀氏族人忘记了守正清白，选择与权宦势力同流合污。官位很高的荀勖，就是个典型例子。

荀勖为官多年，爱惜羽毛，贪恋权势，逐渐变成了排除异己、曲意逢迎的奸人。他和荀恺（荀彧曾孙）为把持朝政，与贾充合谋，支持白痴太子司马衷继位。齐王司马攸对荀勖的谄媚之举颇有微词，旋即遭到谗言，被迫离开中央前往封地，后忧死。至于其他忠直之士，也遭到荀勖迫害。羊祜"疾恶邪佞"，却被谗言伤身；张华有"台辅之望"，则被排挤出朝堂。大权在握后，荀勖、荀恺多次以权谋私：阮咸音乐才能突出，被荀勖贬出中央；荀恺欲与武茂交友，被拒后恼羞成怒，将其诬为逆党而害之。荀勖、荀恺二人，如此小人行径，与荀爽、荀彧实在是千差万别。

荀氏门风不正，导致其只能依附于皇族司马氏。为此，荀氏与司马氏数次通婚，以维持其门楣不坠。西晋灭亡后，衣冠南渡，司马氏与门阀士族共治天下，长期依附于皇族的颍川荀氏一度继续兴盛。荀勖有十子，其中较为出名的有荀藩、荀组。荀藩在西晋末年累官至司空，二子邃、闿亦得重用。荀组因"移檄天下共劝进"也得到晋元帝司马睿重用，在东晋初年历任司徒、太尉等职。此外，荀崧（荀彧玄孙）也官拜尚书左仆射，累官至开府仪同三司、录尚书事，兼秘书监。

按照这个发展趋势，颍川荀氏就算不能继续兴盛，起码也能维系门楣不坠。但不曾想到，在东晋建国不到十五年的时间内，颍川荀氏的重要人物——组、闿、邃、崧，相继离世；至于其他年轻子弟，也不足以接过重任；加之颍川荀氏因为长期依附司马氏，缺少政治根基与经济基础，便逐渐沦为低等士族。

尽管荀氏子弟也曾在南北朝至隋唐时期为官，但是早已四散凋零，各自为家，既无法在朝堂上相助，也远不如荀氏先辈那样辉煌。这个在魏晋之际辉煌一时的显赫家族，就这样沦为俗流，不再有起复资本了。

第二章
士族的法宝：知识、土地、联姻

结婚是一种政治行为，是一种借新的联姻来扩大自己势力的机会，起作用的是家世的利益，而绝不是个人的意愿。

一　东汉学术圈子里的政治资源

假如你有幸穿越两千年，回到东汉中后期的洛阳城，当街碰上那些纶巾招摇的知识青年时，可千万长个心眼儿——别随便跟人谈论诗歌。

因为你有 97% 以上的概率被当成斯文败类，遭到白眼、嘲讽甚至是殴打。如果你谈论的恰好还是《古诗十九首》之类的五言诗，那么很可能闹出人命。若你运气足够好，撞上了剩下那 3% 的概率，那么恭喜你，你已经荣幸地跻身朝廷候补心腹之列了！

啊？

这是咋回事儿？

书生的天下？

当书生们刚走上西汉帝国的政治舞台时，他们只是一群顽固、狡猾但相当弱小的群体。

逐渐站稳后，他们就原形毕露：垄断了文化教育、左右了社会舆论、控制了干部梯队，还成天用什么"天人感应""五行始终"给皇帝和朝廷大臣"洗脑"。

到西汉中后期，吃皇粮的书生们的数量便如"小强"一般疯狂增长。《汉书》作者班固曾经吐槽道：

自武帝立五经博士，开弟子员，设科射策，劝以官禄，迄于元始，百有余年。传业者浸盛，支叶蕃滋，一经说至百余万言，大师众至千余人。

有些所谓的大师更是超级"话痨"，仅就《尚书》中"曰若稽古"这四个字，就能演绎出 3 万字的讲义来！这么能说，谁受得了！

汉宣帝算是明白人，懂得"汉家自有制度，本以霸王道杂之"的道理，治天下哪能全听知识分子们忽悠呢！他主持召开了"石渠阁会议"，企图按朝廷的意愿统一思想，但会后不久他就去世了，这次尝试宣告失败。

最后，王莽和一群知识分子搞了一次开天辟地的政治试验。他们依照《周礼》来改造衰亡中的帝国，并把这个试验性帝国改名叫"新"，结果这个倒霉的"新"帝国，不出意外地被这帮胆大心急、眼高手低的理论派给搞垮了。

重整河山的汉光武帝刘秀"吃一堑，长一智"，不敢再相信书生。汉光武帝依靠南阳、颍川、河北的豪强势力拥戴而上位，为了羁縻这些豪强土霸王，便和他们结成儿女姻亲——刘秀不敢触动业已根深蒂固的豪强势力，只好让他们以"血统参股"的方式，来共同分享帝国的最高权力。

但光武皇帝的妥协，从一开始就给东汉帝国埋了雷。皇位仅仅两传之后，这些姻亲舅爷便反客为主，靠挟持外甥而成为帝国的实际主人。外甥皇帝当然也不服气，又依靠身边的宦官发动反击，从舅爷手中夺回权力。

东汉中后期的历史，就是一场外戚和宦官轮番把持帝国权柄的乱战。这场乱战中，业已靠边站的书生们，只能"跑龙套"。

当权派虽然偶尔也邀请他们入朝参政，但是他们可不敢再像西汉一样，以什么"天人感应""五行始终"为辞，忽悠皇帝退位让贤。他们现在的日子并不怎么好过，但书生们胸中有伟大的理想，他们中的佼佼者，继续刻苦钻研传统政治理论，著书立说、广收弟子、私相授受、朋比牵引，遂逐渐上升为学阀世家，子孙世代相继把持着对经书文义的阐释权。

这就与中世纪欧洲僧侣所扮演的角色差不多了。

与外戚做朋友

中世纪欧洲的僧侣以神权维护王权，东汉的学阀以圣人之说、谶纬之言，维护皇权。大家玩的是同一套把戏——通过加强意识形态工作，让被统治者变得更加驯服，降低统治成本。口衔圣人之说的学阀们，讲的是"君君臣臣"之道，维护着"上智与下愚不移"的既得利益秩序。

他们给自己标定的人设是如此清晰，即便是不学无术的豪强外戚，也很快意识到书生是自己天然的同盟军，毕竟所有的既得利益集团，自然喜欢现行秩序的维护者。

所以在外戚当权的时代里，舅爷总会装出一副礼贤下士的样子，客客气气地邀请有社会影响力的学阀出来做官。书生虽然也会做出各种姿态，但是到底扛不过千钟粟和颜如玉的"真香定理"。他们非常不情愿地说："罢了，为了天下苍生，老夫就入世走一遭吧！"或掐指一算道："自筹的经费不够学生们吃了，老夫还是去找大将军申领点皇粮吧！"就这样，他们很欢快地搭上公车去洛阳城，累世为官。

正所谓"利之所在，人争趋之"，洛阳城里的学阀和候补学阀很快就多到让朝廷吃不消、养不起的地步，因为仅仅只是太学生，就达到了三万人之众！

涌入洛阳城的书生越来越多，朝廷能提供的"经费"有限，难免竞争激烈。

经学主旨是维护大一统局面和既有秩序的，主力是各路学阀和太学生。寒门出身的宦官和他们的朋友（主要是商人和庶族地主），恰是既有秩序的破坏者，既要从舅爷手里抢皇帝，又要从学阀手里抢编制（嗯，或者叫"经费"吧），还要跟世家大族争做土豪，所以正统的书生和宦官，显然就不可能和他们做好朋友啦！

书生们只能更拼命地抱紧帝国权力的另一极：舅爷。交"投名状"的主题是用各种方法膩歪、打击舅爷的敌人宦官。除了继续垄断文化教育、操纵社会舆论、控制官吏梯队等传统优势项目之外，后来竟不惜赤膊上阵、斯文扫地，对宦官们大打出手。

比如"望门投止思张俭"诗句里的张俭，在东部督邮任上时，只因为争道小事，就杀了宦官侯览的母亲和家属、宾客百余人，且"皆僵尸道路"，填井烧屋，甚至连鸡犬都不留活口。又如清流领袖陈蕃，帮助皇帝的老丈人窦武发动武装政变，企图族灭宦官，结果办事拖沓啰唆，被狗急跳墙的宦官领袖曹节率领手下反杀。

宦官也不傻

这两次事件，直接导致宦官对"正统派"或更确切地说叫"经学派"的全面开战。这就是两次"党锢"事件。

宦官们虽然出身寒微，但是脑子并不傻。

在与书生的斗争中，他们逐渐闹明白一个道理：只要经学的原教旨不改，以"经义"为政治纲领的书生们就绝不可能跟自己做好朋友。

于是他们想出一条既釜底抽薪又杀人诛心的妙计。

为了不让书生们全部站到舅爷的阵营里去，宦官们便唉之以利，忽悠皇帝成立了一个叫"鸿都门学"的大学堂，以和"正统派"大本营的三万太学生相抗衡。

和太学里那些成天鼓捣经学、钻研政治、积极参与党争的"正统派"不同，"鸿都门学"的学术专业显然要平和得多，他们研究的是诗歌、小说、辞赋、绘画、书法这些修身养性的东西。

宦官们当然希望书生们在这些方面投入精力，因此对"鸿都门学"大力推介，学生考试成绩及格的，就给大官做；不及格的也给个不错的出身，多少做个小官。

从这时候起，经学与文学就算分了家，文学到底算是一件工具还是一门艺术，从此就纠缠不清。这就为科举时代的"经义"与"文学"之争，埋下了千古伏笔。

"鸿都门学"的学生人数，在高峰期曾达到一千来人，但与多达三万人的"正统派"太学生群体相比，又属微不足道了。所以若穿越回东汉桓、灵时期的洛阳街头，你所遇上的知识分子，有97%的概率是太学生。跟他们，你得讲《书》《礼》大义，最好多唱唱《公羊传》"王正月，大一统也"之类的高调。

但不管是太学，还是"鸿都门学"，终究都还是书生的阵营，宦官们所要依仗的下层寒门盟友，单要靠这条出路参与国家政治还是很不容易的。说来也很简单，这些奸商老财的子弟们如果真是读书的料，早投到书生的主流阵营里去了。

所以，宦官们索性忽悠皇帝为自己的盟友打开另一扇方便之门——买官鬻爵。他们打算让那些有经济实力和社会影响力却又不具备做官资格的，通过这种特殊的方式参与到国家政治中来。这个出卖参政议政权利的市场，就设在洛阳宫苑的西园，后世也称其为"西园卖官"。

当时的定价机制相当灵活，实际成交价格常常依据买家的家资名望有所浮动，存在着明目张胆的价格歧视。比如说基价一千万钱的"三公"，大名士崔烈就可以享受五折实惠，只花了五百万钱就买到一个司徒。但同样是"三公"中的太尉，出身不那么清白的曹嵩（他是大宦官曹腾的养子，曹操的父亲），就得掏出十倍的价钱，也就是一亿钱，才能得偿所愿。

我们当然可以说曹老爷是"冤大头"，不过我们更应该明白这样一个事实：崔大人即便不掏钱，也未必做不到"三公"；曹老爷正好相反，他即便掏了冤枉钱，也坐不稳"三公"。所以崔大人虽然得了实惠，但是未必会赞誉这个办法；曹老爷呢？他虽然吃了点小亏，但是起码满足了一个家族梦想。

这些异想天开的行为，在为那些本来不具备参与国家政权资格的家伙打开一道大门的同时，也完全背离了帝国的传统政治轨道。因为从反方面讲，这正是以剥夺"正统派"的参政权利为代价的，他们当然没有任何理由该去喜欢它。

黄巾的冲击

宦官们的胜利也注定是短暂的，因为帝国巨大的传统惯性很快就将发生作用。接下来发生的太平道所领导的黄巾之乱，又把它拉回原来的轨道。

下层出身的宦官们，终究和那些深受儒家思想熏陶的书生有本质差别。书生知道"子不语怪、力、乱、神"，所以他们也不大肯相信那些怪力乱神的东西。但宦官们不同，他们不但相信，残缺的身体往往还驱使他们更为迫切地去寻找灵魂的寄托。所以，黄巾之乱爆发时，汉灵帝竟发现他所宠信的宦官中，居然有两个太平道的信徒，而且正准备为了虚幻的信仰而出卖他和他的帝国！

皇帝愤怒了，但他手里再没有别的力量可用，帝国体制只给他准备了两套班子，不是外戚，就是宦官。他只得走回用外戚的老路子，请出自己的大舅子何进来担任大将军，负责全国的"剿匪"军事，同时还拉出一帮仍然在"党锢"中的书生呐喊助威。

在他们的努力下，黄巾之乱很快被平息了。

靠平息黄巾之乱而重新回到政治舞台上的舅爷与书生联盟，成为拯救帝国的英雄。他们很自然地要求帝国政治重新洗牌，宦官们也意识到自己暂时斗不过这些威震天下又刀把子在手的家伙，答应退让。但书生们还不肯答应，他们还在想着要报两次"党锢"事件之仇，所以以袁绍为首的"正统派"们坚决要求根除宦官势力，这就使得双方的冲突激化，非你死我活不能了结。

公元189年，汉灵帝去世，双方立刻发生火并。先是宦官诱杀大将军何进，随后何进手下的袁绍等人又尽杀宦官，两败俱伤。这是人们所熟知的《三国演义》里的故事。

曹魏好诗词，蜀汉写论文

皇权的两大支柱——外戚与宦官——一块儿完蛋，失衡的帝国顷刻间崩溃。乱世的烽烟中，书生们纷纷化为尘土，然而诗的种子却已播撒生根。

是谁写下了"青青河畔草"，今已无从详考。但后文"昔为倡家女，今为荡子妇。荡子行不归，空床难独守"之语，却给我们留下了寻踪的线索。这些诗篇，显然不是出自"正统派"士人之手。他们皓首穷经，一生只讲道德操守、微言大义、行文逻辑，在他们眼中，文学并非情感的寄托。他们之所以还能容忍四言诗，也仅仅是因为《诗经》上就有四言诗，算是"于传有之"，不得不认的特例。至于五言诗，在他们看来不啻离经叛道的"淫词滥调"，更绝不可能写出"空床难独守"这样的市井艳词来传世。

所以，以"青青河畔草"为代表的汉末五言《古诗十九首》，几乎可以肯定是出自"鸿都门学"文人群体之手。

在东汉后期宦官们的关怀下，"鸿都门学"开创了五言诗与文学艺术化的先河。这个文人群体有过短暂的辉煌，但随即湮灭在汉末兵火中——灵魂与肉体，竹简与诗歌，都在"十常侍之乱"与董卓焚毁洛阳的劫难中灰飞烟灭。

但历史终究是有蛛丝马迹的。

后人所能看到的，是"建安七子"领导五言诗的崛起（《文心雕龙》称汉魏之际"五言腾踊"），从此文学尤其是诗歌，乃可以登堂入室而成为艺术。而"七子"之中，沈德潜又说"孟德诗犹是汉音，子桓以下，纯乎魏响"，曹操写了不少颇有影响力的四言诗（如《观沧海》《步出夏门行》），曹丕、曹植就以五言诗为主了。曹家本是宦官之后，又处于挑战正统皇权的地位，自然也就不惮于引领一群邺下文人群体，再多搞出个文学革命来了。

反观"正统派"人设的蜀汉文人群体，他们就绝不写诗，更不会写五言诗，他们只写《出师表》《陈情表》《仇国论》这样铿锵有力的议论文。

曹魏写诗，蜀汉议论，原来如此。

二 垄断知识：门阀时代的士族如何垄断知识？

科举为什么始于隋、盛于唐？或者反过来问：门阀士族究竟凭什么，在东汉到唐朝的漫长岁月中垄断政坛？如果我们仅仅拘泥于政治，而不把技术因素纳入考虑范畴，那就难免将东汉魏晋至隋唐间的当权者们想得太简单了。

为了直观体验，我们不妨穿越一番，假想一出魏晋时代的"科举"场景——

场景一

本场是学术水平考试。试以《尚书》为据，论述和谐治国之良策。

考生甲：根据欧阳《尚书》之精神……

考生乙：欧阳《尚书》乃是曲解，依照今文《尚书》原意来解似更为妥。

考生丙：今文《尚书》残缺不全，断不如古文《尚书》说得清楚质朴。

考生丁：《熹平石经》早就确定了《尚书》国标，你们怎么还在滥用家法？

考生戊：《熹平石经》乃前朝伪标，焉可用得？本朝既然没有官定版本，自当以考官大人的家法为准……只不知考官大人祖述的，是欧阳版、郑版还是梅版？

场景二

本场是政论文写作考试。现根据抄经规范，为大家准备了二尺四寸长的竹简，每人一百斤，笔一支，墨若干，刻刀一把（改错字用），请各位考生自去场外挑来。

······

如果这样开科取士，那么朝廷整日里只剩下鸡同鸭讲的纷扰，再甭想干正经事儿了。

所以，要想从"门阀政治"进步到"科举政治"，必先具备三个前提，即语言的统一、思想的统一以及技术的支持（造纸、印刷、出版及相关产业链的发展）。

门阀士族的养成之路

我们眼中的理所当然，在古人眼里常常是高不可攀。

假如这个周末你实在闲得慌，却又不想到海边去晒太阳，更不愿意帮老婆做家务，而是突发奇想要研究一下政治经济学，略抒经纶天下之志向，你该怎么办呢？

如果你手头恰有几十块零钱，你可以到书店里去买本书，这个周末就有了充分的理由偷懒。

如果你想贪便宜，那么旧书摊上有各种版本的老书。唯一算得上是缺点的，就是这些书年头久远，可能比你我都还大上好几岁。

又或者你实在一分钱都不想花，那也有办法：你可以端杯茶去泡泡图书馆；要是不嫌眼睛累，直接点开电子书；或者打开视频网站，没准哪个大咖正在开播相关讲座。

总之，在我们的时代里，知识的阳光灿烂明媚，只要你随手拉开窗帘，就可以自由地沐浴在其中！

可如果你生活在一两千年前呢？那可就不太一样了。

你可能是在给镇上的悦来客栈送柴火时，才偶然听到几个住店的客官谈起一种叫作"经学"的东西，尽管他们可能只是半吊子水平。

更重要也更现实的是，据说皇帝相当尊重这些研究"经学"的知识分子，肯给他们官做，于是——为了光宗耀祖或是济世安邦，为了虚拟的或是现实的，为了高尚的或是庸俗的——不管我们怎么去描述这个目的之性质，反正你是下定了决心，准备投身于"学而优则仕"中去。

可是，现实是残酷的。你很清楚地知道，在你所居住的镇子上，并没有谁懂得这门学问。虽然传说中有一种用竹条串起来，写满了古老文字，叫"书"的东西，但是这东西相当稀罕，在方圆数百里内，还没听说有谁家珍藏得起——直到 1940 年初，范文澜跑遍延安城还找不到一部《二十四史》或是《资治通鉴》呢，你亦只好干瞪眼。

于是，你只好跑到邻近的大都市里去碰碰运气。

在那里，你听说扶风的马老师（马融）是著名的经学大师，只有投到他门下才会有前途。于是你二话不说，立刻就从你在胶州湾畔的老家出发，千里迢迢地跑到陕西去了——如果你走得飞快又心无旁骛，要走两三个月；若你不巧在途经高老庄时被绣球砸晕，那恐怕永远也到不了。

好不容易找到地方，偏偏马老师又推辞说自己年纪大了，不愿意再收徒弟，你顿时就傻了眼。

还好路过的卢大人（卢植）是个热心肠，听完你的哭诉后竟答应帮你的忙。冲着卢大人的面子，马老师只好收下你做挂名弟子。好心的卢大人还顺手帮你送了成捆的干腊肉做学费，这就叫作"束脩"。

于是，你满怀着对卢大人的感激和对未来的憧憬，入学了。

可是这里的学习生活并不像你想象中那么美好，你足足待了三年，可马老师连句话都没和你说过，更甭说亲自指导了；也就是你那些成绩稍好的学长，偶尔出来敷衍了事地给大家开个讲座之类的。

虽然你各门功课都很优秀，尤其是数学成绩更是出奇的好，但是可能因为你以前是个卖柴火的，马老师似乎完全没有赏识你并推荐你出去做官的意思。

更确切地说，他老人家根本就不认识你。

直到有一天，马老师推算天文学，碰上了一道难解的方程，偶然血压飙升头脑眩晕而颓然倒地，于是旁边的大师兄便推荐你去帮忙，卖柴火出身的你果然不负众望。从这时起，马老师才算知道有你这么一号人物。

在他的亲自指导下，你的艺业突飞猛进。

等到你终于打算毕业时，你计算了一下，你在马老师门下总共待了7年：前一两年，你其实完全是在学习陕西话——没办法，谁叫你是个山东人呢！如再加上路程上花费的时间，为了筹措路费而打工的时间，十来年已经过去了，此刻的你已经是个中年人了。在那个时代里，你甚至都可以算是长寿的了。

可你仍然是个幸运儿，有许多比你走了更多路、吃了更多苦、花了更多时间的人，这会儿连陕西话还没说利落呢！

虽然你也不是不可以把学习的窍门传给他们，但是你花了那么多工夫学来的深奥知识，总不能随便就便宜了别人吧？你通常更愿意把这些工夫花来辅导你的小儿子，或者是特合你心意的弟子。

于是你在不经意间，便垄断了一种叫"经学"的知识。

前面这段故事，并不是我凭空胡诌，而是实实在在地糅合了两个大人物的真实经历：一个是唐朝的禅宗六祖慧能和尚，另一个是东汉的经学巨头郑玄。也就是说，在上自汉下至唐的漫长岁月里，技术条件的欠缺，在很大程度上助长了学阀们对知识的垄断。

当时，"经学"被尊奉为大一统王朝的主要思想，一切国家行为都要依照"经学"运作。于是这种知识就堂而皇之地成为做官的本钱：弘农杨氏靠研究一部《尚书》，四代人里出了三位高官；汝南袁氏更加厉害，靠研究《易》经，四代出了五位高官！

就这样，你的家族渐渐成为专门出产高官的"士族"，以至于你竟敢藐视黄金，大言炎炎地感叹道："遗子黄金满籯，不如一经。"盘根错节的姻亲门生关系，以及从小便受到熏陶的先机，更是让你的后辈子孙仕途顺畅，代代簪缨。

于是数代之下，满朝尽是你的亲朋故旧。

在士族出身的陈群提议下，人才被分为"上上"至"下下"九品，作为任用提拔的依据，即"九品官人法"是也。公元220年，曹魏吏部尚书陈群提出"九品官人法"，为曹丕批准，从此成为魏晋之后，长期的经典人事制度。

从此，官宦子弟凭着家世背景，打小娴熟于官场礼仪，还凭姻亲关系不断拓展官场人脉网络，自然世代生而显赫，为刀为俎；而没条件接受"素质教育"的寒门子弟，则被彻底摒弃于体系之外，只好世代生而为贱民，为鱼为肉。直到那个科举登场。

然而，科举所需的技术条件，却注定不会出现在"世家政治"的时代。这，就是那些"生而为鱼肉者"的宿命。

更恰当地说，是技术的悲哀。

洋技术的启发

"思想的统一"，我们很容易理解：不就是编个《氏族志》，定个《十三经》吗？可是什么叫作"语言的统一"？难道隋唐之前的人说的不是汉语？

如果你问临淄人什么是汉语，那么他会很自豪地告诉你，他说的就是汉语。可麻烦的是，邯郸人、宛城人、会稽人也都这么认为。

严酷的事实是，他们所说的"汉语"，都和长安人或洛阳人说的"汉语"相去甚远。而这些外地人之所以会这么以为，只是因为他们一辈子都生活在那样的语境中。

更要命的是，即便是那时最博学多识的学者，也无法制定出一套权威的"汉语"标准。因为他们手里，压根儿就没有一把规范语音的标尺，只好模糊地约定俗成：皇帝说的话，也就是长安话（等到皇帝搬家去洛阳后，就变成了洛阳话），就是标尺。

直到东汉明帝时，一切才有所改观。有两个身毒国和尚，牵着一匹白马，扛着佛像和《四十二章经》来到中土。皇帝怜悯远道而来的和尚，在京城给他们修了房子养马，这就是如今的洛阳白马寺。

从那以后，越来越多的和尚跑到中土来传播他们的教义。这些和尚为了让中国人理解他们的思想，孜孜不倦地学讲中国话，还取了中国姓名：天竺来的自称姓"竺"，康居来的自称姓"康"，月支来的自称姓"支"，还取个文绉绉的名字；他们与文人雅士讲俏皮话也丝毫不落下风。

在刻苦钻研之后，好事之徒们终于发现了秘密所在：和尚们原来是掌握了一种独门"兵器"！他们把汉字读音分成声母和韵母两大部件，这样，就可以用有限的几个拼音把无穷的读音组合标注出来（用语言学术语讲，这叫作"语素的分解"）——而不是逐字记读音——这种思维方式，自然是源于他们拼音化的母语了。

受到启发的中国人，遂袭用此法标注文字，用中国式的"拼音"去替代。比如某甲不知道"东"字的读音，就旁注为"德红切"，即用"德"的声母和"红"的韵母，切读就得到"东"，这就是"反切"法。

当然，这种注音法的缺陷显而易见：如果"德""红"两字读音，你都吃不准，那么"东"你就读不出或读不准。但不管怎样，"反切"法至少为那些困在语言学的黑暗中的人提供了一套最起码的解决方案。

然而"反切"法出现得太晚，在它来不及规范"南腔北调"之前，王朝就分裂了。政治上的分裂，使得人们无法逾越列国疆域上的鸿沟去统一自己的语言，但他们从来没有放弃过希望，一直在孜孜不倦地为世界规划着未来，直到隋唐盛世的到来。

国标汉语："三姓家奴"的贡献

话说大隋朝开皇年间的某一天，长安城里一群不务正业的官员闲极无聊，跑到太子洗马陆爽家里蹭饭。

去的都是些什么人呢？一个个数来：

仪同刘臻，先后做过南梁、西梁、北周、隋四朝的官；

前武阳太守卢思道、著作郎魏渊、咨议辛德源、内史侍郎薛道衡，这四位均为北齐、北周、隋的"三朝元老"；

国子监萧该，南梁、北周、隋的"三朝元老"；

常侍李若，仕宦履历不详，但也少不了北周、隋两朝的履历；

最传奇的是外史颜之推，此公前后换过南梁、北周、北齐、北周、隋五个东家（其间曾自北周"跳槽"北齐一回。北齐灭亡时，他又企图"跳槽"南陈，然未得逞，只好再仕北周），差点儿就在当世帝国里"跳槽"一整圈！

所谓物以类聚，主人翁陆爽自也不会是什么忠良之辈，他也是混过北齐、北周、隋三朝的主儿。

原来是一帮子"三姓家奴"，这帮人聚一块儿那是相当可疑啊！

有人记录了那天晚上发生的故事。

一切一如既往，先吃饭，再喝酒，酒劲上来了就骂人。

因这帮家伙不是搞文秘就是搞外交的，又多有天南海北"跳槽"的经历，所以骂着骂着，就扯到当时天下语言之纷乱："古今声调既自有别，诸家取舍亦复不同。吴楚则时伤轻浅，燕赵则多涉重浊，秦陇则去声为入，梁益则平声似去……"

骂完全中国后才吃惊地发现，这天下竟然就没有一种标准汉语！

这还了得？大一统是必然趋势，今后政事堂里一番南腔北调，大家不是鸡同鸭讲吗？

于是，此夜无寐。

一眨眼，十来年就过去了。

隋文帝仁寿元年（601年），那天晚上负责记录的陆法言（陆爽之子），以诸贤的见解为纲，又辅以自己的苦心研究，终于整理出一部韵书，亦即隋朝版"国标拼音"。而那一夜的故事，则被他写入了《切韵·序》中。

就如预测的那样，随着天下的统一，皇帝立刻意识到了统一口语的重要性。

为了在召开政事堂会议时不至于南腔北调（对从小受到家教熏陶的世家子弟而言，讲一口流利的"官话"不成问题；但对那些"朝为田舍郎，暮登天子堂"的寒门士子而言，这却绝对是个很挠头的问题），大唐朝在科举考试中加入了律赋和律诗项目。所谓"律"，即韵律。律赋、律诗都必须在限定的韵律和规格下完成，出韵、出律就会落榜。

而"律"的标准，正是那套"国标拼音"——《切韵》。从此往后一千年，《切韵》系统的子子孙孙一直是主宰科场成败的"终极判官"。文章差一点儿尚可，出韵、出律就必定落榜。诗家所传"平生双四等，该死十三元"的典故，就来自清朝大名士高心夔两次科考（其中一次还有人给他漏考题），均因"元"韵玩不熟而落第的笑话。用今天的话说，这考的就是个"普通话"水平呢！

就技术发展的脉络来看，唐朝无疑是个幸运儿：东汉为她引进了拼音技术，魏晋帮她"山寨"出了"反切"法，隋朝再进一步制定了"汉语国标"。

当技术跨越瓶颈跃上新台阶之时，古代政权的政治组织也就会发生与之相应的变化。当成熟的技术条件与恰当的政治条件交汇时，旧世界将轰然崩溃：人们不再因血统歧视生而为贱民；至少从理论上讲，高高在上的庙堂，从此便向每一个人公平地敞开了大门。

三 九品中正制：士族子弟正式"控盘"选官

东晋永和十二年（356年），桓温率军北伐，船队来到泗水。大概是大军进军顺利，得意扬扬的桓温与一众僚属登楼船北望，编排了一顿西晋名臣王衍，指责这位"三公"之臣只会清谈，而全不通世务，以致中原陆沉。

在当时崇尚门第的大环境下，桓温这话刺痛了很多人。一位叫袁宏的记室参军站出来，坦言："运自有废兴，岂必诸人之过？"国运自有兴废之时，不能把"锅"甩给王衍啊！

桓温一看原来是袁宏，微微一笑道："你们想必都听说过汉末刘表吧，他家里有一只巨牛，重达千斤，饭量十倍于寻常的牛。可是这头巨牛拉东西，还不如瘦弱的母牛。后来曹公破荆州，杀了这头牛分给士兵们吃肉，大家无不拍手称快。"

王衍是顶级名士，袁宏也是顶级名士，他们都是段子中的所谓"巨牛"。桓温赤裸裸地骂他们大而无用，袁宏脸上白一阵红一阵，不敢再接话。

桓温是有名的"段子大王"，无论谁都敢骂，只是有时骂得深，有时骂得浅。这两个段子，其实不在骂人，而在于吐槽东晋士族只会空谈、全无用处。再往深处讲，算得上是表达对三国以来九品中正制的不满。

九品中正制发端于曹魏，正式光大于两晋，按说桓温也是受益者，连他都吐槽，说明这个制度本身刚一出现就有问题。

那么问题又来了，既然与生俱来就有毛病，三国时为何还要发明这种先天不足的制度呢？

病入膏肓的察举制

一物之生，必有其理。推源溯始，九品中正制之所以诞生，是因为它的前任不行了。

就选官制度的本质而言，中国古代其实只有三种制度——察举制、门荫制和科举制。汉末三国的九品中正制实为门荫制的变种，其出现的原因是汉朝察举制的灰犀牛现象终于爆发。

察举制，简言之，由各级官员考察、推举优秀人才，作为国家官员的储备人才。察举的项目包括孝廉、贤良、秀才（东汉避光武帝讳改为茂才）、异科。设计初衷是好的，选拔各地德行、才能较好的人才，用作国家官员。

但是这个制度关键在于，谁来察举？怎么察举？标准是什么？

制度运行之初，由于西汉社会风气比较清明，还算正常，选取了不少有真才实学的人。但到了东汉中后期，贪腐之风盛行、利益胶结固化，察举制也随之被投机分子琢磨出了漏洞加以利用。

一方面是由官员考察搞权力寻租。应劭《风俗演义》里记载过一个叫五世公的人，此人担任广汉太守期间，连干过两桩肮脏事。一件是荐举同岁（就是同一年被察举为孝廉，类似于后来明清时所谓同年）段辽叔的长子为孝廉。段家这个儿子不论德行还是操守都很一般，社会上闻之哗然。另一件就更令人不齿，他又荐举另一个同岁蔡伯起的弟弟琰、儿子蔡瓒为孝廉。蔡瓒年方十四，连最低年龄都没到——《汉书》载：元光元年（前134年）冬十一月，初令郡国举孝廉，限年四十以上。事情弄到这个份儿上，不光因为社会风气坏，也因为察举制本身漏洞太大，缺乏制约，各级官员随便出卖国家名器换钱花。

另一方面，待察举的人也玩起了花招，用虚假的德行与名声，糊弄察举官员。东汉强调以孝行，青州乐安郡有个叫赵宣的人，为父母守孝，在墓道里住了20年。这位老兄后来一炮走红，当仁不让地被荐举为孝廉。时任太守陈蕃很佩服这位老兄，叫来看看是何情况，一问之下，发现赵宣居然在20年中生了5个孩子。陈蕃大怒，当即废掉了他的孝廉资格。

回过头来反思，赵宣凭什么能骗过察举官员呢？不外乎察举缺乏一定的程序和标准，官员有时只是根据乡间名声，就大差不差地确定孝廉。赵宣钻的就是这个空子。陈蕃之所以能戳穿赵宣，靠的是自己认真的作风。制度好坏，在制度本身，而非执行者本身。从这个意义上讲，察举制度是不可靠、不客观的。

这种灰犀牛现象，有智者大多能发现，但如何去解决，对汉朝人来说是个超越时代的难题，只能眼睁睁看着这头灰犀牛冲过来，而无力纠正。

种种弊端积累发展，到东汉中后期，地方选举权被公卿大臣、名门望族控制，选士任官的范围极度压缩，只在大家族的子弟中打转转，而不管其学问品质如何。我们固然不能否认，由于汉朝时造纸术尚未流行，读书、拜师成本极高，贵族子弟的整体文化水平确实比平民百姓更高一些，但无论如何，缩小选拔圈子不仅使国家丧失了更广阔的人才基础，也使贵族群体因为缺乏竞争而日益庸劣化。"举秀才，不知书；察孝廉，父别居；寒素清白浊如泥，高第良将怯如鸡"成为察举制的真实写照。

汝南袁氏号称"四世五公"，但这看似牛气冲天的称誉，在袁氏集团被曹操击败后，反过来成了对汉朝察举制最现实、最直接的否认：流行了近400年的察举制，烂到根子上了！

九品中正制横空出世

曹操既是察举制的受益者，也是受害者。他自负才能独步于当世，不需要虚头巴脑的名声，却还要仰仗名士的推荐才能入仕，年少时不得不卑辞厚礼，求许劭给他一个评价，许劭不得已评曰：君清平之奸贼，乱世之英雄。

这个夹枪带棒的评语自然上不了台面，如果真传到汉帝的耳朵里，怕不马上拉出去斩了；但是能上得了许劭"月旦评"的"排行榜"，本身就是一种人脉加持。或许后来桥玄推荐他，与许劭的评价就有很大关联。

曹操20岁能够以孝廉入仕，代价却是被许劭损一顿，这成了一个久久难以消化的心结。这个心结，曹操即使后来统一北方、功成名就之时，仍然没有解开。他在56岁时发布《让县自明本志令》，还不忘把袁绍、袁术、刘表这三个名气最大的察举制受益者"挂"出来，结结实实编排了一顿。而真正令曹操吃够苦头的孙权、刘备，却不置一词，读来令人忍俊不禁。

在曹操看来，传统察举并不能真正选贤任能，选拔出来的多是有德无才，甚至连德行也不够的"水货"。

因此曹操在纠正选官制度时，非常注重纠正德行标准过高的衡量意义，将才识纳入人才评选优先级，在创业阶段反复提出了"唯才是举"的主张，反对虚伪道德和名实不符。同时，他还极力压制私人操纵选举，力图将选举之权控制在政府手中，九品中正制初现端倪。

寒门出身的郭嘉，就是唯才是举原则的受益者。举止轻浮、不拘小节的郭嘉并不符合当时儒家的道德行为规范，如果按照察举制的标准执行，郭嘉有生之年可能和官场无缘，但是在曹操这里却颇受赏识、身居高位，最终留下了主臣互相欣赏和遗计定辽东的佳话。

公元220年，曹丕称帝之初，面对的第一个难题就是如何安抚前朝既得利益集团的情绪，同时又能发展一批忠于自己的官员群体。为了取得世家大族的支持，保证改朝换代阵痛期的平稳过渡，经过一番权衡，曹丕采纳了颍川望族代表陈群提出的九品官人法，作为新的官僚选举制度；作为妥协，盛行于两汉时期的察举制没有全部废除，留下来作为辅助。

相比盛行于两汉时期的察举制，饱受诟病的九品中正制有着它独到的先进性。

先进性之一，扩大了选士范围。

每一个制度设立之初都具有一定的积极意义，甚至可以说是符合当时行情的最优解，九品中正制也不例外。制度创立之初，先前的名士"私家点评定榜"体系不再纳入职场任职资格参考，一扫汉末以来"出风头"的浮夸之风。

同时，因为各权力机构之间存在官员相互制约和监督的机制，大大提高了人才库中的人才质量，这一制度在曹魏前期为中枢和地方行政单位输送了很多优质人才，彼时虽倚重家世，但家世还没有跃升为唯一标准。从此，知识分子群体被细致分类，并根据综合数据定为了九个品级。因为这些更注重细节的考察，每个层级的读书人、士子，都有了入仕的机会。

曹魏名将邓艾是当时寒门的代表人物之一。年轻时的邓艾只是一个普通的屯田民，凭借才学在耕垄之间"脱颖而出"，成为一名典农都尉学士，但也只是一名看守稻草的小吏而已。机缘巧合之下，邓艾的内秀被大人物察觉，从此迎来了破格提拔，纵横沙场，迈向人生巅峰，最终成为三国后期最出彩的名将之一。

西晋官至司空的名将石苞，亦是底层出身。他是一个县城的小吏，很好色，如果在察举制选官的时代，想要出人头地无疑是天方夜谭。但得益于九品中正制，石苞的经国才略得以施展，最终官至司徒，成为开国功臣，实现阶层的晋级。

先进性之二，确定了细致的考察标准。

九品中正制更注重综合素质，考察得也更加全面，察举制下那种"金玉其外，败絮其中"的欺世盗名之徒难以浑水摸鱼。

曹魏初仅置郡中正，司马氏掌权后为有效掌控人才选拔，始置州中正（又称大中正、州都）。州、郡中正例由各州、郡在朝廷任现职的官员兼任，定期对本州郡内的士人与中低级官吏进行品评，受《汉书古今人表》等的影响，一等人者乃周公、孔子之类的圣人，而八等、九等乃混蛋、资贼之类，故实践中从未有人评为一品或八品、九品，极优秀者最多也是被称为"灼然"或"灼然二品"，并不似"九品中正"其名真有九品，只二品至七品。作为政府为被考察者颁发"公务员委任状"时的参考依据。

中正官主要负责察访本州、郡、县散处在各地的士人，综合道德、才能和门第定出"品"和"状"，供吏部选官参考。

如曹魏时中正王嘉"状"吉茂为"德优能少"；西晋时，中正王济"状"孙楚为"天材英博，亮拔不群"。中正根据家世、才德的评论，对人物做出高下的品定，称为"品"。中正评议结果上交司徒府复核批准，乡品高者做官的起点（又称"起家官"）往往为"清官"，升迁也较快，受人尊重；乡品卑者做官的起点往往为"浊官"，升迁也慢，受人轻视。

中正评议人物照例三年调整一次，由于中正品第皆用黄纸写定并藏于司徒府，称"黄籍"，故降品或复品都需去司徒府改正用黄纸写就的中正品评。

这种看起来烦琐的环节，蕴藏着曹魏朝廷重视选官制度改革的深刻用心，是防范赵宣模式再现的制度基础，就算中正官傻，分辨不清赵宣或者王宣、李宣是不是作假，但不可能所有中正官都傻，总会有一个人或者一个层级的人查知真相。

当然，肯定有人注意到，九品中正的选官方式虽然较前代更为制度化，但是选官范围并未扩大，没有将选官对象延伸到社会各个阶层。参与选拔的士人，几乎都是来自地主阶层——笔者找不到更合适的概括词，姑且以这个名词概括当时具有一定经济能力、能够接受文化教育的群体。桓温之所以吐槽九品中正制重名品、轻才能、固化阶层，根源就在于此。

那么为什么魏晋帝国没有直接跨越到科举制呢？毕竟察举制中也有一些科目需要进行文化考试，魏晋怎么不将其发扬光大？这还要和当时具体的社会环境结合起来讨论。

在纸张还是稀有之物、印刷术更不知为何物的时代里，书籍这种珍稀教育资源只掌握在帝王家和少数大家族手中，普通老百姓甚至连温饱都没有稳定保障，即便有读书上进的心思，又有几个能侥幸窥见一文半字，甚至被名宿和地主之家破格"点化"呢？

知识被垄断的同时，国家开设的官学也因为汉末战乱而变得萎靡不振，这时只有大家族还在坚守文化传承这一项重任。士族地主多研讨儒经，遵循礼法，作为一个整体仍不失为一个相对优秀的群体，士族地主拥有更成熟的文化基础和政治历练。

在这种限制之下，将"门第"设为评判标准，是一个相对经济、相对便捷、相对符合实际的最优解。

九品中正制：统治者暗藏的心机

九品中正制有这样那样的毛病，包括对世家大族地位的进一步确认、固化，这一点自曹魏发明制度时就大概能预见到，但是曹魏以后为什么一直奉行呢？

任何制度的设立，都有其复杂性，包括目的。魏晋统治者之所以坚持九品中正制，除了最基本的选拔官员的目的，其实还有别的心机。

比如，强化中央集权。

在察举制盛行的时代，孝廉的荐举和乡间评议都掌控在当地的世家大族手中。汉帝国强盛时，中央对地方郡县保持强有力的控制，官员察举尚且不敢肆意妄为。但到后期丧失对地方控制力后，由于制度本身没有约束力，官员们察举无人限制、无人监督，可以随意施为。不仅推荐"阿猫阿狗"当官没人管，这些"阿猫阿狗"还会一辈子将察举官视为恩主。

曹操在统一北方的战争中吃过实实在在的亏，许多袁氏门下的所谓门生故吏，都是通过这种纽带联结起来的。曹魏推行九品中正，就对准了这个弊端，通过设置州、郡中正官增设吏部的最终选拔权等手段，把这方面的权力收归中央。

又比如，对社会风气进行纠偏。

汉末以来王纲失序，社会上各种秩序都乱了。想当官的人，基本上没有什么好的办法，只好求助于察举。而察举的第一标准就是名声，这让士人趋向浮华，刻意造人设，忽略了实务能力，造成一大批只会空谈、徒具空名而一到实务就原形毕露的假名士、真废物。

刘表交游的名士，个个名动一时，都是察举官员们争相举荐的高士。但后来的结果大家也看到了，天天在名士堆里打滚，有"江夏八俊"光环的刘表，一旦遇到真正的挑战，就迅速露出外强中干的本相，先被孙坚暴捶，后被曹操吞并。

曹魏立国之初就进行了德才大辩论，提倡唯才是举，甚至还一度走极端把德的标准一降再降。九品中正制刚出现时，整个社会一扫汉末以来那种道貌岸然的朋党营私和务名背实的社会风气，一时间政治圈和文化圈都呈现风清气正的良好面貌，文化名流对其赞不绝口。《晋书》称其时："不拘爵位，褒贬所加，足为劝励，犹有乡论余风。"

我们承认九品中正制天生带有不足，其自身的约束力不足以支持它健康运行足够长的时间。由于它的选士对象局限于地主阶层，直接助力豪门大族得到更具优势的政治文化资源，通过家学培养而源源不断地制造人才，形成相较于平民的越来越大的优势；又由于中正一职常为世家大族所把持，九品中正制的纯正性并没有延续多久，到了曹芳执政时期，品第偏重门第已成事实。

但不得不承认，九品中正制又具有不可或缺的历史作用。

作为察举制的一种变相延续，九品中正制通过300多年的实践，把考察选举这种选官办法的各种可能性都试遍了，终于得出一个结论：此路不通。正是基于这种试错，南北朝后期选官制度才走向另一条道路，就是把察举中对于经义的文化考试发扬光大，通过直接考核士子本人的文化水平，来确定其人才优劣；之后才有了隋朝的科举。

从宏远的历史维度回看九品中正制，很难一言概之它到底是好是坏。或许，混沌、复杂、牵缠，原是历史的本来面目。

四 庄园经济：士族掌握多少土地、人口？

提到中国古代曾经极盛一时的士族，不得不说跟他们同样兴盛一时的中国庄园经济。士族作为一个阶层，从诞生的那一天起，就跟庄园经济形成了密不可分的关系。在庄园经济的模式下，士族们掌握了大量土地、人口甚至私家武装。

为了和这些日益壮大的地方豪强争权夺利，中国古代费尽心力。那么，庄园经济到底是怎么形成的？这些依附于庄园经济的士族，又能掌握多少土地和人口，获得称霸一方的实力呢？

富比封君的豪族

如果要回答上文的问题，就要先从"什么是庄园经济"讲起。

所谓"庄园经济"，是指在地主大土地所有制的基础上，以人身强制的劳役地租或实物地租为剥削形态、以严密的生产管理体系建立起来的一种组织形式和经济实体。这种经济形态的雏形在春秋战国时期早已有之，但却兴起于西汉年间，并在东汉时期大大发展，在魏晋南北朝时期发展到巅峰。

这种经济形态的出现，是社会农业和手工业发展到一定阶段的体现，也是社会生产力发展和社会进步的一种体现。在秦汉时期，随着土地私有和土地买卖的发展，土地也越来越往地主阶级的手中集中，因此产生了拥有几百顷乃至几千顷土地的超级大地主。

由经营土地以及依附于土地的人所产生的"庄园经济"，也在此时兴盛了起来。事实上，庄园经济的出现，确实有进步的一面。因为跟小农经济的自耕农自顾自生产比起来，庄园经济可以调动更多的人口从事更多更复杂的生产。比如在兴修水利、开垦土地上，庄园可以调动内部成百上千乃至成千上万的佃农和劳工一起工作，其效率不是个体农户可以比拟的。另外，一旦面临战乱或天灾，庄园经济模式下的人们也可以更有效地"抱团取暖"，组织起来对抗天灾人祸，让农民的生存力大大增加。

西汉初年，天下初定，为了巩固政权，当时的西汉统治者采取了"重农抑商"的政策，同时严格抑制土地兼并。随着天下的逐步安定，商人们不可避免地活跃起来，地主阶级在不断的发展中也慢慢积蓄自己的力量。等到汉武帝时期，朝廷实行盐铁专营，并由国家垄断大型贸易。这种政策的初衷是为了提高国家的财政收入，客观上也刺激了庄园经济的发展。

在大型贸易被国家垄断的情况下，富商和地主就把主要财力花在购买土地上，大大加快了土地兼并的速度，并直接刺激了庄园经济的大发展。等到西汉末年，庄园经济已经发展到相当可观的程度，《后汉书·樊宏传》记载，东汉初年樊宏的庄园情况为：

其营理产业，物无所弃，课役童隶，各得其宜，故能上下勤力，财利岁倍，至乃开广田土三百余顷。其所起庐舍，皆有重堂高阁，陂渠灌注。又池鱼牧畜，有求必给。

另一部著作《水经注·比水注》中，也记载了樊重庄园的情况：

（樊重）能治田殖，至三百顷，广起庐舍，高楼连阁，波陂灌注，竹木成林，六畜放牧，鱼蠃梨果，檀棘桑麻，闭门成市。兵弩器械，赀至百万。其兴工造作，为无穷之功，巧不可言，富拟封君。

可以看出来，此时樊重的庄园几乎是一个独立王国，不但有300余顷土地，还有高楼、林木、畜牧以及集市，书中甚至还用了"富拟封君"四个字来形容，可见庄园的繁荣。

兵强马壮的坞壁

东汉时期，庄园经济得到极大发展。以樊宏庄园为例，王莽末年农民起义后，樊宏就把自己的庄园变成武装堡垒，"与宗家亲属作营堑以自守，老弱归之者千余家"。东汉王朝建立后，东汉的统治者对豪强地主采取保护政策，通过察举和征辟等任官制度，使豪强庄园主控制各级政权，并逐渐形成官僚、商人、地主三位一体的豪强地主势力。

东汉前期已经开始出现大规模的地主庄园，比如"济南王"刘康的庄园，拥有"奴婢至千四百人，厩马千二百匹，私田八百顷"；而马防"兄弟贵盛，奴婢各千人已上，资产巨亿，皆买京师膏腴美田……防又多牧马畜，赋敛羌胡"。这些豪强地主在东汉时期享有政治、经济上的特权，在政治上把持中央和地方政权，经济上兼并土地，经营庄园，此时，所谓的士族开始形成。这个阶层的形成以及他们所依附的庄园经济，也为后来魏晋南北朝时期士族制度的确立提供了基础。历史学家毛汉光先生在《中国中古社会史论》第五编中为士族做了定义："一、州郡级著姓；

二、父、祖、曾祖辈三世之中有二世任刺史、太守或二千石官。"从此，士族和庄园经济发展的速度加快了。

由于庄园经济的发展，士族控制下的庄园占有大量的土地和人口。庄园经济的人口来源主要有三种。

第一种是宗族血亲。在当时的中国，靠着血缘纽带形成的宗族势力一直是重要的政治势力。史书记载，东汉末任峻在中牟"收宗族及宾客家兵数百人"，李典有"宗族部曲三千余家"，谯国许褚"聚少年及宗族数千家，共坚壁以御寇"。可见宗族力量是庄园经济、人口的重要来源之一。

第二种是收容或购买的奴婢。这些人的主要来源是购买、罪犯发配甚至掠夺。

第三种则是所谓的"客"，即佃农、食客等投奔人员。这些人数量庞大，来源复杂，多数都是破产农民或流民。事实上，庄园经济跟小农经济一直有密不可分的联系。无数破产的自耕农，给庄园经济提供了大量依附人员。

士族们不但利用各种天灾人祸吸收人口壮大自己，建立私人武装。曹仁"阴结少年，得千余人，周旋淮、泗之间"，曹洪也有家兵千人，还有河内人韩浩、史涣"聚徒众为县藩卫"。由此可知，这些士族掌握的人口，每家有数千人到数万人不等。他们壮大的直接后果就是成为一方割据势力，严重削弱中央集权，为国家后来分崩离析埋下种子。事实上，在东汉末年的大战中，这些士族依靠自己的庄园力量，成为一个又一个有相当实力的军阀。他们除在军阀混战中相互吞灭之外，其余都分别成了三国的支柱。

掌握巨大的人口资源

东汉末年长期战乱，庄园经济早已成为各地大族们赖以生存的重要保障。按照《晋书·地理志》记载，汉桓帝永寿三年（157年）有"户千六十七万七千九百六十，口五千六百四十八万六千八百五十六"，但到晋武帝太康元年（280年），则降到"户二百四十五万九千八百四十，口一千六百一十六万三千八百六十三"，所以当时出现"名都空而不居、百里绝而无民者，不可胜数"。频繁的战乱虽然同样沉重打击了庄园经济，但是也为人口向各个庄园流动造就了便利。因为至少在这些尚有生产能力的庄园中，还有一定的保护能力。

所以，大量的难民和流民的涌入，让此时的庄园掌握了大量人口，并让这些庄园的实际拥有者即士族们，拥有了非常强大的实力。更重要的是，士族们通过各种盘根错节的关系，垄断了社会上升渠道，比如九品中正制的策划人陈群，就属于名门望族中颍川陈氏的一员。

随着时间的推移，"累世公卿"的家族越来越多，比如汝南袁氏属于"四世三公"级别，无论曹魏政权，还是后来的司马政权，都要倚仗士族才能站稳脚跟。一直到南北朝时期，江左若无琅琊王氏鼎力支撑沟通南北士族，东晋几乎难以立国。而且王敦两次动兵，王家还没被诛全族，可见王家的影响力。而这些士族如此嚣张，他们到底掌握了多少土地和人口呢？

按照《三国志》记载，陆逊"遂部伍东三郡，强者为兵，羸者补户，得精卒数万人"，对浙东三郡的山中不服管理的"山越"进行扫荡，故"宿恶荡除，所过肃清，还屯芜湖"，实力不容小觑。据粗略统计，东汉末年社会秩序崩溃后，江东各大士族靠着自身的庄园经济控制了当地近半数人口和土地。三家归晋后，司马家也只是灭掉孙氏政权，江东其他各大士族依然保留相当强大的势力和影响力。而在当时的中国，"荫户"现象十分普遍，即各大士族所掌握的很多人口，并不在国家的统计之内。最典型的就是根据《晋书·地理志·总序》上的记载，公元280年西晋灭吴后，进行了一次人口统计，全国总共有2459840户、16163863人。

但是，《资治通鉴·晋海西公太和三年》记载："燕王公、贵戚多占民为荫户，国之户口，少于私家。"近代史学家李剑农在《中国古代经济史稿·魏晋南北朝隋唐部分》中对此论述道："盖依附私家之部曲佃客，不列入国家编户者，当数倍已登记之户口也。"而此时"荫户"到底有多少人呢？根据历史学者葛剑雄在《中国人口史》中的推测，三国时期的"荫户"人口大约为1534万。如此计算便可以知道，当时的中国各大士族所实际掌控的人口，已经将近天下半数。而汝南袁氏、颍川荀氏、弘农杨氏等大型士族，更拥有可以撼动政权的能力。

《均田令》，创立三长制

这种士族和庄园经济对社会的消极影响也很大，除了削弱了中央集权，易形成军阀割据外，其最大、最致命的问题是这种体制的不稳定。一个朝代往往需要众多大士族门阀的支持才能立足，这样的结果是一旦皇权衰弱，就会造成众多拥有雄厚实力的大士族为了追求权力集体造反，进而导致天下再乱。

同时，激烈的土地兼并造成了大量自耕农和小地主的破产，这些偏偏是国家赋税的重要来源。随着时间推移，必然会造成国家的财政困难。太和九年（485年），北魏孝文帝颁布《均田令》，废除宗主督护制，创立三长制。这些政策对庄园经济和士族门阀造成了沉重一击。由于中国北方长期战乱，人民流离失所、户口迁徙、田地大量荒芜，国家赋税收入受到严重影响。为保证国家赋税来源，北魏政府必须把掌握的土地分配给农民，农民向政府交纳租税，并承担一定的徭役和兵役。推出均田制的历史背景是人少地多，所以中央政府必须跟地方坞壁抢夺人口，把被坞壁控制的人口解放出来。

三长制既可以增加国家财政收入，又有利于打击地方豪强势力。这些政策的推行，跟北魏掌握了强大的军事实力密不可分，传统士族难以与之匹敌。经过多次战乱打击，传统士族实力早已大不如前，均田制才可以实行下去。均田制实行后，随着士族可控制人口越来越少，传统的庄园经济也越来越难以维持。最终在隋唐时期，庄园经济及依附其上的士族阶层，也走到了历史的终点。

五 顺手从商：士族进入商业领域

谈及魏晋名士，当首推"竹林七贤"。如"七贤"之一的王戎，少时聪颖，有"神彩秀彻"之资。刘义庆在《世说新语》中还记载了一则小故事。话说王戎与小伙伴们一同出行，路遇一棵结满硕大李子的李树，小伙伴们见状，纷纷前去采摘，唯有王戎无动于衷。这时有人问他何以至此。王戎淡淡回道："树在道边而多子，必苦李也。"事实证明，李子确实是苦的。

名士贪财，绝非个例

上面故事的有趣之处在于，它是被杜撰出来的。刘孝标注引《高士传》指出，此事源自佛经故事，非王戎亲身经历。那么，刘义庆为何要将这件事"张冠李戴"在王戎头上？难道仅仅是为了表现王戎的少年聪慧吗？

恐怕并非如此。据《晋书·王戎传》记载："（戎）家有好李，常出货之，恐人得种，恒钻其核。以此获讥于世。"原来，王戎自己家以盛产优质李子而闻名；为了防止别人跟自己竞争，王戎在售卖李子前，会命人在李子核上钻个洞。放到现在，王戎可能会被赞为"经商小能手"；但在当时，他这种抠抠搜搜的表现，一度受人讥讽。这还与王戎的其他表现有关。

史载，王戎"性好兴利，广收八方园田水碓，周遍天下"，凭借这些产业，他得以大肆敛财，富甲一方。为了弄清自己有多少钱，王戎和妻子还经常拿着象牙筹打"小算盘"，为此不分昼夜，乐此不疲。更奇葩的是，王戎虽然有钱，却十分吝啬。侄子大婚时，王戎只送了一件单衣，婚礼结束后还专门让人给要了回来。

难怪刘义庆《世说新语·俭啬》所载的九则故事中，有四条都是王戎。他改编"王戎识李"的故事，也未尝不是在"内涵"王戎的贪财抠门之举。对此，戴逵曾为王戎辩诬，称他"自晦"以明哲保身。而余嘉锡先生指出：这是魏晋名士间的"相为护惜"，非公允说法。

余氏之说可谓一语中的，王戎之"鄙吝"，非一时心血来潮，而是时代下的一个缩影。在当时，像王戎这样的清流名士，宁愿舍弃名声而去从商逐利的，其实大有人在。如金谷园主人、西晋名士石崇，经商有道，家产雄厚，就连有晋武帝司马炎暗中支持的王恺，都在与他的"斗富"中屡落下风；又如东晋广州刺史刁逵，虽出身名门，却与兄弟子侄"不拘名行，以货殖为务"，心心念念都是生意。

这种现象，令人颇为困惑。秦汉以降，商人屈于士、农、工之下，社会地位一直不高。于是"食禄者不与贫贱之人争利"的观念越发深入人心，并一度成为中古时期士大夫阶层的共识。既然如此，重名节、好面子的清流士人，又为何会放下身段，积极从商呢？

贱商观念，受到冲击

古代"贱商"观念的出现，离不开两个主要原因。

首先，秦汉统治阶级以"重农抑商"为基本国策，对于商业多有打压。当时的社会生产力远不如后世发达，自然经济占据主导地位；故相较于草原上的游牧民族，中原政权往往被称为"农耕文明"。而国家以农为本，就意味着商品经济要受到一定制裁。所以，汉高帝刘邦曾下诏："贾人毋得衣锦绣绮縠（hú）绨（chī）纻（zhù）罽（jì）。"可见，汉代商人就算有钱买得起好料子，也没法堂而皇之地穿出去；非但如此，针对市场上撮合买卖的中间商，即所谓"市侩"，朝廷还规定其穿鞋异色，一黑一白，为人嘲笑。在此情形之下，商人的社会地位可想而知。

其次，儒家提倡的"重义轻利"观，从道德方面加深了世人对经商行为的排斥。《论语·里仁》中说："君子喻于义，小人喻于利。"商人逐利，往往被视为"小人"，所以经商也被士大夫贬为"下流末业"。所谓"商人之四方，市贾倍徙，虽有关梁之难，盗贼之危，必为之"，古人认为，商业活动的本质和目的在于谋利，而只看重利益的人，无疑是值得"怀疑"的小人。汉武帝时，儒学大兴于世；及至东汉，皇帝与士族高门皆好求经问典，奉行儒学，也自然对经商多有排斥。

彼时，王公、贵族以及士大夫为了避免被人"嚼舌根"，都会尽量避免与商业直接沾上关系，而是让家里的童仆、客人一手操办。及至汉末乱世，一些世代经商的巨贾为了"逆天改命"，不惜花费巨大代价投资军阀，以期获得政治地位上的提升，如幽州军阀公孙瓒，曾与"富皆巨亿"的卜数师刘纬台、贩缯李移子、贾人乐何当三人结为异性兄弟，以获得他们的财力支持；数年后，刘备效仿公孙瓒，与富商麋竺结为亲家，成功得到了这位徐州首富的倾力资助。

魏晋南北朝时期，官宦与商人互相合作的例子仍屡见不鲜。只是，商人的地位依旧卑微。唯一不同的是，许多士族、官僚、士大夫也纷纷加入其中，成为"商人"中的一分子。显然，传统儒学在乱世之下名义不存，对世人的道德约束也大不如前，故原有的"贱商"观念受到强烈冲击。据《三国志·孙休传》记载，在东吴地区，曾有不少官吏、百姓"去本就末"，利用长江沿线发达的交通优势进行商业活动，以致"良田渐废，见谷日少"。

魏晋以降，除了一小部分人仍耻于从商外，绝大多数人为了利益，都暂时放下了对经商的偏见，并趋之若鹜地参与其中，就连皇室也不例外。晋惠帝司马衷时，太子司马遹便曾在宫中大摆集市，"令西园卖葵菜、蓝子、鸡、面之属，而收其利"；南朝宋孝武帝刘骏时，"子尚诸皇子皆置邸舍，逐什一之利"；北魏太武帝拓跋焘时，太子拓跋晃"营立私田，畜养鸡犬，乃至贩酤市廛（chán），与民争利"。

皇室对经商的浓厚兴趣，使得"重农抑商"虽然屡次被提及，但是最终却成为一纸空谈。这其实是没办法的选择。值此时期，皇室与门阀士族共存，为了争取更多的资源，双方也只好亲自下场与民争利。而从另一个角度看，"贵戚竞利"的现象之所以屡见不鲜，也是因为他们的日常开销实在太大。

开销颇巨，贵戚竞利

乱世之下，易流于奢。汉末三国时，魏吴两国上层便已渐生奢靡、攀比之风，"百工作无用之器，妇人为绮靡之饰……转相仿效，耻独无有"。蜀相诸葛亮见状，以奢侈品蜀锦打开市场，用其支撑起了蜀国经济的半壁江山。西晋以降，世人炫富习以为常，如石崇、王恺二人，便经常"斗富"。史载，王恺用糖水涮锅，石崇就命人把蜡烛当柴烧；王恺用紫丝布铺了四十里的路，石崇就用更加名贵的锦铺路五十里；诸如此类，不胜枚举。

除了日常奢侈消费，魏晋南北朝时期的门阀、官僚之家，还有许多要花钱的地方。家族或个人的关系网需要疏通、维系，就要拿金钱开道，上下打点；此外，门阀士族为了将来的不时之需，还经常会窖藏粮食、布帛、金属货币以及其他奢侈品，这同样是一笔巨大开销。

在教育方面，官学式微，私学兴盛。门阀贵族之家几乎都有专门的教育机构，用来培养家族子弟，所以这一时期的"家训""家书"蔚为大观。而在军事方面，门阀士族为了巩固自身的地位，也需要花费大笔钱财培养私人武装势力，甚至自己出资训练军队。如东吴时期的领兵制，将领所率之兵名义上是政府的兵，但更多情况下是他们的部曲私兵。这些私兵既然不受政府直接调遣，自然也就需要将领自掏腰包进行培养。到了东魏、北齐时，豪强地主拥有私兵的现象仍大量存在，以至于高欢不得不承认私兵制存在的合法性。

以上种种花费，无疑都是巨额开销。虽说魏晋南北朝时期的门阀士族，是"名士的摇篮"，但这些名士也要服从于宗族意志，为了宗族能得到更好的发展，他们也只能放低身段，利用自身掌握的各种资源进行商业活动；还有一部分官僚，或许出身不高，但为了跻身于名利场中，也只能迎合当时的奢侈风气，想尽各种办法"搞钱"。因此观之，与其说是名士们热衷于经商，倒不如说，是门阀贵族、官僚士大夫在经商方面更有底气。那么，他们都有哪些优势呢？

士族从商，获利颇丰

门阀士族与皇室共治天下，导致"上品无寒门，下品无士族"。除了享有政治上的高位，这些世家大族同时又是大地主、大庄园主。如上文所述，这一时期的豪强地主几乎都拥有部曲私兵；然而，这些所谓的"兵"并非职业军人。唐长孺先生就指出："这些豪门大族都拥有兵，兵不单作战而且还耕田，这样就进一步建立起经济上、政治上、军事上的势力。"

由此可见，门阀士族可以凭借自身在经济、政治、军事上的势力，为其从商"保驾护航"。若从经济角度看，其从商倒也还算正常；但从政治、军事角度上看，他们却经常利用职权之便牟取私利，从中获得巨额利润。

（一）以庄园为主的经营

以庄园内的特产为商品，是最常见的一种获利方式。门阀士族个个家有良田，又兼有山川水泽；同时，又因为人身依附关系在此时得到进一步加强，世家大族门下的童仆、部曲、私兵，俨然成为庄园内劳动生产的主力军。他们在庄园内生产出的剩余劳动价值，便会以商品的形式向外输出。除了"以物易物"的交易手段外，还可以直接投入到市场中获利。

在当时，固定的经商场所被称为"邸舍"或"邸店"，可用来储存货物、列肆贩卖，直接与消费者进行买卖。而这些邸舍的背后，大多都有皇室、世家大族以及其他富商参与其中。如南朝宋明帝刘彧时，"王公妃主，邸舍相望"，走在街上随便进入一家，其背后都大有来头。也正因如此，一些来头大的邸舍为了牟取暴利，竟然有恃无恐地向民间放贷。梁武帝萧衍之弟萧宏，"性好内乐酒，沉湎声色，侍女千人，皆极绮丽"。为了满足自己的奢侈生活，萧宏用放贷等手段搜刮钱财，在短时间内便积累了三亿多钱，至于布、绢、丝、绵、漆等物，更是不计其数。

还有一些庄园，其产出过于庞大，导致当地市场无法消化；于是，大庄园主便会安排心腹进行长途贩运，将本地特产远销到全国各地。为了降低单次运输成本，长途贩运往往是大宗贸易，甚至可达到"商船千艘，腐谷万庾"的规模。据左思《三都赋》的描述：北方的真定之梨、故安之栗、淇洹之笋、信都之枣、雍丘之粱等特产闻名一时；江东除了稻米外，还盛产柑橘、荔枝、槟榔、橄榄、椰子等瓜果；而益州特有的蜀锦、竹杖、马匹、盐铁……也曾畅销全国。不难看出，这些特产所在地的州郡长官、土著豪强，往往能通过长途贩运轻松获取高额利润。只不过，他们的手段未必都是合法合规的。

（二）垄断、掠夺与剥削

一般情况下，将本地特产贩至远处，已经能收获颇丰；可偏偏有人利欲熏心，利用职权之便做起了垄断买卖。（南朝宋）刘道济任益州刺史时，设立官营机构出售高价铁器，却禁止私人冶炼铸造，以致"民皆怨毒"。不仅如此，刘道济及其亲信还规定：外地商人"限布丝绵各不得过五十斤，马无善恶，限蜀钱二万"，以此垄断了蜀锦与川马之利。联想到还有打仗打到一半，将军（如刘宋将领王玄谟）带领士兵们跑去劫掠财物，等班师回朝之后拿去贩卖以大赚一笔的，刘道济等人的做法反倒是"小巫见大巫"了。

被垄断的不只有货源，也可以是商品的价格。据《南史·沈客卿传》记载：南朝的军人、士大夫、二品清官"并无关市之税"。在苛捐杂税繁多的当时，位居高位的官僚、大地主既然拥有额外的"免税权"，就有更多的议价空间。如此一来，一般小商贩又岂能在市场中竞争得过他们？

地方长官利用职务之便，也能更轻松地进行"价格垄断"。当时的海外贸易中心——南海郡（治所为番禺，今广东省广州市番禺区），常有外国商贾往来贸易，但这么一桩大买卖却长期为地方官吏垄断，他们"以半价就市，又买而即卖，其利数倍"，从中获利无数。

其实，这些人还算有点"良心"。他们明明可以直接抢，却还是给了货款。反观上文提到的西晋著名土豪石崇，在担任荆州刺史时，竟公然抢劫过往商客，以此积攒了巨额财富。当然，不是每个人都像石崇这样不要面皮。一些贵族碍于名声不好明抢，便会想出各种理由对小商贩们进行敲诈、勒索。如（南朝梁）扬州刺史萧纶到任后，"欲盛器服"，需要数百匹丝、布、锦，干脆直接去各家店铺里赊账。结果"百姓并关闭邸店不出",宁愿关门歇菜,也不愿自家货物被盘剥了去。

如此敛财、经商手段,实在令人不齿。尽管有正直之士对官僚从商提出反对、质疑,朝廷也装模作样,对官商疯狂逐利的行为进行批评教育,但这种现象仍是屡禁不止。皇室一脉,尚且积极从商获利,他们又有什么立场来制裁世家大族呢?当然,皇室之所以"摆烂",也是因为它根本就没办法制裁那些高高在上的门阀士族。

曹魏名臣和洽曾言:"魏承汉乱,风俗侈泰。"汉末乱世以来,社会动荡不安,在这种朝不保夕的日子下,人们逐渐生出了消极厌世的悲观情绪;随之而来的,是"今朝有酒今朝醉"般的及时行乐与"乘兴而来,兴尽而去"般的随心所欲。所以,名士清流主动打破了传统礼教的束缚,"以玄虚宏放为夷达,以儒术清俭为鄙俗",把侈靡、骄奢的生活过成一种常态。

在此情形下,名士酗酒、裸裎、嗑五石散……这些被他们奉为潮流的一系列"奇葩"行为,与他们"贪鄙成风"并为此从商逐利的逻辑是一样的。一方面,以此缓解名士内心对乱世无所依存的恐慌;另一方面,也可以满足他们的浮夸、奢侈消费,以此麻痹自己的精神意志。

金玉其外,败絮其中。君不见,兰亭之下,群"贤"毕至;在这流觞曲水、觥筹交错的背后,又隐藏着多少难寄之哀愁?

六 享受生活：士族的"居家生活"究竟什么样？

英国贵族的庄园史，要从 11 世纪的诺曼征服后建立封君封臣制说起。

英剧《唐顿庄园》描绘了英国近代约克郡一个虚构的庞大贵族庄园内的故事。无论主角格兰瑟姆伯爵一家遇到了怎样的变故，宏大的唐顿庄园始终俯视着时代的变迁。在这座英国旧贵族的庄园里，不仅有供主仆生活的城堡，还有巨大的草坪、修剪整齐的花园、池塘等设施，甚至主客众人还可以在庄园中来一场围猎。

在庄园里，可以满足人们从日常起居到娱乐出游的一切需求，"足不出户"也可以享受丰富奢华的生活。不仅如此，庄园内还有巨大的粮仓和特聘的厨师，基本不需要考虑"囤货抢购"。

早在两汉魏晋南北朝时期，这样的大型庄园就已经出现，而且规模有过之而无不及。

谢灵运的"居家"生活

魏晋南北朝时期，建造属于自己家族的大规模庄园成了士族中的风气。这些大庄园往往依山傍水，取自然之精华；又兼以农田、奴仆，供给主人一家的日常开销。晋宋间诗人、文学家、曹植著名"迷弟"谢灵运便写过一篇《山居赋》，来记载自己在庄园中"枯燥而清贫"的居家生活。

在这篇文章中，谢灵运详细记载了"小小"山居的周边环境："其居也，左湖右江，往渚还汀。面山背阜，东阻西倾。抱含吸吐，款跨纤萦。"

在这座小屋的东边，是一片有山有水的山地田，水流顺着山势倾泻而下，注入湖中，山上树木苍森，缘壁而立，是一幅上好的山水景象；在这座小屋的南边，则是一片浩渺的水域，其间碧波荡漾，波光粼粼，水映山势，风拂水面，周围则环以盘木，亦是生机勃勃、水天一色。

简单勾勒完这小屋面山背阜、左湖右江的环境，谢灵运开始记述自己山居中的丰富物产。

虽然这是一座祖上遗留的旧宅子，但是好在"基井具存"，基本的生产设施还都保留着，推开朝东的窗户，就是一片上好的农田；远处的山地也被开辟出阡陌，可以进行农事。家里的农户也非常珍视这片土地，修建了许多水利设施，"导渠引流，脉散沟并"，因此这片土地的出产非常丰富，"麻麦粟菽"，从主食蔬菜到衣料，都有可观的收成。究竟有多可观呢？谢灵运"谦虚"地表示，他一家的生活实在是不需要这么多的粮食，多收的粮食也不过"供粒食与浆饮"，拿来酿了酒；或者"谢工商与衡牧"，卖给商贾了事。种出来的粮食足以果腹就可以了嘛，要这么多囤货干什么呢？（"生何待于多资，理取足于满腹"）

为了家人的营养平衡，谢灵运还搞起了水果种植。"北山二园，南山三苑。百果备列，乍近乍远"，在这南北两山的果园中，谢家人可以享受到苹果（柰）、杏、橘、板栗、桃、李、梨、柿、枇杷等如今市面上常见的大部分水果，开一个水果批发市场也绰绰有余了。保证了家人"果篮子"的供应后，谢灵运又马不停蹄地开始了"菜篮子"工程。在自家的菜园中，绿葵、白薤（xiè）、寒葱、春藿应时而发，全年不歇地提供蔬菜。

除了基本的粮食蔬果出产，经旅行家谢灵运实地考察发现，这片山居内还有许多野生动植物。比如水域中，"蒹菰蘋蘩，蒲荇菱莲"，各种水生植物野蛮生长；在山上，则有茯苓、人参等中草药，以及松柏檀栎等参天古木。这样优越的自然环境，当然也少不了动物的身影。谢灵运一口气记载了四十多种动物的名字，十余种鱼类在水中畅游，时不时跃出水面；八九种鸟类晨凫朝集，为谢灵运奏乐助兴；山上的熊罴（pí）豺虎、猿猴狸獾，也早已学会了与人们和平相处，猿鸣空崖，虎啸深谷，自得其乐。

面对此等美景，谁能满足于困顿于一隅呢？谢灵运立即在家里搞起了土木建设。他在南面的山岭上修建经台，在北阜筑起讲堂，在险峻的山崖上建立禅室，又在浚流边建起僧房。无论是在山野间漫步游赏，还是在各处房舍内参悟学问，皆是"会性通神"，油然而生一种超然的快乐。

是的，谢灵运的"山居"，本质上是一整座有山有水、屋舍连栋、田园畦町俱备的超大庄园，堪比当今大型度假村加"农家乐"。考虑到在谢灵运的山居里，还可以采集草药、劈木造纸，便是连度假村也难以与之比肩了。当然，"凡尔赛大师"谢灵运在写完这篇文章后，还认真做了注释，表示在自己的简陋山居附近，还有义熙王穆依湖所建的居所；东面稍远一些的地方，有五处山坳，分属昙济道人、蔡氏、郗氏、谢氏和陈氏。除了昙济道人是一位僧人之外，其他四姓都是东晋历史上鼎鼎有名的家族。这些大家族的"山居"，皆是良田水渠俱备，规模绝不在自己之下。至于住在白烁尖的王敬弘一家，据《晋书·王敬弘传》记载，不但在会稽有住处，在余杭舍亭山也有规模相当的山墅，且传于子孙，仍在不断扩张规模。

庄园从何开始？

虽然谢灵运在《山居赋》中的记载，多少有因骈文的文体需要而故意夸大的成分，但是从史料记载来看，拥有一处像这样生产生活设施齐备、可以自给自足且风景优美、跨山连水的大庄园，并不是谢灵运的特例，而是魏晋时期世家大族的标配。

庄园在西汉末年已有雏形。如《后汉书·樊宏传》中记载："……开广田土三百余顷。其所起庐舍，皆有重堂高阁，陂渠灌注。又池鱼牧畜，有求必给。"

这种庄园已经具有魏晋大庄园的雏形。这时建立庄园的人，有的是朝廷命官，更多则是地方上的巨贾豪族，他们所建立的大庄园也以生产货殖为重，生活和享乐倒还在其次。在两汉尚属落后的生产力水平下，在大庄园中进行集体劳作、聚族而居，算是一种维持家族生存和延续的智慧，但到了魏晋，这种大庄园已然变成上层士族居家的标配。

士族们是如何在汉末至南北朝的乱世中，建成这些规模宏大的庄园呢？

要想建成谢灵运这样的大庄园，首先毫无疑问，得有人和地。随着魏晋时期九品中正制的确立，士族的地位进一步凸显，他们不仅拥有出仕做官的捷径，还有朝廷认定的免税、占田特权。而没有士族身份的寒族或普通农民，由于东汉末年战乱、民众流离，大多数人已无自身的田产，被迫成为朝廷的屯田民，需要交纳收获物的一半甚至六成，还不包括官府的一系列贪污和徭役。由于无法承担这样的重负，许多农民被迫选择饮鸩止渴，投身于士族门下，成为士族的佃农或家兵（部曲）。士族所拥有的土地和人口，随着源源不断的庇荫民户和田产的加入不断增长，这为庞大庄园的建立提供了强大的物质支撑。虽然晋武帝在位时，曾颁布诏令禁止士族招募佃客，但他亦颁布过赐佃客诏书，与其禁令自相矛盾，对士族招募佃客的行为也没有切实严厉的惩罚措施，这属实是无效禁令了。

拥有了人和地之后，还得发展庄园的各种生产能力，最好变成一座能够在里面"宅"到天荒地老的"诺亚方舟"。从东汉末年开始，中原大地便陷入长达400余年的战乱，其间虽有晋的短暂一统，但也只是昙花一现。在动荡的社会环境下，生产生活资料靠商业交换显然是不切实际的，士族的大庄园也被迫变得越来越"全能"，从粮食生产到纺织畜牧，生产范围延伸到了衣食住行的方方面面。许多士族豪强为了抵御兵患，还为自己的庄园修建坚固的堡垒，蓄养大量家兵。在庄园中，依附的农户各自生产，庄园内自行进行贸易，庄园主抽取田租，俨然一个小小王国。

由于西晋年间普遍存在"炫富"的风气，一些庄园跨过了满足生活基本需求的阶段，向着更高层次的享乐发展。西晋巨富石崇在京郊的金谷涧修建了自己的金谷园，其间茂林修竹、观阁池沼、竹柏草药、金田家畜莫不具备。因为石崇的权势，这座金谷园不仅是石崇的别庐，更是当时士人谋求晋升的自荐之处。石崇在此"引致宾客，日以赋诗"，在此显露文才者便可立即飞黄腾达。石崇的好友、著名美男潘岳，也在洛水边拥有一座庄园，其中蔬果品类已不逊于谢灵运。

随着晋室南迁，这种修建大庄园的风气随着士族一起南下，同时伴随着的还有人对自然审美的觉醒。江南山水秀丽，且地广人稀，给了士族庄园更大的发展天地。在江南温柔的山水间，风景不殊而山河已异的东晋士族们逐渐在玄学和佛道的引导下获得了感悟人生的新方式。他们细腻地发现了山水花鸟的喜人之处，"千岩竞秀，万壑争流，草木蒙笼其上，若云兴霞蔚"（《世说新语·言语》），并将这种对自然的喜爱引入到自己的庄园建设中。谢灵运便在自己的文章中逐个点名嫌弃前朝的风景园林，"且山川之未备，亦何议于兼求"。东晋至南朝的大庄园，要求必须是连山跨水、风景秀丽，这样才足以成为士人交游时借以炫耀的谈资。由此，士族们将山川自然的美景框进自家庄园的一方天地中，连大自然的馈赠也变成了士族的私人赏玩。只是不知，那些在庄园中辛勤劳作、用以供给庄园主享乐的农户，是否也有一窥自然美景的兴致？

消逝的庄园和永远的庄园

东晋安帝义熙元年（405年），一位中年人回到了他的庄园中。

"归去来兮，田园将芜，胡不归？"

他乘船，从令他身心俱疲的彭泽回乡。孩子已经等在门口，他的脚步也越发轻快。这座小小的"庄园"不过是草屋八九间而已，幸而松菊满屋，犹可为乐；美酒盈樽，可以忘忧。他并不像同时代的谢灵运那样，拥有一整片山水在怀，可以每日寻山觅水；他拥有的只是自己屋后的一小块花园，但每日流连其间，依然有不同的乐趣。他也不像谢灵运那样，可以轻松地说出"生何待于多资"，他依旧需要为日常的果腹之食头秃，好在人缘不错，各处蹭酒蹭饭，勉强也可生存。即便如此，他也不擅长农事。周围的邻居会在春天告诉他，应当"有事于西畴"了，于是他也扛着锄头来到田间，充满希望地播种下豆子，然而到了秋天再看，却只是"草盛豆苗稀"。出师不利的新手农夫顺着夜色回家，夜晚的露水打湿了衣襟。但他仍然是快乐的，因为他的愿望没有被违背，他始终是顺遂本心而活的。

他的名字叫陶潜，也叫陶渊明。他也曾有过显赫的出身：曾祖父陶侃，乃是东晋的名将，官至侍中、太尉、荆江二州刺史、都督八州诸军事，显赫一时。但至陶渊明时，因父亲的早逝，家族逐渐衰败。陶渊明无法像同为东晋权臣谢玄之孙的谢灵运那样，继承家族的一大片山水庄园，但他与谢灵运一样，面对南朝晋宋之交的政治动荡、社会昏暗感到了迷茫与厌恶，本能地想要逃离。谢灵运逃进了自己的山居，陶渊明逃去自己的茅草屋。幸而他们都找到了各自的归处和快乐。谢灵运在自家山居的山水间，成为山水诗的鼻祖；陶渊明则从田间与夕露中，打开了田园诗的世界。

陶渊明的诗歌，在南北朝纷繁的战火和永无止境的政治斗争中沉寂了很长时间，直到被一个身处政治中心的人翻开。他的名字叫萧统，是梁武帝的长子，世人更习惯称他为"昭明太子"，得名于他的著作《昭明文选》。在这本文选中，萧统意外地发现了陶渊明的诗歌和庄园，并对其产生了浓烈的兴趣，不仅在文选中对其大加赞赏，还亲自为陶渊明的诗文做集撰序，如此犹有不足，又为陶渊明写了传记。凭借着萧统的影响力，陶渊明的声名一时鹊起，他笔下的庄园也随着后人一代一代的吟诵，存之于今。

萧统和陶渊明，高贵的太子和落魄的士族，两个仿佛永远不会相交的灵魂，却在庄园中得到共鸣。史书记载，萧统"爱山水，于玄圃穿筑，更立亭馆，与朝士名素者游其中"，他心中也有一片属于自己的庄园。可惜陶渊明有归处，萧统却没有。身在帝王家，他连退路也无一条。梁中大通三年（531 年），年仅 30 岁的萧统去世。他的名字最终没有入帝王之列，却以一位文学家的身份，永存于史册。

如今的我们，早已无法再见当时庄园的实貌。随着人口的增加，人地关系逐渐紧张；科举制的实施和皇权的加强也使士族的势力逐渐受到遏制。再也没有人有这样的能力修建规模宏大的庄园；太平年代商品经济的发展，也让完全的自给自足变成一件没有意义的事。庄园的内涵被一点点削减，最后只保留下名山胜水的小小一部分，成为宋明园林的前身。但从那些魏晋南北朝文人的笔下，我们仍能依稀看到当时庄园的明媚秀丽。它们不仅仅是士族的居处或田产，更是他们心灵的寄寓与归宿。

七 互相联姻：士族阶层最实在的婚嫁选择

俗话说"男大当婚，女大当嫁"，婚姻是人类社会中极为正常的活动。在中国士族兴盛的两汉魏晋南北朝时期，婚姻更涉及士族大家的政治、经济乃至未来命运。因此，士族对"门当户对"极为重视，最终形成了家族联姻模式。这种婚姻让士族牢牢控制权力和地位，也为未来的衰弱留下隐患。

那么，当年士族的实际婚姻状况是怎样一回事，为什么说士族联姻是士族阶层走向衰亡的原因之一呢？

恩格斯在《家庭、私有制和国家的起源》中对统治阶级的婚姻有这样一段描述："结婚是一种政治行为，是一种借新的联姻来扩大自己势力的机会，起作用的是家世的利益，而绝不是个人的意愿。"这也可以用来解释当年的中国士族婚姻。对古代统治者来说，婚姻几乎是用来维护自己利益的政治手段，尤其对那些门阀士族阶层来说更是如此。他们在婚配问题上不但要求双方的家庭地位"门当户对"，还有着其他种种政治、经济上的考量。

在利益驱使下，个人情感完全不在考虑范围。靠着大族之间的联姻，他们会形成一张牢固的关系网，不但可以一荣俱荣，还垄断了社会的上升通道，形成以"婚"和"宦"为核心的两大门阀士族的关系支柱。

魏晋南北朝时期，由于北方常年战乱，士族力量受战乱和外族入侵的破坏很大。当时中国北方，士族之间的联姻呈现出复杂的态势，但在南方，由于政权相对稳定，继承了西晋旧制的南方士族不但享受到了以前的一切经济特权，还通过九品中正制保证了政治权力。这导致南方士族的门第联姻极为盛行，各大士族之间都有通过联姻而形成的关系网。这一时期，中国社会所形成的婚姻观，甚至影响到了后世。当时的士族联姻有着怎样的规则？这些联姻对后来产生了什么样的影响呢？

联姻编织关系网

对士族阶层来说，他们最大的追求莫过于地位的攀升，最大的恐惧莫过于地位的下降。能够通过联姻方式把自身家族提高到更高一级的社会地位，是一件非常了不起的事情。如果做不到，那么退而求其次，通过联姻维持自己的社会地位不下降也是可以接受的。所以士族联姻非常讲究"门当户对"，比如，琅琊王氏通过联姻建立了一张庞大的关系网。据史书记载，琅琊王恬女儿嫁谯国桓冲，桓冲侄女是王敬弘妻子，王桓两族为两代姻亲，"（司马）元显讨桓玄，欲悉诛桓氏，诞固陈修等与玄志趣不同，由此得免。修，诞甥也。及玄得志，诞将见诛，修为之陈请；又言修等得免之由，乃徙诞广州"。

由此可知，士族之间靠联姻形成的关系网，可在他们遇到困难时，让联姻家族迅速出手援助。依靠姻亲形成的关系网相当牢固，大大巩固了士族集团的统治地位。但由于有外族入侵，北方士族也开始出现与外族联姻的现象，比如魏孝文帝时期，北方士族就开始与少数民族上层通婚。这种现象延续了很久，比如唐李氏家族就有浓重的鲜卑血统，不过这也都是政治婚姻，依然没有逃脱以家族利益为主导的形式。

当然，也有地位低的士族与地位高的士族联姻成功的例子。比如西晋时期，有汝南安成富家女子李络秀自愿嫁给安东将军周浚为妾的事情。根据《世说新语·贤媛》一书记载：

> 周浚作安东时，行猎，值暴雨，过汝南李氏。李氏富足，而男子不在。有女名络秀，闻外有贵人，与一婢于内宰猪羊，作数十人饮食，事事精办，不闻有人声。密觇（chān）之，独见一女子，状貌非常，浚因求为妾。父兄不许。络秀曰："门户殄瘁（tiǎn cuì），何惜一女？若连姻贵族，将来或大益。"父兄许之。遂生伯仁兄弟。络秀语伯仁等："我所以屈节为汝家作妾，门户计耳。汝若不与吾家作亲亲者，吾亦不惜余年！"伯仁等悉从命。由此李氏在世，得方幅齿遇。

这种较低级别的士族为高攀不惜当妾，虽说对士族来说并不光彩，但李络秀对家里的话倒句句在理，她靠着自己的姻缘，提高了李氏一家的社会地位，无疑算是一笔非常划算的"买卖"。

向上攀附的执着

士族之间自然有地位高低，但怎么也比不上攀附皇亲国戚。比如，东晋褚裒（póu）就因为联姻皇室，让褚家地位一飞冲天。晋康帝司马岳还是琅琊王时，娶了褚裒的女儿褚蒜子为妃。等到穆帝即位后，褚裒成为太后之父，褚家也成为东晋、南朝一流高门。所以，在士族门阀与皇帝共治天下的时代，与皇族联姻是士族集团各家族梦寐以求的事,包括琅琊王氏、颍川庾氏、龙亢桓氏、陈郡谢氏、太原王氏等都与皇室联姻过。

但在绝大多数情况下,士族之间都有着相对固定的联姻圈子,比如颍川庾氏和龙亢桓氏、龙亢桓氏和太原王氏、陈郡谢氏和琅琊王氏、太原王氏和陈郡谢氏等。这些士族之间通过联姻形成固定的政治圈子,对当时的政治形势产生了重大影响。比如王、谢二家世代通婚,双方结成了牢固的政治同盟,以至于北宋秦观感叹:"王、谢二氏最为望族,江左以来,公卿将相出其门者十七八。"王伊同先生则对此评价:"高门多慎婚,族族之间,或姻戚累世。"士族和士族之间也逐渐分了档次,比如南朝王、谢两家,和颍川荀氏、汝南袁氏、太原王氏、高平郗氏、颍川庾氏等都是第一等高门大族,他们之间结为集团,世世代代互为婚配。吴郡的顾、陆、朱、张,会稽的孔、沈、魏、虞,这些次一级的士族之间也都互为婚配。到了地方上,第三等、第四等的士族则在自己的等级内寻找婚配伙伴。时间一长,士族之间的层次也慢慢开始固化,虽然也有不同地位的士族间联姻的情况发生,但是数量越来越少。

无论是哪一种婚姻情况,士族和庶族之间很少通婚。士族阶层固化越厉害,士庶通婚的例子越少。值得注意的是,就算在士族阶层形成的早期,也少有上层士族女儿嫁给"寒士"的例子,即寒门之女可嫁士族,但不可有寒士娶名门之女之事发生。

不过,某些出身名门子弟,由于个人品性、才能、相貌有一定欠缺,在同级家族找不到合适的女性,也可能降格与庶族女子通婚。比如《世说新语·假谲》中记载了这样一件事:王坦之的弟弟实在糟糕，年纪大了却没有人家愿意婚配，最后娶了门第寒微的女子。还有《世说新语·贤媛》中的记录：王湛年轻时没有婚配，自己提出要向郝普的女儿求亲；他父亲王昶因为他痴傻，以后不好婚配，就遂了他的心意，婚后发现，郝氏果真姿态美好，品德贤良。再比如《南史·王琨传》载：琅琊王怿"不辨菽麦，人无肯与婚"，最后娶了南阳乐玄的女儿。可知名门子弟若实在无法解决个人婚姻问题，家里只好给他们找庶族女子婚配。

据统计，魏晋南北朝时期，士族联姻（不包括与皇室联姻）共216宗，士族与庶族的婚姻只有33宗，占士族婚姻的15.3%，东晋时期总共才3宗。

盘根错节的家族

士族之间的联姻对当时社会起到的作用非常大，很多名人如果不靠着联姻，根本进不去士族集团，也无从施展才华，比如诸葛亮就是这一体系下的受益者。一直"躬耕于南阳"的诸葛亮，虽被政敌称为"诸葛村夫"，但诸葛家族的实力却相当强悍。诸葛家族本是荆州颇有实力的一个家族，在此基础上，通过联姻巩固了家族地位。诸葛亮的大姐嫁给蒯氏家族的蒯祺，二姐嫁给了庞德公的儿子庞山民，蒯家和庞家都是荆州大姓，地位举足轻重。诸葛亮的妻子黄月英是荆州大族黄家的女儿，黄月英的母亲是荆州名门蔡讽的女儿。蔡讽的姐姐嫁给了太尉张温，张温又出自吴郡大族张氏；除此之外，蔡讽的一个女儿还嫁给了荆州之主刘表，即《三国演义》中要害死刘备的蔡夫人。所以，诸葛亮与黄月英的婚事，意味着蒯、蔡、庞、黄荆州四大豪族结成亲戚关系，同时，诸葛亮还同远方的刘家和张家取得联系，对还名不见经传的诸葛亮来说，这门婚姻为他带来的好处数不胜数。日后，诸葛亮能成为三国时期著名人物之一，少不了家族的支持。另外，诸葛亮的"卧龙"名声，也是靠这些家族才得以传播，最后传到了刘备耳中，才有了后来流传千古的"三顾茅庐"和"隆中对"。

当然，这种婚事也有一些令人啼笑皆非的例子，比如著名的成语"东床坦腹"。按照《世说新语·雅量》记载，东晋时期，太傅郗鉴准备为自己的女儿郗璿寻找女婿，郗璿十分俊美，而且有才华，是郗鉴的掌上明珠。女儿年方二八还没出嫁，他给同僚兼好友，也是当朝丞相王导表示想和他联姻。王导欣然同意，还告诉他"我们琅琊王氏家里优秀的男孩子不少，要不你就来我家挑吧，挑到谁就是谁"。听说郗鉴派人要来挑选女婿，且对象还是闻名的才女郗璿，王家的未婚男子都兴奋起来，纷纷"梳妆打扮"一番。派来的人发现，在王家东厢房里有个年轻男子，此人没有刻意打扮不说，还袒胸露怀地躺在床上呼呼大睡。于是在回府后，派来的人就把这事当趣事跟郗鉴说了。结果郗鉴一听觉得这个年轻人挺有意思，当即决定把女儿嫁给他。这人正是王导堂兄王旷的儿子、大书法家王羲之。当然，郗鉴之所以肯嫁女儿，还是想跟琅琊王氏搭上姻亲关系，而"东床坦腹"不过是其中发生的一件趣事而已。

尽管士族们不断利用联姻壮大自己，但是随着时代的发展，士族阶层的衰落已不可避免。在"侯景之乱"以及隋唐的大规模战乱后，士族阶层早已遭到沉重打击。科举制和三长制的推广，又从根子上打击了士族阶层。"自五季以来，取士不问家世，婚姻不问阀阅",在经过唐末天下大乱后,"天街踏尽公卿骨",士族阶层也被历史彻底埋葬。士族联姻体系也跟士族一起,淹没在历史长河之中。

南朝士族的

兴衰

第三章
东晋南朝士族的生存之道

在门阀士族时代，无论是皇帝还是权臣，都必须尊重世家大族的利益和现有的政治秩序。他们的站队，与其说是在选择支持某一个人，不如说是在支持一种政治秩序。

一　不动如山：吴郡顾家的生存之道

历史上许多显赫的家族，因为与政治深度绑定，难逃兴衰周期。在这场"眼看他起朱楼，眼看他宴宾客，眼看他楼塌了"的权力游戏中，还是有成功特例的，崛起于汉末三国时期的吴郡顾氏便是其中之一。

顾雍和东汉三国时期吴郡顾氏的崛起

按照唐代编撰的《元和姓纂》的相关记载，顾氏出自妃姓，为夏王朝的藩属小国。只是在商汤起兵攻伐夏桀时，顾国站在了夏朝一方，结果与韦国等夏朝的卫星国一同被灭。顾国遗民便选择以国名为姓氏。顾国位于今河南省范县东南，因此这一支的顾氏子孙也被称为"北顾"。

与"北顾"相对的"南顾"，则源于越王勾践自诩的姒姓。战国中期，一度称霸东南的越国为楚国所灭后，勾践的子孙迁居浙南，定都东瓯，史称东瓯国。东瓯国一直延续到汉武帝时期为汉朝兼并，第七代东瓯王姒摇之子被封为顾余侯，子孙选择以顾为氏。

凭借东瓯国王室积累的土地财富和政治资本，"南顾"的发展显然优于"北顾"。至东汉末年，顾氏已经发展为在吴郡地区颇有影响力的大族。三国时期，顾氏成了江南首屈一指的士族门阀，并与割据江东的孙氏集团进行了一系列勾兑与合作。

后世史学家大多以孙坚、孙策父子在通过武力控制江东的过程中以屠戮众多豪杰、名士为由，认定这一时期以顾氏为首的吴郡士族对孙氏集团采取了"非暴力不合作"甚至是"对立"的态度，但从这一时期顾氏子弟中的佼佼者顾雍的选择来看，答案似乎并非如此。

顾雍出生于汉灵帝执政的建宁元年（168年），《三国志》中并未记录其父亲及祖父的相关信息，仅有裴松之引用今已散佚的《吴录》，称顾雍的曾祖父顾奉曾担任过颍川郡的太守。作为一部完全站在孙吴政权立场上叙事的史书，《吴录》竟然也没有对顾雍的身世进行渲染，想必是这个家族真的没有什么亮点可言了。

能够跟随东汉名士蔡邕学习琴技和书法，可谓是顾雍人生的转折点。当时蔡邕为了躲避政治迫害，长期避祸于江东，并非依附董卓后位高权重的情状，对于顾雍这样的学生自然是鼓励为主，顾雍也通过这段求学经历积累了足够的声望和人脉。

中平五年（188年）左右，顾雍成功通过举荐被任命为合肥县长。此后的一段时间里，他又先后任职于娄县、曲阿和上虞，所到之处都获得当地百姓和官员的一致肯定。值得一提的是，顾雍历任的这些地方恰恰都位于孙策自庐江南下平定江东的进军路线之上。因此不能排除这段时间里，顾雍一直是在为孙氏集团治理地方。

建安五年（200年），孙策遇刺，孙权被推举为孙氏集团的首领。正在与袁绍拉锯官渡的曹操为了削弱孙氏集团，刻意将孙权任命为会稽郡太守。孙权自然不愿离开吴郡这一核心势力范围，任命顾雍为会稽郡丞，代行太守之职。因此，顾氏家族属于江东诸多士族之中最早能够审时度势与孙氏集团展开合作的，正是出于对这份支持的回报，孙权此后不断为顾雍加官晋爵，最终顾雍被封为醴陵县侯和孙吴政权的丞相。

《三国志》中，将顾雍能够得到孙权的高度信任归结于其谨言慎行的处世哲学，宣称顾雍平日里更是"不饮酒，寡言语，举动时当"，甚至在被封侯之后，其家人很长时间都不知情，更表示顾雍在深思熟虑之后，一旦发表意见便常常能够一语中的。是以，孙权有"顾君不言，言必有中"的评价。但仔细分析却不难发现，顾雍的成功更在于他能够很好地维护孙权的政治形象，平衡孙吴集团内部的政治派系。

赤乌六年（243 年），76 岁的顾雍病逝。顾氏家族已然成为孙吴集团内部数一数二的政治豪门。"顾、陆、朱、张"被并称为"吴郡四姓"甚至"孙吴四大家族"的政治局面，大体便是在顾雍这一代人的手中得以实现的。然而，太康元年（280 年）孙吴政权覆灭于晋帝国顺江而下的楼船舰队时，四大家族的子弟们又不得不面对新一轮的政治洗牌。

顾荣在"八王之乱"中的生存哲学

元康二年（292 年），顾雍的孙子顾荣与陆逊的孙子陆机、陆云一同来到西晋首都洛阳。这三位并称江东的少年俊彦虽然展现出了过人的才学，但是一干晋朝权贵也依旧没有给予这些孙吴遗臣以足够的肯定和重视。

面对傲慢与偏见，陆机采取了决绝的态度予以回击，而顾荣却选择了积极融入，因此甚至一度引来昔日好友陆机的不满和挖苦。讽刺的是，在席卷洛阳的"八王之乱"中，自诩清高的陆机却到处政治投机，甚至通过依附成都王司马颖而成为二十万大军的统帅。可惜，陆机终究没有其祖父陆逊、父亲陆抗那般的军事才能，最终兵败于洛阳郊外的鹿苑，被成都王司马颖处决于军中。

与陆机相比，顾荣似乎有气节得多。他一度担任过赵王司马伦之子司马虔的长史，却在司马伦屠戮淮南王司马允的僚属时，利用自己的政治资源救下了很多人。而在被齐王司马冏从刑场直接招入麾下后，不甘于同流合污的顾荣又选择以醇酒自污。借助着酒精的自我麻痹，顾荣熬到永安元年（304年），终于在"八王之乱"的尾声中回到了故土。

然而，此时的江东也同样不太平，就在顾荣回家的一年前，荆州流民顺江而下，试图攻占江东，最终被广陵度支陈敏率兵击退。但这一军事上的胜利却令陈敏产生了割据自雄的念头。而为了拉拢江东的世家大族，陆机兄弟去世后，成为江东士族"首望"的顾荣更成为陈敏的重点拉拢对象。

顾荣并非没有考虑过辅佐陈敏一统江东甚至北上争雄，但很快便清醒地认识到，寒门小吏出身的陈敏根本不具备应有的政治才干。为了免于江东黎庶再遭遇不必要的刀兵劫难，顾荣联系甘宁的曾孙甘卓等江东实力派人物，成功将妄自尊大单骑北走的陈敏擒后问斩于建业。

顾荣的这一表现得到了身为安东将军、都督扬州江南诸军事的琅琊王司马睿的高度重视，其抵达建康（今江苏南京）后便首先前往顾荣府邸进行拜会。这份以礼相待自然得到顾荣的全力拥护。借着上巳节众人出游之际，顾荣率一干江东名士在道旁跪拜司马睿，以表态度。自此之后，"吴会风靡，百姓归心焉……渐相崇奉，君臣之礼始定"。顾荣也由此成为东晋的首批从龙之臣。

不过，经历过"八王之乱"的顾荣深知政治的凶险，在司马睿建立东晋王朝之后，他始终保持着超然的游离状态。一方面，顾荣不断向司马睿和王导举荐江东士族子弟，另一方面又不断称赞王导安定江东的功绩，表达江东愿意接纳晋室的态度。可以说，正是有了顾荣这座桥梁，司马氏才得以顺利地在江东立足。是以，王夫之在《读通鉴论》中才对顾荣等人给予了"率江东而定八王已乱之天下，抗五胡窥吞之雄心，立国百年而允定"的高度评价。永嘉六年（312年），顾荣去世。司马睿临丧尽哀；建武元年（317年）追封其为嘉兴公。

顾恺之的处世哲学

东晋一朝乃至整个南朝时期的顾氏名人并不在少数，其中最鲜活有趣的或许当数有着"才绝""画绝"和"痴绝"三绝之称的顾恺之。

顾恺之是不是顾荣的后裔，正史之中并无明确交代；但《无锡顾氏宗谱》之中记载，顾恺之的祖父是顾荣之子顾毗，晋康帝时任散骑常侍，后迁光禄卿；父亲顾悦之，则历任扬州别驾、尚书右丞等职务。与这些看似显赫的出身相比，顾恺之幼年丧母，为了追忆母亲的音容笑貌而苦练画功的故事，显然更为脍炙人口。

过人的天赋加上多年的苦练，令顾恺之一跃成为东晋的文化名人。不过，谢安对顾恺之的画技"苍生以来未之有也"的评价并不客观，事实上，顾恺之的艺术造诣有师承来历，更是三国两晋三代画家的不断积累。

顾恺之是三国时代东吴著名画师曹不兴的再传弟子。曹不兴擅画动物和人物，据说他曾在为孙权画屏风时画到一篮杨梅，他因为周围观看的人啧啧称赞，而不小心误落笔墨，于是他顺手将墨点绘成一只苍蝇。孙权来看画好的屏风时以为真有一只苍蝇飞到了画上，便举起手想要把苍蝇轰走，没想到苍蝇竟然是画上去的。这就是著名的"落墨为蝇"的故事。

曹不兴的弟子中最为出名的是西晋时代并称为"画圣"的卫协和张墨，而擅长描绘人物、佛像的卫协直接影响了师法于他的顾恺之，顾恺之不仅沿袭了卫协"白描细如蛛网，而有笔力"的绘画技巧，同时把卫协"其画人物，不敢点睛"的留白手法也照单全收。

顾恺之的一生始终仕途不顺，很大一部分是由他的性格造成的。顾恺之是一个喜欢戏谑的人，这样的人很难得到权贵的信任。顾恺之也知道自己性格的缺陷，因此早在少年时代便评价自己："吾赋之比嵇康琴，不赏者必以后出相遗，深识者亦当以高奇见贵。"在桓温手下任职时，一向不拘小节的桓温对顾恺之还是赏识的，因此在桓温死后，顾恺之拜谒其墓时当场赋诗感慨："山崩溟海竭，鱼鸟将何依。"

顾恺之的最后一任领导是桓温之子桓玄，从年龄上来看，顾恺之自然是桓玄的长辈，但从级别上说又是下属。已经成熟圆滑的顾恺之虽然时常和桓玄开开玩笑，却始终保持着适度的分寸，桓玄对顾恺之颇为信任，任命顾恺之为散骑常侍。

吴郡顾氏屹立千年的真正原因

整个南朝时期，顾家依旧在吴郡等地颇有声望，家族从刘宋到南陈，绵延数代，经久不衰，经历了宋元的短暂沉寂后，在明清重新大放光彩。明朝重臣顾宪成重建东林书院，题写了著名的对联："风声、雨声、读书声，声声入耳；家事、国事、天下事，事事关心。"鼓励读书人当胸怀天下、勇于承担。明末清初的顾炎武更延续了祖先博学的家风，撰写经济、地理著作，影响深远，这些在很大程度上得益于家族优良的家风家学传统。

六朝时期，九品中正制使得社会上出现互相标榜称扬之风，世族更爱品评之风。为了更好地获取仕进机会，家族内长辈常对晚辈进行褒扬以提高家族声誉，通过家族成员赞誉子弟、予以扶持也显现出浓郁的宗族情谊。清人李慈铭指出："晋、宋、六朝膏粱门第，父誉其子，兄夸其弟，以为声价。"顾氏家族到东晋后期开始显现衰落之迹，家族长辈便采用此方法表示对后辈成才的殷切之情。

《晋书·顾和传》载："和二岁丧父，总角便有清操，族叔荣雅重之，曰：'此吾家麒麟，兴吾宗者，必此子也。'"吴郡顾氏与其他世家大族大多具有姻亲关系，荣辱进退皆为一体，因此世族子弟除受到本族长辈标榜之外，外戚也常常出于维护家族门第之旨，对子侄辈进行褒扬。顾协年幼时便因玄学才能被外祖父张永叹曰"顾氏兴于此子"。

吴郡顾氏家族在进行家庭教育时，除对家风传统重视之外，还包括以具体事件为因由，顺势对子弟进行训导，即所谓的"机会教育"。此外，父辈临终前的遗命之言，亦是教育子弟的重要内容。

在顾氏家族成员存世的文学作品中，有很大一部分作品是对国家政务和民生福祉的关心。这些作品或针对政治问题提出建议；或对关系到百姓生活的政策实施发表意见决策，针砭时弊、指出利害；或对国家礼乐制度文化的建设提出肯綮意见。顾氏家族在动荡的朝政更替中不遗余力地发挥着家族自身的影响力，同时在这些作品中彰显着顾氏家族成员忠君为国、关心民瘼、坚守礼乐治国的情怀与操守。

在战乱频仍、朝政屡次更替的六朝风云之中，江东地区的世家大族也不得已面临鼎革之变、改换门庭的窘境，许多官员在面对繁芜的朝政时往往采取懈怠懒散的消极态度，将此视为逃避时事、明哲保身的重要法宝，很难做到从一而终地跟随某一朝廷。正是在此背景下，顾氏家族具有鲜明的独特性。顾氏家族成员自幼便接受儒学文化的浸染与熏陶，加上家族内部长辈的有意培养与提携，因此对国家、君主的忠诚与爱戴之情深深渗透在每位家族成员的血液之中。

顾氏家族能够在六朝传承十几代，延续数百年，到明清再次大放光彩，不是偶然现象，是政治环境、经济基础、文化功能多方面综合作用的结果。

二 掌握兵权：顶级士族掌兵是东晋"潜规则"吗？

春秋时代的贵族，大都是资兼文武，既能上战场杀敌，又能回朝堂议政的。

这和春秋的战争形态有关。战争规模小，作战时间短，一般一天之内，两军能分胜负，所以后勤压力也就比较小。一个贵族既统领军事，也操心国政，倒也不至于忙不过来。

从战国开始，情况就发生了根本变化。

战国时代的战争，参战各国都可能装备几十万军队，打起仗来旷日持久，最长的可能要对耗好几年。单是怎样喂饱前线这么多张吃饭的嘴，就是巨大难题，更别提还有其他许多后勤物资，都需要源源不断补给。

疆场上斗智斗勇就足够劳心费神的将帅，不可能同时解决这么艰巨的问题，所以必须有一个专门的文职官员系统，来负责后勤。

于是就产生了一个至关重要的制度变革：文武分途。

从战国以至于汉初，武将与文官的地位，大概还是并重的，甚或武将还高一些。刘邦说萧何是功臣第一，有强行指定的味道，未必能服众；何况真正军功第一的韩信，是要杀掉的。

但文官地位高于武将，确实代表历史的趋势。

士族诚然非将种

两汉400年大一统，绝大多数战事在边疆。武将远离了决策中心，他们的功绩能否得到中枢认可，需要经过文官的考评；更糟糕的是，边境地区经济不发达，庞大的军队，离不开大后方的支持保障。

所以，朝廷里的文官，要找理由卡武将的"脖子"，是很容易做到的，而且看起来完全按照流程，合理合法；武将要想反制文官，除非掀桌子造反，不然就难多了。

汉代有"关东出相，关西出将"的说法，到了东汉，经济、文化上占据绝对优势的关东士族，在政治上也明显占据了优势地位，但他们中的绝大多数人，不懂也鄙视军事，他们对军权的掌握，也就更多是间接的。

直接掌兵的人，论出身当然也不是平头百姓，而多半是所谓"豪族"。豪族和士族之间，有模糊地带，但总的说来，论到社会阶层政治地位，豪族要比士族低一两个档次。

到了汉末乱世，这种文武资源的分配格局，成了士族的致命缺陷。

汝南袁氏四世三公，是顶级士族，从袁绍掌控的各种资源之雄厚来看，本来大有革故鼎新成为新朝代的皇帝之势，但袁绍输给了自己曾经的小跟班、军事天才曹操。最终，魏、蜀、吴三国的君主，没有一个出身士族。

但当三国鼎立的局面形成，社会一定程度上恢复稳定之后，士族的传统优势就又发挥出来，又在各个朝廷里占据了主导地位。当然，这毕竟不是和平时期，有些士族人物打破封印，在军事领域展现出巨大的才华，因此也成了这个时代格外耀眼的明星：魏国如司马懿、蜀国如诸葛亮、吴国如陆逊。

但他们终归是例外，士族很快又回归常态：哪怕给他兵权，他也表现平庸。

司马昭决定灭掉蜀国的时候，士族高官无视本国巨大的国力优势，纷纷唱衰，唯一一个愿意支持司马昭的士族是钟会。司马昭于是任命钟会做统帅，而让寒门出身的邓艾作为辅助。结果钟会虽然取得了汉中（很大程度是因为姜维过于大胆的防御思路，蜀国自己把汉中拱手相送），十万大军却被姜维堵在剑阁再也无法前进一步，而邓艾却通过阴平小径奇袭，一举灭掉了蜀国。

同样的事情在灭吴时几乎重演了一遍。出兵之前，士族官员集体表示不看好，是寒门出身的张华促成晋武帝下定决心。总计二十万晋军兵分六路伐吴，其中五路的统帅是士族，和皇帝司马炎还都有这样那样的亲戚关系，而最终使金陵王气黯然收场的，却是从最偏远的巴蜀出发的出身最卑微的王濬。王濬"家世二千石"，这种门第，普通人当然要仰望了，但在大士族眼里，却仍只算寒门。

晋朝"八王之乱"中，掌握兵权的是司马家的王爷们，世家大族会选择是否和某位王爷合作，但他们中的大多数人，并不直接掌握兵权。譬如著名的琅琊王氏的王衍，他虽然顶着"太尉"这个全国最高军事长官的头衔，但是实际上在东海王司马越身边，盘算他的门户私计，带兵打仗的事，他是一点儿都不懂的。

回顾这么个历史文化传统，我们才能明白，东晋的士族门阀能够拿到军权并且有效运用，还真是一件奇迹。

不走寻常路的王敦

东晋第一个掌兵权的世家大族人物，是琅琊王氏的王敦。

身为世家大族的子弟，他的人生起点，就是许多人奋斗终生也抵达不了的终点。但琅琊王氏能够长盛不衰，一个并不是秘密的奥秘是，生儿育女的能力极其强悍。

王敦的爷爷叫王览，王览有个亲哥哥，就是传说中卧冰求鲤的王祥。这兄弟两个，在西晋初年是被当作孝悌"吉祥物"供起来的，排在开国名臣的最前面，特别体面。王祥有五个儿子，王览有六个儿子，到王敦这辈，同族兄弟们就更多了，王敦要出头，并不容易。

王敦还有个明显的劣势，"有田舍名，语音亦楚"（《世说新语·豪爽》），就是人称"乡巴佬"，说话还带南方口音。如果走正常路线求发展，王敦大概就是家族的二三流人物了。所以王敦刻意表现自己土气却又豪爽，先引起关注"把流量带起来"，然后他还有个自我评价："高朗疏率，学通《左氏》。"

他认为自己是个高蹈、开朗、通达、直爽的人，并且读别的书也许不算高明，但一部《左传》，是读通了的。读《左传》，在魏晋时期有特殊意涵。《左传》里战争写得好，因此很多人是把《左传》当兵书读的。最著名的例子，就是关羽爱读《左传》。

王敦这么评价自己，就是说他虽然身为琅琊王氏这样的文化士族的子弟，却对军事很感兴趣。

军人要够狠，王敦也经常刻意表现自己狠。比如到石崇（也有书说是王恺）家里做客，石崇家的美人劝酒，客人不喝，石崇就把美人杀了，王敦就是坚决不喝，还对劝自己喝酒的同族弟弟王导说，他杀他们家的人，关你什么事。

总之，王敦给自己的人设是：大家都文雅精致，但我要表现得一看就是个猛人、狠人。出身卑微的人里，不乏猛人、狠人，但名士自然看不上人家，没法沟通；王敦又猛又狠，虽然在世家大族子弟里显得古怪，但是终究属于名士圈子的自己人。

所以大权在握的人想找个能独当一面的军事统帅的时候，自然就会想到王敦。

就这样，王敦早早成名，被派到南方去，总揽一方军政大权。几经波折，王敦成了掌控长江中上游的军队，统辖州郡、自收贡赋的人物。虽然史书上说，胜仗都是陶侃、周访等寒族人士打的，但是总之，王敦是把胜利果实收入囊中了。

后来王敦就造反了，两次出兵进逼首都建康，第一次成功，第二次失败。从战争结果看，王敦的军队的战斗力，要胜过皇帝临时拼凑起来的军队，但还是不如江淮之间的流民武装。

北方大乱以来，文化士族逃过了长江，即所谓"衣冠南渡"，一般北方民众也要往南逃。东晋政权不许他们过江，于是他们就留滞在江淮之间。这些流民聚集在几个豪族人物身边，在危机四伏的环境里生存下来，并形成了顶级战斗力。

这些豪族人物当中，最有名的如闻鸡起舞的祖逖。据说范阳祖氏"世吏二千石，为北州旧姓"，但祖逖兄弟作风豪放，豁荡不羁，显然和文化士族不是一路人。祖逖一向看不起王敦，大概觉得王敦豪爽，只是个空架子，真干仗，不是自己的对手。

还有个重要人物苏峻。苏峻的父亲做到安乐相，蜀国后主刘禅投降后，被封为安乐公，安乐相即安乐公封国的相，也是二千石级别。苏峻本人则是孝廉的出身，但这样的身份，仍然被史书蔑称为"单家"。

但有位著名的流民帅郗鉴是例外，他是东汉末御史大夫郗虑的玄孙，高平郗氏可以算得上士族，所以朝廷最注重拉拢的流民帅就是他。丞相王导心心念念要送个琅琊王家的子弟给郗家当女婿，这才有了王羲之"东床坦腹"的典故。

王敦第二次起兵，危急关头朝廷调苏峻平叛，王敦的军队想乘苏峻立足未稳，打他个措手不及，结果两军一交锋，就发现自己根本不是苏峻的对手。后来苏峻也造反了，攻陷了建康城，造成的破坏要比王敦大得多。朝廷集中全部兵力平叛，战况仍然很不利，要不是苏峻有点儿过于"飘"了，只带了几个骑兵（注意，是几个）就想冲垮官军阵形，撤退不及而被官军杀死，这事还真不知道伊于胡底。

简单总结一句是，东晋初年，世家大族掌握一定的兵权，但东晋的最强武装是江淮间的流民组成的军队，总体而言却并不在士族手里，士族对他们只能利用，不能指挥。

陈郡谢氏怎样后来居上？

琅琊王氏退居二线之后，东晋掌权的是颍川庾氏。庾亮、庾翼兄弟充分展示"给你兵权你也用不好"的士族传统，各种自找麻烦然后损兵折将，之后，桓温登场了。

当年司马懿与曹爽的权力斗争中，谯国桓氏站在失败的曹爽一边，因此沦为刑家，失去了高门望族的地位。永嘉乱世"衣冠南渡"的时代，桓温的父亲桓彝抓住机遇，获得了名士圈的一点认可，成为所谓"江左八达"之一；然后他在平定王敦之乱的过程里立功，又在苏峻之乱中，力战叛军慷慨殉国，赢得忠臣的名声；可以说，他拿命为儿子换回了一张士族入场券。

桓温在主流名士圈里，一直显得相当尴尬。他一会儿猛撑士族，说"我若不为此，卿辈亦那得坐谈"，一会儿又觍着大脸，在人家坐谈时凑热闹，表现"其实我也挺懂的"。

所以，虽然桓温成了东晋历史上兵权最大的人物，但拿他做士族掌兵的代表，恐怕未必合适。

比较有意思的，是谢安的家族，也就是陈郡谢氏。在东晋门阀里，陈郡谢氏属于"新出门户"，第一个在军事领域占据重要地位的谢家人物，是谢安的堂兄谢尚。

谢尚，字仁祖，他的容止很"妖冶"，行为很"任诞"，虽然清谈水平不太高，但是非常有文艺范儿，总之，就是个典型的名士的样子。

谢尚做事，相当务实。他开始在朝廷里做给事黄门侍郎这样的清望官，后来就到了地方上，既管民事，也抓军务。他为政清简，也很爱惜士卒。《晋书·谢尚传》特意讲了个小故事：有次谢尚刚到任，当地官员用四十匹布给他造了一顶乌布帐篷，谢尚就吩咐，把帐篷拆了给将士们改裤子穿。

而且谢尚也赶上了好时候。他308年出生，三十来岁当打之年，正是晋康帝、晋穆帝的时代，原来的王、庾两大家族，现在都出现颓势，也就是说，原来的天花板又有了窟窿，上升空间很大。

尤其幸运的是，谢尚的妹妹嫁给褚裒，生了一个女儿叫褚蒜子。而褚蒜子就是晋康帝的皇后。朝廷想加强中央的权威，就考虑用一用外戚。褚家的人才少，皇后母亲的娘家就被重视起来了。

谢尚被任命为西中郎将、豫州刺史、督扬州之六郡诸军事、镇历阳的时间，和桓温任安西将军、荆州刺史、持节都督荆司雍益梁宁六州诸军事，并领护南蛮校尉的时间，基本前后脚。

谢尚比桓温大四岁，谢尚是皇后的舅舅，桓温是皇帝的姐夫，两个人的任命，是朝廷为了对付原来得势的庾氏家族，接连下出的两步棋。

但庾家退缩速度之快，出乎所有人的预料。于是谢尚和桓温的关系也就有了变化。

谢尚执掌的豫州，不是传统的豫州，而是为安置大量自豫州南下的流民而新置的豫州，东晋时治所徘徊于今安徽芜湖、和县一带，所以这里的兵力非常强大。这个豫州在京师建康的西边，设置在这里的军府，号称"西府"。

桓温控制的荆州，在豫州的更西边，要想从上游的荆州威胁到建康，必须要过豫州驻军这一关。当年，忠于朝廷的祖逖坐镇豫州，王敦就不敢轻举妄动。现在桓温要想图谋大事，也是一样。

谢尚的作风，是很能得军心的，他在豫州的根基扎得很牢固。桓温不断给朝廷施压，让谢尚北伐。谢尚的军事才能在名士圈里名列前茅，到北边去打则还是不够看，但谢尚的政治智慧，却让人不得不服。永和八年（352年）北伐，谢尚打败了，但败得不算很惨。但谢尚另有两个操作：第一，和敌人关系搞得挺好，以后相安无事；第二，据说耍了个很高明的手段，从北方的敌人那里把传国玉玺骗过来了。

当年晋元帝司马睿南渡的时候，根本没想过要当皇帝，玉玺自然还在洛阳的皇帝手里。后来洛阳、长安先后倾覆，玉玺在北方流传。而建康城里的皇帝，被嘲笑为白板天子。不知道谢尚骗来的这所谓玉玺是不是真的（甚至他怎么骗北方人的故事也可能是他瞎编的），但总而言之，东晋朝廷需要这个玉玺，所以假定它是真的，对谁都有利。

所以谢尚不但无过而且有功。

谢尚稳稳当当在豫州扎根了 12 年，桓温跟他保持着面子上的和谐，而对他毫无办法。谢家在军队里的根基，就是这时扎下的。

升平元年（357 年），谢尚去世。有人提出让桓温的弟弟桓云做豫州刺史，朝廷当然不同意，最后安排，还是让谢家人接班，这个人就是谢尚的堂弟也是谢安的亲长兄谢奕。但是谢奕到豫州只一年，到升平二年（358 年）八月，也去世了。

朝廷的意思，是再上一个谢家人，这就把一个巨大的难题，摆到谢家的面前。

谢尚那支，已经没人了；谢奕总计兄弟六人，但这时还在世、年纪也合适的，只有三弟谢安、四弟谢万。

《世说新语·尤悔》讲了一个小细节：谢安在会稽郡乘船出行，仆役驾着船，有时慢有时快，有时停有时等，有时由着船纵横漂流，就算撞着人、碰到岸，谢安对驾船人也并不批评教育。所以人们议论说，谢安这个人是没有喜怒的。

但是，哥哥谢奕去世，谢安送葬回来，天也晚了，雨也下得急，仆役们都醉了，全乱套了。谢安就在车上拿过支车的木柱去撞车夫，声音和脸色都很严厉。

117

于是《世说新语》发了一段议论：水性沉静柔和，可是进入险隘处却会奔腾激荡；和人情相比，就类似处于急迫危难的时刻，没有人能保持那份平和纯粹的心境。

众所周知，谢安这辈子淡定无比，后来苻坚率百万大军压境的时候，谢安一样能跟没事人似的。谢安这么慌乱失态，这辈子就这一次。

谢安的大智慧

谢安喜欢隐居，大概是真心的。毕竟，作为世家子弟，谢安不做官的生活，讲雅的，是"出则渔弋山水，入则言咏属文"；讲俗气的，则"每游赏，必以妓女从"。可以沉浸在这样的日子，他干吗去案牍劳形呢？

只不过谢安和一般世家子弟的区别是，他心里很明白，自己这样的生活是怎么来的、需要做什么样的事才能维持下去。

大哥不在了，只能由四弟谢万去继任豫州刺史、安西将军的职务，而这副担子，谢万只怕挑不起。谢安继续当隐士，但隐士也可以出山看亲人，于是他就跟着谢万上任去了。

下一年，即升平三年（359 年）十月，谢万奉命和北中郎将、徐兖二州刺史郗昙一起，分别进兵，去救援洛阳抗击前燕。

谢万还是一贯的名士做派，常常在那里啸咏，显示自己是个高人，对全军将士，是从不加抚慰的。谢安就劝他："你是元帅，应该经常喊将领们宴会，搞好关系。"

豫州的西府之兵，和郗昙那边的北府军，都是类似的构成，底子是当年的北方流民；因此不是国家统一编制，不存在严密的科层体系，但是有自己在实战中淬炼打造出来的组织，大大小小的将领们对士兵影响力特别大，而空降的主帅，其实是没什么权威的。当初谢尚和大家关系处得好，所以整个部队就有相当的战斗力。现在，谢万就得一步步从头来。

谢万倒是听了谢安的建议，然后把事情彻底搞砸了。

他召集诸将，什么具体工作也不说，只是用如意指着大家说："诸君都是劲卒。"他还以为自己是在夸人呢，但军中将领，最忌讳的就是人家说自己是"卒"。所有人心里都挂火了。谢安意识到不对，于是一一拜访各级将帅，表示歉意。但大局是没法改变了。这一仗谢万的失败，倒是和后来淝水之战时前秦军队的大崩溃，有点类似的模式。

先是郗昙因病退屯彭城，谢万听说友军退了，就也宣布撤兵，于是整支部队就崩溃了。这显然是西府的将领们在故意整他，很多人还想借机除掉他，这个时候，让主帅"死于乱军之中"，是很容易做到而且让人没法追究的事。但一转念，很多人想起谢安来了，都说："要给那位隐士留点面子。"谢万这才得以幸免。

经此一役，谢家又失去了兵权，但谢安在西府，算是结下了点人缘。

再下一年即升平四年（360年），谢安就正式出山了。这一年，谢安已经40岁了。

玩政治，总是需要上面有人下面也有人的。谢安快乐隐居了大半辈子，现在还真没多少资源。名声当然是大到天上去了，但进入实打实的政治搏杀中，浮名未必能管什么用。谢安之前，大名士殷浩和谢安一样，得到过同样规格的赞美：你要是不出山，

"如苍生何"？但殷浩真的出山，那就是惨案现场。

很多人大概是认为谢安会重蹈殷浩覆辙的。但谢安做了个出乎所有人意料的选择——加入桓温的幕府。为这个选择，名士圈子觉得谢安简直丢人，而桓温幕府里原来的成员，则把谢安当作群嘲的对象。

所有这些嘲讽，谢安都忍了，他知道这么做，桓温本人喜欢。

如果谢安到别的地方，比如说相王司马昱的幕府去做官，虽然他早已经被舆论推为顶级的名士了，但是相王那边是名士扎堆儿的地方，也不会是鹤立鸡群，而是一群鹤在那里比大小；而且那里"事动经年"，就是说是个没人干事的地方，在那边想做出点事业来，就是仙鹤兼职下蛋鸡，用非所长，也落不了几声好。

去桓温那里就不一样了。桓温看起来喜欢嘲笑名士做派，但观摩了王导、殷浩的清谈要到处跟人说，自己也要组织人讨论《易经》……凡此种种，都表明他还是很渴望名士们的认可的。桓温手下不缺能干活的人，但自己一个大名士过去，就是填补空白。所以到桓温那边去，开头被嘲讽固然是免不了的，但之后不用管"下蛋"的事，继续拗仙鹤梳翎的造型，就能获得喝彩声一片。

果不其然，桓温是真把谢安当宝。

《世说新语·赏誉》里讲：

谢太傅为桓公司马。桓诣谢，值谢梳头，遽取衣帻。桓公云："何烦此。"因下共语至暝。既去，谓左右曰："颇曾见如此人不？"

谢安作桓温的司马。桓温去看谢安，正赶上谢安在梳头，见桓温来了，急忙拿来衣裳和头巾。桓温说："别麻烦了。"于是就一起聊天，一聊就聊到黄昏。桓温离开后，对身边的人说："可曾见过这样的人吗？"

谢安的到来使自己的幕府格调升级，桓温欢喜之情，可谓溢于言表。所以谢安就好办事了。

谢安找桓温的亲信赵悦，让他为自己安置几十个门生。赵悦把这事告诉了桓温，桓温说："姑且先用一半。"但不久后赵悦就把这些人全部录用了。赵悦说："从前安石在东山隐居，缙绅士大夫各种催逼，就怕他不问世事。如今他自己选拔的人才，我怎能反倒违背他呢？"显然，谢安和赵悦的关系处得不错，而赵悦这么做，也需要得到桓温同意才行。

类似这样的请托，未必只此一件。可以推想，这样便利的条件，让谢安可以很快铺设出自己官场里向下的人际关系网络。

谢安在桓温幕府的时间并不长，两年后谢万去世，谢安投笔求归。之后被任命为吴兴太守，不久后又调入朝廷，拜侍中，迁吏部尚书、中护军。但在桓温幕府里的两年，让谢安在官场里的底气，已经大不相同，更重要的是，他很大程度上让桓温相信，谢安是自己和名士圈子的一个沟通中介。

后来桓温权势越来越大，把朝廷里重要的军事部门，换上了自己人。但谢安这个中护军，桓温没动。东晋中护军负责镇守以石头城为中心的京师地区，掌握着建康城里最重要的军队，桓温是绝不会容忍自己不信任的人留在这个位子上的。

谢安靠着自己和桓温关系好，先把中央的军权拢住了。再后来，桓温自知不能流芳百世，但也下不了决心遗臭万年，终于被东晋朝廷耗死了，没有采用极端手段篡位。桓温的弟弟桓冲愿意退让，桓家的势力收缩回上游。

接下来的事情就太有名了，谢安的侄子谢玄，重建北府兵（《晋书·刘牢之传》）：

太元初，谢玄北镇广陵，时符坚方盛，玄多募劲勇，牢之与东海何谦、琅琊诸葛侃、乐安高衡、东平刘轨、西河田洛及晋陵孙无终等以骁猛应选。玄以牢之为参军，领精锐为前锋，百战百胜，号为"北府兵"，敌人畏之。

田余庆先生考证，谢玄重建的北府兵，包括原来的北府和西府之兵。名将刘牢之就是典型，他的父亲刘建本是西府名将，推算年代，应该是曾在谢尚、谢万手下任职。西府将帅不喜欢谢万，但对谢尚是服膺的，对谢安印象也不错。重建北府兵这么顺利，和谢家当年就埋下的人脉，大有关系。

谢尚、谢安能取得这样的成就，靠的是他们既有名士的风神仪态，也有政治人物的务实和算计。而这终究不是魏晋名士普遍具备的素质。所以不久之后，士族重新兵权旁落，而寒族逆袭的时代，也就开始了。

三 家族第一：琅琊王氏的兄弟内战？

王敦之乱是东晋建国初期的重要事件。东晋建国初期，琅琊王氏的代表人物王导、王敦堂兄弟与南渡的东晋皇族成员司马睿通力合作，在江南地区成功压制了当地豪族，建立起了统治秩序，被称为"王与马，共天下"。

但之后司马家与王氏一度交恶，王敦更是两度起兵反叛。在王敦第一次起兵后态度还暧昧的王导，在王敦第二次起兵后则旗帜鲜明地站在皇室这边。同为琅琊王氏代表人物，王导为什么最终选择反对王敦？

"王与马，共天下"背后的复杂博弈

有个著名的笑话。晋灭亡东吴后，晋武帝司马炎对投降的孙皓说："朕设此座以待卿久矣。"孙皓回答道："臣于南方，亦设此座以待陛下。"孤立地看，这只是投降后的孙皓"死鸭子嘴硬"，当面回怼晋武帝。但讽刺的是，伴随着"八王之乱"的自相残杀，晋王朝在北方的统治土崩瓦解，洛阳、长安两个都城相继沦陷于异族政权，晋王朝在巴蜀之地的统治甚至比在北方崩溃得更早。当身在江南的亲王司马睿被拥戴为皇帝时，他能控制的直接领土，基本与东吴政权相重合：原先曹魏的领土变成群雄逐鹿之地，最终基本被石勒的后赵政权统一；原先蜀汉的核心领土四川变成了独立的成汉政权。东晋政权比起当年东吴，战略态势略好的地方仅在于北方防线的位置更好一些，尤其是控制了孙权费尽心机都无法占领的江淮地区（包括孙权折戟无数次的合肥），提供了足够的战略缓冲。但南下的北方士族与东晋皇室面临着一个共同问题：在地方豪族势力遍布的江南，如何建立稳固的统治秩序？

不到 40 年之前，这些地方豪族还是东吴统治的基础力量。"八王之乱"后期，趁着洛阳的晋朝廷与北方主要实力派忙着混战，江南的张昌、石冰等人就起兵反晋，一度席卷整个长江流域。但张昌、石冰等人的起兵意在完全颠覆现有秩序，他们得罪的群体太多，无论是南下的北方侨族，还是江南本地豪强大族，为了维护自己的利益，既得利益者都起来反对他们，于是张昌、石冰的叛乱很快被剿灭。

剿灭这次叛乱的功臣之一、崛起于基层的冒险家陈敏，在平叛中看到了自己的力量和晋朝的虚弱，也很快利用晋朝新一轮的混乱，起兵割据江南吴越之地达两年之久。但陈敏的资历、声望都不足以笼络团结江南地区遍布的地方豪族，只能依靠武力来压服异议。按照史书记载："敏凡才无远略，一旦据有江东，刑政无章，不为英俊所服，且子弟凶暴，所在为患。"这样的情况下，当司马越成为晋朝新的实际统治者，腾出手来派人平定江南时，江南豪门大族纷纷选择站在晋这边共同打击陈敏，这位冒险者也被历史的洪流淘汰。

江南当初是东吴的核心地盘，亡国不久的江南士族的政治地位一直不高。江南士族的代表人物、陆逊的孙子陆机，为了谋求进步，不得不在洛阳城朝廷内与权贵们周旋，还受尽卢志这种北方士族的白眼。陆机好不容易得到成都王信任获得了兵权，手下大将却根本不买这个江南人的账，导致战场上的大败，战败后的陆机在成都王身边人不断地进谗下最终被灭了三族。另一位以"除三害"闻名后世的江南士族成员周处，也被担任上司的晋朝皇族和贵族们活活坑死在西北战场上。

现在的局面不一样了。石冰与陈敏两次在江南作乱，江南的士族都是平定叛乱的主要力量。同一时期的北方地区，晋朝在无限内耗和外族的崛起与打击之下，逐渐走到灭亡边缘。现在，任何一股政治势力想要在江南站稳脚跟，首先必须获得这些江南士族的认可与合作。司马睿只是晋朝一个远支亲王，江南士族开始并不买他的账——"睿名论素轻，吴人不附，居久之，士大夫莫有至者，导患之"，哪怕是面对琅琊王氏这样的顶级豪门，此时的江南士族都是一脸傲慢。王导想和陆氏联姻时，陆机的从弟陆玩以"义不能为乱伦之始"的理由明确拒绝了。在这样的情况下，司马睿与王导为了稳固统治基础，只有主动去拉拢江南士族的人心。王导代表司马睿亲自拜访了平定陈敏之乱的核心人物顾荣、贺循。顾荣是东吴丞相顾雍之孙；贺循是吴国名将贺齐的后代，父亲贺邵在东吴后期位至中书令。既然司马睿、王导对江南士族表达了充分的尊重，这些大族代表也终于选择接受。毕竟，比起一路抢劫、一度兵临长江中游，试图经寿春进攻建康的石勒等势力来，接受司马睿的统治、在晋朝的框架下展开有限博弈，从各方面来看都是一个理性而可以接受的选择。

随着洛阳的沦陷，越来越多的西晋成员和北方士族相继南下，双方的力量对比发生了变化：南下的皇族与北方士族，逐渐凌驾于江南本土的士族之上。到这时，新的权力结构初步成形。东晋政权以司马睿为盟主，南下士族占据优势地位，江南地方豪强也保有一定的影响力。本质上，这是南下的豪门贵族与江南本土的豪门贵族共同建立的一个豪族同盟，在这个框架下，豪门贵族们一方面联合起来对抗北方强大的外族政权，另一方面通过内部的相互博弈来维护自己的政治经济利益。

然而，这并不是皇帝司马睿所期望的政治格局。

王敦首次起兵：皇帝侵犯了几乎所有豪门的利益

在大部分豪门贵族看来，要想维持这种豪门贵族政治的平衡格局，那就既不能让皇权变得太强大，也不能让某个豪门贵族的势力过于强大。在东晋刚建立时，国家内部最强大的势力并不是空降的晋元帝司马睿，而是以王导、王敦为代表的王氏家族，甚至司马睿本人站稳脚跟都需要王导在政治上为自己提供背书。司马睿登基时不得不邀请王导一起坐在皇位上，王导做出一副诚惶诚恐的姿态婉拒了。但这个故事本身堪称耸人听闻：皇帝邀请外姓的权臣一起坐皇位，这是过去历代权臣不敢想象的。几代人之前的董卓、曹操、司马昭这些典型权臣，也不会被皇帝邀请共坐皇位。

然而，司马睿并不甘心做一个"橡皮图章"，从"帝好刑名家，以韩非书赐太子"来看，司马睿更希望乾纲独断，他任用刘隗、刁协等寒门作为心腹，开始逐步加强皇权。一开始，司马睿的主要目标是削弱王氏家族的权势，这是符合绝大部分豪门贵族共同利益的，因此他们大多选择默认甚至支持司马睿打压王导、王敦。到这时候，司马睿的做法仍然在门阀士族时代的博弈规则之内。也许是为自己抑制王氏兄弟的胜利所鼓舞，司马睿决心趁热打铁，进一步加强皇权。到这时，他的对手已经从王氏兄弟变成普遍的豪门贵族。

《资治通鉴》记载了司马睿及其心腹的一些作为，赫然有这么一条："诏免中州良民遭难为扬州诸郡僮客者，以备征役。尚书令刁协之谋也，由是众益怨之。"这可不是小事。门阀士族之所以有足以对抗皇权的能量，是因为当时大片土地、坞壁和部曲农奴构成的庄园综合体是主流，庄园里的大量劳作者都是豪门贵族荫庇的部曲与田客。这些附属人口平时耕种，豪门士族需要作战的时候则作为他们的私兵出战。司马睿这道诏书就是要独占近年来从中原南渡避难的人口，不让豪门士族荫庇他们。

司马睿曾让王导派遣八部从事到下属各地考核二千石以上高官的"得失"，当时顾荣的侄子顾和也被王导派了出去。回来之后，王导问顾和有什么见闻可以汇报，顾和直接开撑："明公作辅，宁使网漏吞舟，何缘采听风闻，以察察为政。"言下之意，天下是豪门共治的天下，对王导这种派人考察吏治的做法不以为然。这件事多半是司马睿命令王导去执行的，作为士族代表的王导对此想必也不以为然，因为在顾荣正面表示不满后，史书又记载"导咨嗟称善"。

司马睿把刘隗、刁协这样的寒门引为心腹，这一行为本身就是对门阀士族政治秩序的挑战。难道除了这些寒门，堂堂东晋朝廷就没有人才了？无论王导这样的南渡士族，还是陆家、顾家这样的本土士族，难道就没有比这两个人更有能力作为皇帝心腹的人才？

在这样的情况下，在荆州手握重兵、性格又桀骜不驯的王敦决定打着"清君侧"的旗号，起兵铲除奸佞刘隗、刁协。这次起兵显然得到了大部分士族的支持，譬如后来王敦第二次起兵时作为平叛主力之一的温峤，此时听闻王敦起兵的消息却说："大将军此举似有所在，当无滥邪？"在他看来，王敦起兵如果只是针对司马睿重用刘隗、刁协，而不是要唯我独尊，那么就是合理的。甚至被司马睿任用来抵抗王敦、后来被王敦所杀的戴渊，对王敦的起兵都评论为"见形者谓之逆，体诚者谓之忠"，这恐怕是当时豪门士族的普遍观念：司马睿重用寒门打击士族，可谓倒行逆施。坏规矩的是皇帝司马睿，而不是王敦；只要不打破现有的政治格局，王敦教训一下不知天高地厚的皇帝，对大家都是好事。

当王敦正式起兵后，在他背后的甘卓（甘宁后裔）势力选择骑墙，态度显得犹豫不定，因此王敦的行军速度极为缓慢，但各地长官几乎没有利用这段时间站出来勤王的。最终，王敦没有花费多大代价，就成功攻占了首都建康城。

王敦进入建康城，刘隗逃亡到北边后赵政权，刁协被杀。王敦做出一副维护门阀士族地位和政治秩序的姿态，每做一件大事都照顾门阀士族的共同意见。他很忌惮司马睿的太子、未来即位后平定了第二次王敦之乱的司马绍，想要废太子，但由于以温峤为代表的朝臣几乎一致反对，他也只好作罢。对于自己同样很忌惮的周颛、戴渊，王敦最初一直不得不摆出推重他们的姿态，直到王导用沉默表现出对他们的不满，王敦才将这两人杀害。

正因为王敦的实力相当有限，他在进入建康后虽然杀了几个政敌，却连当面朝见司马睿的勇气都没有，甚至在谢鲲对他的人身安全做出担保后仍然拒绝拜见皇帝，而是带兵回荆州去了。王敦深知，自己这次起兵成功只是借了司马睿任用寒门打压士族的东风，至于想完全控制建康城进而改朝换代，不过是痴人说梦。

王敦这次起兵自始至终都可谓头脑清晰、目标明确，可是为什么后来他二次起兵时，连以王导为代表的大部分琅琊王氏成员都站在了他的对立面，最终身败名裂？

王敦二次起兵：这次轮到他成了公敌

王敦第一次起兵取得了胜利，但却难言胜利者。对以王导为代表的绝大部分门阀士族而言，这次事件让皇帝知道了士族的能量，最可恶的刘隗、刁协或死或逃，政治秩序已经恢复正常了，他们堪称赢家。但对王敦来说，自己当了出头鸟，与皇室的关系彻底搞僵，却远没有改朝换代的实力，未来就很尴尬。王敦想废掉太子司马绍，就是觉得这个人比皇帝司马睿更难对付，怕未来自己遭到反攻倒算，不希望他即位。然而门阀贵族几乎异口同声地反对废太子，他也只好放弃。

王敦既没有改变现有政治格局的实力和决心，又害怕皇室的反攻倒算，于是在王导默许下把在建康政府中影响力很大的周颛、戴渊杀掉了。周颛、戴渊虽曾站在皇帝这边，但对司马睿大力扩充皇权并不"感冒"，戴渊更是明确表达过对王敦起兵的理解。王敦杀这两个人，在自己阵营中都遭到了极大的反对，可谓得不偿失。但现在的王敦确实进退维谷了。

王敦随后继续加强自己的权力，杀掉了甘卓等江南地方大族，巩固了自己对长江中游的控制；他自己则从武昌（今湖北省武汉市武昌区）移镇到距离建康近在咫尺的姑孰（今安徽省马鞍山市当涂县）并领扬州牧。到这时候，王敦的势力到达巅峰，"四方贡献多入己府，将相岳牧悉出其门"。但这些做法无不宣示，王敦正在沿着司马睿的老路，扩大自己权力甚至准备"吃独食"，这就意味着他逐渐站到了门阀士族的对立面。当他因为害怕新即位的晋明帝司马绍倒算，决定第二次起兵叛乱时，那些在他第一次起兵时都同情甚至支持他的士族，几乎都倒向了另一边。

甚至连王氏家族的许多成员都反对他。在朝廷中枢的王导、在长江中游掌握了王敦根据地的荆州刺史王舒和江州刺史王彬，都明确反对王敦起兵。豫章太守王棱更是言辞激烈地抨击王敦，并因此被王敦派人暗杀。对于这些王氏家族成员来说，东晋朝廷已经放弃了任用寒人打击门阀的尝试，那么保留司马家作为弱势君主继续存在，比让杀伐果断的王敦上台后削藩集权要好得多。要是王敦真的控制了建康，王导能不能继续保持自己一人之下、万人之上的地位，也很难说。当王敦再次起兵时，这些王氏家族成员都坚定站在了皇帝这边，王彬、王舒更是在王敦第一次进京后就公开站在了皇帝这边。

王敦自始至终都非常清醒，他再次起兵更多是因为自己得罪皇家尤其是新皇帝司马绍太深，当他起兵后发现自己得了重病将不久于人世时，便意识到这是化解恩怨、为自己嫡系谋求退身之道的机会。他留下遗言说："我死之后，莫若释兵散众，归身朝廷，保全门户，上计也；退还武昌，收兵自守，贡献不废，中计也；及吾尚存，悉众而下，万一侥幸，下计也。"

王敦很清楚，自己这一系根本没有改朝换代的能力，借着自己病死的机会向皇帝认怂是最好的选择。首先，有王导等人在朝廷，王彬、王舒等人在外，他自己这一系主动交权后朝廷必然不会为难，完全可以平安落地；其次，主动退守长江中游的根据地，放弃对京畿重地的直接染指，后世的桓氏家族在桓温死后就是这么做的；最下策就是冒险到底，继续叛乱，但这样的冒险成功率极低，自己都没多少底，对这些子侄辈更是不抱多大希望。

但王敦的这些子侄显然不知道天高地厚，选择继续叛乱。但无论在政治上还是军事上，王敦死后的叛军都毫无优势可言。随着苏峻、祖约带着北方流民组成的军队勤王，叛军很快走向失败。王敦势力的继承者王含、王应父子最终被王舒所杀。

对于王敦的两次叛乱，王导在事后的评论非常值得玩味："往年之事，敦奸逆未彰，自臣等有识以上，皆所未悟……既悟其奸，便以身许国，寻取枭夷。"也就是说，王敦第一次叛乱在大家看来并不算叛乱，包括王导在内的有识之士都"未悟"，大家都认可王敦清理刘隗、刁协等皇帝亲信，保证门阀士族的普遍利益。本质上，坏规矩的是司马睿而不是王敦。但后来王敦第二次起兵是为了一己之私挑战已有政治秩序，且倒行逆施、肆意杀戮，这次坏规矩的成了王敦。因此，以王导为代表的士族们这次便决定"以身许国"了。

所以，以王导为代表的大部分士族在王敦第一次起兵时暗中同情甚至予以支持，在王敦第二次起兵时却坚决反对，其本质逻辑是前后一致的：在门阀士族时代，无论是皇帝还是权臣，都必须尊重世家大族的利益和现有的政治秩序。他们的站队，与其说是在选择支持某一个人，不如说是在支持一种政治秩序。

四　嫁皇族、当外戚，颍川庾氏的崛起之路

东晋政局在历代王朝中非常奇特——皇帝没有掌握实权，最高权力被士族垄断，历史学家田余庆将之概括为"门阀政治"，这一说法为现代史学界广泛接受。东晋实际当权的士族有四家，分别是琅琊王氏、颍川庾氏、龙亢桓氏、陈郡谢氏。颍川庾氏又是其中较为奇特的一家。

论渊源，庾氏不输其他家族，但现实中表现出的底蕴却最浅薄；论实力，庾氏比王敦更强，却一夜间沦丧执政地位；论学问，庾氏足以吊打王、桓，却以姻亲起家。然而，就是这个庾氏家族，在东晋政局几乎没有留下深刻的影响。这到底是为什么呢？

上位之路

庾亮（289—340 年），颍川鄢陵人。鄢陵即今河南鄢陵县，是秦汉时代经济繁盛、文化发达的区域之一。颍川庾氏在东汉末就有名人为正史所记，鄢陵庾乘因为博学多才被当时的大学问家郭泰赏识。魏晋时代，庾氏开始有许多人物进入朝廷，庾氏深厚的家学开始发力，逐渐成为颍川一带广为人知的世家。

庾氏与太原王氏、琅琊王氏、颍川荀氏等大族不同，因为没有进入到晋室朝廷高位，在永嘉之乱中庾氏无法借某个政治集团

自保，因而大难爆发时，只能迁徙避难。庾亮与其父庾琛避难来到江东会稽郡，晋朝任命庾琛为会稽太守，这大概是庾氏在东晋参与政治的源流。

司马睿闻知庾氏在江东，便征素有才名的庾亮为丞相府西曹掾，又与庾琛结为姻亲，娶其女庾文君为长子司马绍之妻。

庾亮在文化方面堪与王氏、谢氏、荀氏等传统文豪们相提并论，他深通经传，对玄学也颇有造诣，骨子里还住着一个颇尚法家的灵魂。当然，许多政治家都是外儒内法的双重人格，庾亮在这方面也未能免俗。但是庾亮刚刚涉足于东晋中枢政局时，对法家思想还有一定的抵触。

当时晋元帝司马睿宠任刘隗、刁协，行"刻碎之政"（加强皇权，打击豪门贵族），颇有历史上秦政之风，这与当时好尚黄老、推崇仁政的士族风格是格格不入的。庾亮作为文化士族的代表人物，也不太赞成这种为政之法。

晋元帝把法家思想的代表作《韩非子》赐给太子司马绍，让他学习。庾亮却不讲政治地说，申韩法家之术，过于刻薄，有伤圣人仁义治天下的圣化，不建议太子学习。

当然，如果以后来的庾亮强化门阀政治作为出发点，来倒推当时庾亮反对晋元帝强化君权，肯定是不客观的。庾亮当时并没有什么话语权，地位也没高到足以影响朝政的地步。如此作为，大概还是出于文化、政见上的歧异。

这件事真正能反映的就是庾亮积极的政治进取心，以及他与太子司马绍日渐亲近的政治关系。晋元帝时代，庾亮并没有太大的政治作为，但是名头却打得很响，王敦一度对庾亮比较忌惮。一方面因为庾亮拥有帝舅、帝师的双重亲近身份；另一方面，大概是文化地位上王、庾等量齐观，昭示着庾氏或许具备强大的政治潜力。

晋明帝即位后庾亮改任中书监，当时明帝更亲近温峤、庾亮，对王氏越来越疏忌之。王敦酝酿第二次叛乱时，屡屡上书挤对庾亮，以砍削明帝的亲近大臣。庾亮迫于形势，不得不称疾辞官。到了王含、钱凤举兵进攻建康时，庾亮受命督军进攻叛军，立下大功。而随着琅琊王氏外朝力量尽失，王导在朝中的地位也一落千丈，明帝越发排斥王导，同时更加重用庾亮和温峤、郗鉴等人。

当然，晋明帝也不是庸碌之辈。晋元帝当年行"刻碎之政"，本质上是从江东士族中夺权，重振皇权。晋明帝虽然与庾亮感情不错，在朝政上也很依赖他，但是两者在重振皇权与维持士族权力的基本立场上是对立的。

晋明帝在位时间仅有三年，但他在朝政的权力布局上动作频频，在重用庾亮的同时，还逐渐重用司马氏宗室以及其他外戚。如西阳王司马羕被任命为太尉、南顿王司马宗为左卫将军、晋元帝虞皇后之弟虞胤为右卫将军，其余参与平定王敦叛乱的功臣也都被委以重任，应詹为江州刺史，刘遐为徐州刺史镇守淮阴，苏峻为历阳内史，温峤加授前将军。特别是南顿王司马宗和虞胤，两人掌握了皇宫的禁卫兵权，与明帝关系十分亲密，晋明帝重病后经常不与朝臣见面，内外消息都是由这两个人传递，反倒是庾亮这位正宗国舅被渐渐疏远了。

遍观朝野内外，庾亮感到了深深的危机。晋元帝虽是开创之君，但遇到王敦叛乱，也吓得手足无措，以至于要让位给王敦。但眼前这位年轻的晋明帝，心志和手段可比乃父强得多了。不仅内朝亲信换了人，用上了司马家自己人，两位帝师（温、庾）却被弃之一旁，外朝还接连起用郗鉴、刘遐、苏峻这种实力派，这让江东士族们何以自处？

晋元帝在强化皇权、打压士族上只稍稍迈了一小步就停了，这位小皇帝却要大步流星地加快进度。说到底，这是路线之争、命运之争。

所以王导和庾亮都起了怨怼之心，但王导受困于王敦叛乱的尴尬影响，敢怒而不敢言。庾亮则不然，他在晋明帝病重之际，强行冲开司马宗和虞胤的阻拦，到宫中控诉司马羕、司马宗两兄弟图谋废黜诸大臣，请皇帝立即罢斥他们。言下之意很明了：司马氏宗亲和庾亮，皇帝你二选一，用谁还是不用谁，非黑即白，无可妥协。

可是晋明帝很有主见，一直强硬地拒绝庾亮的建议，即使已经病入膏肓、气若游丝，还是把庾亮撑得无计可施。可以想见，如果这位英明、有手段、有决心的皇帝，稳定地执政十年到二十年，必将进一步巩固皇权，改善晋朝的政治局面，什么王、庾、桓、谢四大士族，恐怕就没那么容易联手执政了。

只是天不假年，晋明帝于325年去世，遗命庾亮、王导、卞壸（kǔn）、司马羕、陆晔、郗鉴、温峤共同辅政。这个长长的辅政大臣名单，透露的政治意味再明显不过，晋明帝有意要把权力格局平摊，让众臣互相制衡，以使儿子的帝位江山永固。

逼反苏峻

晋明帝的良苦用心，随着他的死亡而瞬间付诸东流。群臣尊晋成帝司马衍之母庾太后临朝称制，庾太后便晋升庾亮为给事中、中书令，成为东晋事实上的当家人。

庾亮掌握实权后，迅速扔掉了之前一直努力维持的崇儒尚玄的面具，实施了一系列非常激进的措施，不断打击异己，剪削实权人物。在庾亮不断威逼之下，南顿王司马宗不堪其压，举兵反抗，结果被擒杀；西阳王司马羕也被降为弋阳县王，失去了辅政地位。

处理完中枢政局，庾亮紧接着开始收拾重要州郡的实力派，首当其冲的就是苏峻。

处理苏峻问题，是庾亮一生中最大的败笔。

苏峻是典型的流民帅。他是长广掖县（今山东莱州）人，在北方少数民族南迁之际，他也像祖逖一样率众自保，但不同于祖逖，他不是世家大族出身，并不闻名。虽然实力强大，却没有得到东晋的认可，祖逖当上大州刺史之时，苏峻还只是个保据一方的坞主身份。他的人生转机出现在第二次王敦之乱，晋明帝苦于手中无兵，采纳了同是流民帅出身的郗鉴的建议，召苏峻和刘遐两部流民军到建康，合力击败了王敦叛军。

当时奉诏节度苏峻的，正是时任中书监的庾亮。

苏峻立平叛大功后，晋明帝嘉奖其功，任命为历阳内史，成了一支虎踞建康之侧的强劲势力。苏峻因此也野心膨胀，在历阳窝藏罪犯收买人心，对朝政一有不顺意者就肆意诋毁，这引起了东晋朝廷的警惕。

历阳（今安徽和县历阳镇）是建康的门户，一旦苏峻有异心不受控制，发作起来，其危害不亚于当年王敦进攻建康。庾亮打算把苏峻征召到朝中当官，剥夺他对军队的控制权。苏峻既非名门，在朝中也没有什么政治根基，去朝中为官就只能任人宰割。苏峻两次上书回绝，为求自保，他还表态：如果朝廷不放心，可以把他调到任意一处小州小郡，只求别剥夺他的部曲。

王导、卞壸、温峤等人都觉得庾亮的做法未免太过激进，劝他缓一缓，庾亮却一意孤行。苏峻便有了叛乱之意，他与屯驻在寿阳（今安徽寿县）、因为平王敦之乱后没有得到封赏而快快不平的祖约来往通使，约定一同举兵讨伐庾亮。

温峤察觉了苏、祖二人的动向，便想带江州之兵东下建康，以震慑苏峻、祖约。但庾亮仍未看清形势，他认为与荆州陶侃这种异己力量相比，苏峻之患没那么严重，致书于时驻防江州（治今江西九江）的温峤说："吾忧西陲过于历阳，足下无过雷池（今安徽省望江县）一步也。"

但很快，庾亮就为自己的误判和激进付出了代价。

327 年，苏峻与祖约联合起兵，进攻建康。庾亮对苏峻叛乱没有充分准备，军事指挥上又一再失误，结果苏峻率军出其不意地从陆路打到建康城外，在战斗中卞壸父子三人阵亡，朝廷高官也死了很多，庾亮无法抵挡，跑到了寻阳温峤军中。苏峻纵兵大肆劫掠，官库中储藏的二十万匹布、五千斤金银、绢数万匹，都被叛军抢走。苏峻还进宫逼死了庾太后，并矫晋成帝之诏大赦天下，唯有庾亮兄弟绝不赦免。庾亮不得不低声下气地向政敌陶侃求援，温峤出于公心也反复劝说陶侃出兵讨伐苏峻。

陶侃在王敦之后独据荆州，是上流最大的实力派，但因为门第不高，没有资格进入中枢，和庾亮之间一直互有心事。因此，庚亮对陶氏的提防甚至还要过于苏峻。陶侃本来不愿出兵，但目睹了苏峻的超强破坏力，他也担心如果真的任由苏峻、祖约一南一北（祖约虽然联兵叛乱，但是其兵力都在寿阳）地乱搞，东晋王朝就此衰落，荆州势必也难独存，因此揣着一份儿恶心，与温峤、庚亮一同讨伐苏峻。

苏峻的兵力虽然处于劣势，但是他长年活动于北方，在和羯胡的战斗中锻炼出了强大的战斗力，与陶侃、温峤对攻居然不落下风。双方的战争持续了一年多，庚亮一方靠着人多势众和粮草充足，才算把苏峻磨死。

寿阳的祖约在晋朝官军和后赵的夹击之下，不得不弃城南下到历阳投奔苏峻，结果被官军击溃，祖约北逃后赵，后来被石勒处死。

遥控中央

苏峻之乱造成的影响比王敦之乱还大，庚亮引咎辞职，说什么要带领全家隐居山海。这不过是士族们的场面话而已，庚亮是个热心政治的人，内心并无此念，只不过是想暂避一下政治失误的责任。

经过一番辞让，他以豫州刺史的身份出镇芜湖，与仍在中枢的王导一外一内继续把持朝政。当时最有势力的三大权贵，一是庚亮，二是王导，三是荆州的陶侃。庚亮暂避中央的举动为他赢来了政治利好；陶侃经过平苏峻一战后威望达到极点，也在谋求着进入中枢，只不过碍于出身不高，加上基本盘都在荆州，在京中全无根基，才没敢贸然进入建康；但为了争权，陶侃提出废黜王导的意见，企图削弱中枢士族的力量。庾亮因为不在中央，幸运地躲过了打击。

但陶侃由于先天政治劣势，加上实力派郗鉴极力反对废黜王导之议，陶侃到死也没能染指中枢。陶侃死后，上流荆州骤然出现了"政治真空"，庾亮乘机上表移镇荆州，全盘接手了陶侃经营多年的荆州。正所谓"好了伤疤忘了疼"，庾亮刚从苏峻之乱中缓过来，又犯了热衷内斗的老毛病。他也想像陶侃一样，以荆州实力为基础，举兵威胁中央，把王导废掉。

此时王导虽然官高位显，但是迭经大乱，已经成了一具政治"僵尸"，并不能掀起多大政治风浪。苏峻之乱前后，王导对庾亮的权势也没构成任何威胁，在中枢也只是唯唯而已，谁也不敢得罪。把王导拉出来吊打一顿，并没有什么实际意义；于庾亮看来，只不过想争取一个独相的名分。

老臣郗鉴又站了出来，坚决反对庾亮再起此谋，力图维护中枢政局的稳定，以免再生变乱。从这件事也能看得出来，庾亮确然不是老成谋国之辈。这也隐隐为后来庾氏快速崩盘埋下了隐患。

被郗鉴刺激了一顿之后，庾亮稍稍收起心思，把注意力集中到经营荆州上。

339年，庾亮意欲北伐中原，以求进一步提高自己的威望。他分命诸将进屯襄汉流域，以大将毛宝、樊峻率兵一万进屯邾城（今湖北武汉新洲区），又遣偏师趁蜀中的成汉政权内乱，夺取了巴郡一带。庾亮跃跃欲试，自率主力十万，欲前出石城（今湖北钟祥）。

当时东晋朝中都对这次临时起意的北伐不甚赞成，多数人认为北伐准备得过于仓促，取胜希望不大。而且石勒已死数年，石虎位置巩固，后赵国内并没有内乱可乘，实在不宜过度进取。

庾亮固执己见，想要一力北伐。就在这时，后赵石虎闻听东晋准备北伐，于是先下手为强，发兵进攻邾城，毛宝抵抗不力，城陷身死。这场北伐还没展开便被敌人挫败，庾亮大为羞惭，不久去世，卒年 52 岁。

庾亮死后，其弟庾冰、庾翼相继执政，也一定程度上改变了庾亮稍显轻躁的政治作风。然而庾亮过于鲜明的个人色彩，终究对家族产生了消极的影响，庾氏子侄辈很少有能继承庾亮兄弟才略的，故而庾氏家族很快衰落，与王、谢二族代有英才俊士的盛况相比，无疑黯淡了许多。

纵观庾亮一生，他虽然文才出众、风度超然，固然是当时南北顶级士族，但是在政治上一反常态的器局狭隘，对外恢复没有什么本事，闭门搞内斗却是一把好手，徒然浪费了大量政治资源。庾亮的现象并非个例，代表了大多数士人的典型心态，这大概也是东晋百余年始终半死不活的一大政治原因吧。

五 搞内战、敢谋反，谯国桓氏的冒险基因

如大多数以学术起家的士族一样，谯国桓氏的先祖是东汉大儒桓荣。不过，桓家在三国时期卷入了著名的"高平陵事变"。当时，桓范被誉为曹爽"智囊"，他劝曹爽兄弟拒不投降，撤到许昌，号召天下兵马与司马懿决战。最终，曹爽不听桓范之言选择了投降，被司马氏夷灭三族。为曹爽出谋划策的桓范自然没什么好结果，这导致了崛起于谯国龙亢的桓氏家族在政治上开始走下坡路。

后来在东晋时期权倾朝野的桓温，出身谯国桓氏。桓温的曾祖父桓楷出任过济北国的国相，而祖父桓颢只是六品的公府掾中，显然是受到了"高平陵事变"的影响。不过，司马氏显然没有想到这个被自己打压的家族，未来会成为自己的掘墓人。

没落士族如何实现逆袭？

西晋灭亡之后，桓温的父亲桓彝也随之南渡。此时的桓氏家族景况并不如意，据说桓彝少年时代一直处于贫苦线边缘。但是这位未来的名士对艰苦的生活"处之晏如"，这份雅量引起了东海王司马越的注意，不过桓彝在"八王之乱"中选择了依附于齐王司马冏。因此在东晋建立之初，晋元皇帝司马睿对桓彝并不信任，只是随意任命了一个逡遒县令的官职便把他安置

在江北。桓彝的老朋友周颜在草创的东晋却是炙手可热的人物，靠这层关系，桓彝不久便被提升为丞相中兵属，算是正式挤进了东晋的权力核心。

正史中记载桓彝懂得一套"相人之术"，甚至被认为是东晋的"许劭""郭泰"。许劭是当年评价曹操"清平之奸贼，乱世之英雄"的"权威核心期刊"之"月旦评"的主编；郭泰和许劭虽然是同一时代的评论家，但是因为没有替曹操这样的大人物贴过标签所以略显低调。与这两位相比，桓彝给别人的评价却是"褒多于贬"，有些甚至近似于"拍马屁"。

例如，他从中原南逃之后一直担心朝廷"寡弱如此，将何以济"，在见到王导之后便跟周颜称赞对方是江南的管仲，甚至肉麻地说"无复忧矣"！而遇到家世和容貌都不相伯仲的两大帅哥卫玠和杜乂，桓彝则说了句："卫玠神清，杜乂形清！"不过，桓彝到处品评人物倒也渐渐小有名气，不仅许多还没闻达的名士经过他的"包装"而名声大噪，甚至连一些还未成年的名家子弟也跑来请他赞美几句，比桓彝年轻13岁的庾亮正是因为这一缘故而和桓彝成了忘年交。

桓彝南渡建康以后，除了到处品评人物之外，为了扩展人脉还积极参加一些由所谓玄学名士召开的"狂野派对"，跟着谢鲲、毕卓、光逸、阮放、羊曼、阮孚、胡毋辅之等人时常轮流坐庄，饮酒放诞，一度被并称为"江左八达"，与西晋时代的"竹林七贤"遥相呼应。不过和这些前辈比起来，"江左八达"连挥麈（zhǔ）谈玄的兴趣也完全丧失，只是在嗜酒放纵方面变本加厉。所谓"达"就是在精神上达到庄老的玄远境界，在行为上纵情背礼、狂诞不羁，所以在魏晋时代才有"从容为高妙，放荡为达士"的说法。因此，"江左八达"在士大夫心目中的地位远不如"竹林七贤"。

不过，桓彝参与这些活动并不是真正的心向玄学，在积累了一定的人脉之后，他便脱离了所谓"江左八达"小圈子，醉心于仕途去了，也难怪此后桓温的幕僚袁宏所撰写的《名士传》和陶潜的《群辅录》都出于各自目的将桓彝开除出"江左八达"行列。

桓彝在晋明帝司马绍时代颇受器重，也正是因为这份信任，桓彝随即被自己的同僚温峤摆了一道。温峤力荐桓彝前往"频经变乱"的宣城出任太守，理由是"宜得望实居之，窃谓桓彝可充其选"。所谓"望实"，是说桓彝既有名望又有实际才能。不久，桓彝便以"宣城内史"的身份走马上任去了。桓彝在宣城的政绩史书中以十个字来概括："在郡有惠声，为百姓所怀。"似乎干得还不错。但是咸和二年（327 年）苏峻于历阳起兵南下之后，桓彝错误地估计了形势，第一时间打着"今社稷危逼，义无晏安"的旗帜，不顾部下"郡兵寡弱，山人易扰，可案甲以须后举"的劝阻，放弃了自己守土的责任，一路向首都建康跑去。当然正史中桓彝是"纠合义众，欲赴朝廷"，姑且也可以说他是去勤王的。关键在于，桓彝的军事才能实在有限，先是大败于芜湖，随后又被围困于泾县，最终在坚守一年有余之后城破被杀。

虽然桓彝身为男爵，又出任了两年多的地方官，家境却似乎并不殷实，以至于他死后，年仅 15 岁的长子桓温只能独力抚养自己的母亲和四个弟弟。据说，桓温出生的时候长相奇特，前来探望的温峤见到之后颇为好奇地说："此儿有奇骨，可试使啼。"在听了桓温的哭声之后更进一步确定，说："真英物也！"桓彝本身就是个喜欢品评人物的马屁高手，随即为自己的长子取名桓温，温峤打了哈哈说："果尔，后将易吾姓也。"从今天的角度来看，这一点多少有些占人便宜的意思。

在父亲死后的一段时间之内，桓温的日子过得颇为清苦，母亲营养不良需要吃羊肉，无奈之下，桓温只能带着自己最小的弟弟桓冲跑到羊肉店去，直接把自己的弟弟当成人质来换羊肉。如果桓温采取其他方式来为母亲求得一些羊肉或许也能入选"二十四孝"，但是他这种变相贩卖儿童的行为多少将原本的孝行变了味道。好在羊肉店老板颇为有钱，直接将桓冲收为养子，爱称为"买德"。

真正令桓温在东晋崭露头角的，是他18岁那年刺杀了自己的杀父仇人江播的三个儿子。当年指挥攻城的是苏峻的部将韩晃，但亲手处决桓彝的却是投靠了苏峻的泾县县令江播。当时东晋一度处于苏峻的控制之下，因此很难判定江播的这种行为究竟是属于"协助叛逆"还是"不明真相"。苏峻之乱被平定后，江播并没有受到相应的惩罚。面对这样的"杀父仇人"，桓温长期以来都"枕戈泣血，志在复仇"。江播家族似乎也知道有这么一个仇家，江播死后，他的三个儿子在家中放置了武器防备桓温前来寻仇，但令他们没有想到的是，桓温竟然假扮成前来吊丧的宾客，混入江府之中一举杀死了江播的长子江彪和他的两个弟弟。

桓温复仇的故事引起了东晋朝野的广泛关注，一向以忠孝立国的东晋不仅没有追究桓温的责任，晋成帝司马衍还亲自接见他，并将南康长公主司马兴男下嫁给了这位"忠臣之后、孝子楷模"。此后在好友庾翼的力推之下，桓温更以驸马都尉、万宁男爵的身份出任了琅琊太守。

从名士到门阀的惊险一跃？

此后，东晋朝廷内部又有人以"荆楚，国之西门，户口百万，北带强胡，西邻劲蜀，地势险阻，周旋万里；得人则中原可定，失人则社稷可忧"为理由，推荐"英略过人，有文武器干"的桓温出任当地的地方官员。

以安西将军的军衔，领护南蛮校尉、荆州刺史，都督荆、司、雍、益、梁、宁六州诸军事的桓温，自然需要有自己的一套行政和幕僚班底。跟随他一起前往长江中上游的东晋名士有"囊萤夜读"的故事主角车胤、好友袁耽的堂侄袁乔、王述的儿子王坦之等人，这些来自建康的清谈名流一进入荆州，便与陶侃的女婿也是陶潜的外祖父孟嘉、庾翼的安西谘议参军孙盛、"小家碧玉"一词的发明者孙绰等人相谈甚欢。

在所有从建康和京口跟随桓温前来荆州的名士之中，最令桓温头疼的可能就是谢安的大哥、谢尚的堂弟——谢奕。谢奕的伯父谢鲲和桓温的父亲桓彝同为"江左八达"，可算世交。不过，不知道缘于避嫌还是其他原因，桓温出任徐州刺史时与任扬州晋陵郡太守的谢奕交往并不多。等到桓温受命调任荆州时，却突然和谢奕格外热络起来。对此一向比较随便的谢奕并没有太过在意，但他的弟媳王氏（谢据的妻子）政治嗅觉颇为敏感，提醒谢奕说："桓荆州的用意很特别，一定要和晋陵（指谢奕）一起西行了。"果然不久之后，桓温便申请调任谢奕为荆州方面掌管军事的司马一职。

虽然谢奕是谢氏一族中著名人物谢玄和谢道韫的父亲，但是其施政水准令人不敢恭维。他在剡县任县令时，有一个老人家触犯了法律，一向好酒的谢奕竟然罚对方喝酒。当时只有七八岁、还穿着青布袴的谢安坐在谢奕的膝盖上说了一句："阿兄！老翁可念，何可作此。"谢奕才作罢。这种处罚的方式倒与后世李载仁（五代李唐宗室）因为本身是素食主义者而罚犯人吃肉颇有异曲同工的效果。

谢奕到了荆州依旧改不了嗜酒的习惯，经常随便找个理由就跑到桓温那里抓着桓温一起喝酒。桓温一开始还只是委婉地提出批评，到了后来实在招架不住便逃到自己的老婆南康公主司马兴男的房间中去。谢奕也不介意，便随便在桓温的手下抓一个士兵陪自己喝酒，还美其名曰："失一老兵，得一老兵，亦何所怪。"事实上，谢奕的政治才干和为人品行都不是桓温最关心的，之所以将谢奕调到自己的麾下，桓温最大的考量还是确立与谢氏一族的联盟关系。

正是借助江东各大士族的支持，桓温很快在西征成汉的战争中收获了极大的军功和声望。尽管桓温一举灭亡盘踞巴蜀的成汉政权，但是在东晋内部并没有得到太多的认同。东晋朝廷原先准备将豫章郡册封给桓温作为私人领地，但尚书左丞荀蕤表示："若（桓）温复假王威，北平河洛，修复园陵，将何以加之！"东晋朝廷随即改授桓温征西大将军的职位。

荀蕤的话果然一语成谶，在经过一番内部倾轧之后，桓温终于接过了东晋北伐的指挥权，并利用氐族苻氏和鲜卑慕容氏在中原的统治尚不稳固的有利时机，轻松收复了晋朝故都洛阳。虽然这次北伐没有克尽全功，但是至少东晋第一次展现了收复失地的决心和实力。正是这份军功，令桓温产生了问鼎最高权力的野心。

升平五年（361年），东晋朝廷出现了新的权力更迭，年仅19岁的晋穆帝司马聃去世之后，皇太后褚蒜子拥立了自己的侄子琅琊王司马丕（晋成帝司马衍的长子）为东晋皇帝。桓温随即请求迁都洛阳，同时还要把自从永嘉之乱以来迁徙流落到长江以南的人，全部北迁，以充实河南地区的力量。这一点显然是偏安东南的东晋士大夫所不能接受的，散骑常侍领著作郎孙绰带头反对。

孙绰在东晋朝堂中人微言轻，真正有能力反对的人是扬州刺史王述等封疆大吏。不过王述毕竟是个老官僚，他给司马丕的建议是："（桓）温欲以虚声威朝廷耳，非事实也；但从之，自无所至。"司马丕随即在诏书里大肆吹捧桓温说："只有姑父才能完成如此壮举，现在国难当头，看来一切都得靠您了。"果然桓温之后便不再提迁都的事情了。

权势得到了充分尊重的桓温随即开始扶植自己的执政团队。他将王述的儿子王坦之、郗鉴的孙子郗超、王导的孙子王珣、谢奕的儿子谢玄都收入自己的幕府之中，这四个人都很受桓温的器重。当时东晋民间流传说："盛德绝伦郗嘉宾（郗超），江东独步王文度（王坦之）。"还有"髯参军（郗超是个大胡子），短主簿（王珣胡子比较短），能令公喜，能令公怒"的说法。而桓温真正看好的是谢玄和王珣，曾评价说："谢掾（指谢玄）年四十必拥旄杖节，王掾（指王珣）当作黑头公，皆未易才也。"

不过，桓温最心腹之人还是郗超，甚至他与谢安和王坦之面见时，郗超都会在帐外窃听他们的谈话。有一次，恰巧一阵风把帐幕吹开，谢安对此只能开玩笑说道："郗生可谓入幕之宾矣！"郗超之所以如此受宠，在于其对桓温准备进一步巩固自己权力的欲望和野心洞若观火。

郗超首先给桓温分析了他的处境："明公当天下重任，今以六十之年，败于大举，不建不世之勋，不足以镇惬民望！"而所谓"不世之勋"在对外战争中竟然无法实现，便只能通过对内政治变革来实现。郗超的建议是："明公不为伊、霍之举者，无以立大威权，镇压四海。"所谓"伊、霍之举"指的是像商王朝的伊尹放逐太甲、西汉的霍光废黜昌邑王那样废立君王的举动。

士族难题：废了皇帝，谁来做？

客观地说，当时东晋皇帝司马奕一向对桓温很是谦让，已经到了"政由桓氏，祭则寡人"的程度，桓温很难找到废黜他的理由。桓温和他的幕僚团队只能按照《汉书·霍光传》的记载进行操作，从司马奕的私生活上做文章。而司马奕也是个聪明人，知道"说你不行就不行，行也不行"的政治游戏规则，洒脱地"著白帢（qià）单衣，步下西堂，乘犊车出神虎门"，从此老老实实做起了他的海西公。

然而，桓温废立君皇的举动非但没有加强自己的权力，反而令他成为东晋朝野和敌国的笑柄。尽管东晋士大夫敢怒而不敢言，但谢安还是通过"遥拜"这种方式来讥讽桓温的野心。而统一北方的苻坚更对自己的部下开玩笑说："（桓）温前败灞上，后败枋头，十五年间，再倾国师。六十岁公举动如此，不能思愆免退，以谢百姓，方废君以自悦，将如四海何！谚云'怒其室而作色于父'者，其桓温之谓乎！"意思是说，桓温不过是个被自己的老婆奚落之后对父母甩脸色的小男人而已。

不过，桓温在拥立了晋简文帝司马昱之后还是一度权势滔天，甚至连他的心腹郗超都为士大夫们畏惧。谢安曾经与左卫将军王坦之一起到郗超那里拜访，太阳快落山了都还没被召见，王坦之想离去，谢安却说："独不能为性命忍须臾邪？"但是这种强压并不能改变桓温在整个东晋士大夫心目中独夫的政治定位。

宁康元年（373年），桓温在士大夫阶层的抵制中走向了生命的尽头，他在临死之前，对桓氏家族内部进行了一番整顿。可能出于儿时将自己的幼弟抵押以换羊肉的愧疚，桓温对桓冲最为照顾，竟放弃了自己的世子桓熙，由桓冲继承自己的事业。桓温死前，桓冲曾尝试问他如何处置谢安和王坦之，桓温回答说："渠等不为汝所处分。"显然对于敌视自己的东晋士大夫阶层和官僚系统，桓温最终也只能表示无可奈何。

桓温的一生颇为传奇，死后更是褒贬不一，士大夫往往在他晚年废立国君和阴谋篡位问题上大书特书。但不可否认，桓温传奇的一生留下了众多有趣的故事，其中最能概括他一生的还是他自己说的那句："男子不能流芳百世，亦当遗臭万年！"

如何利用好父辈的遗产

桓温死的时候，其幼子桓玄年仅七岁，叔叔桓冲抱着他接见前来吊唁的文武官员，摸着侄子的头说："此汝家之故吏也。"桓玄竟当即泪流满面，引起了所有来宾的好奇和赞叹。不过，在现实的政治角逐中仅仅有一个权势滔天但已经故去的老爸是远远不够的。桓玄早年的仕途并不顺利，甚至到了 23 岁才被任命为太子洗马，几年后出任义兴（今江苏宜兴）太守。桓玄也因为颇不得志，在发出"父为九州伯，儿为五湖长"的感慨之后辞职回家。

桓温一生给桓玄留下的最大遗产不是南郡公的头衔，而是废立皇帝的举动换取的"人身保险"。晋简文帝司马昱的上台是桓温废黜司马奕的结果。这就是说，晋简文帝司马昱及其子孝武帝司马曜的天下得之于桓氏，彻底否定桓温，即等于否定简文、孝武的皇统。因此，尽管孝武帝司马曜当政期间不断有人提出要清算桓温的谋篡行为，但是最终不了了之，而且桓玄在桓氏所据上游方镇（藩镇）尽失的情况下凭着这份遗产犹能保存自己，并积累实力。最终，在东晋高层内斗之际，桓玄夺取了荆州地区的主导权并沿江而下，开启了以武力问鼎天下之路。

面对桓玄的步步进逼，忠于司马氏的部队始终处于一触即溃的状态。这倒未必是因为桓玄军队的战斗力有多强，而是因为东晋富饶的东部地区遭受孙恩变民所导致的战乱的影响，继以灾荒年景，政府和民间的物资储备已经全部耗尽，部队也只能用一些粮食的麸皮和橡树的果实等给战士充饥。

桓玄进入建康之初，一度出现天下归心的景象。不仅名士殷仲堪的堂弟殷仲文放弃了自己所辖的新安郡，前来投靠桓玄，被任命为谘议参军，甚至当年曾经指责过桓玄的刘迈也赶着前去进见桓玄。桓玄好奇地问他："汝不畏死，而敢来邪？"刘迈则坦然答道："射钩斩袪，并迈为三。"刘迈将自己比喻成射中齐桓公衣带钩的管仲、斩断晋文公衣襟的寺人披，这个比喻显然令桓玄很是高兴，当即也任命他为参军。

应该说，对于桓玄控制首都之后罢黜权臣司马道子及其党羽的行径，东晋的百姓还是颇为拥护的。但是，桓玄的到来并不能改变东晋糟糕的经济状况。他虽然裁减了皇家御用的车马轿乘、贡奉的食品用具等，连晋安帝司马德宗也不免于挨冻受饿，但是东晋内部连年的内战、孙恩的起义以及三吴地区发生的大饥荒还是令这个世家子弟焦头烂额。

虽然在自己心腹幕僚殷仲文、卞范之的怂恿之下，桓玄于元兴二年（403 年）农历十一月二十一日接受了晋安帝司马德宗的禅让，正式称帝，但是这个经济疲软且无强大军事力量背书的桓楚政权，依旧举步维艰，最终在以刘裕为首的职业军官团的反对下归于覆灭。

对于桓玄篡夺东晋政权一事，坊间有一个很有趣的说法，认为谯国桓氏的桓范昔日为曹爽心腹，乃是曹魏忠臣，他的后代篡夺了司马氏的政权，可谓是天道轮回、报应不爽。但从更现实的角度看，桓温、桓玄父子依靠着军功和人脉积累起改朝换代的力量，倒是与司马懿、司马师、司马昭父子颇为相像；只是桓玄没有司马师、司马昭那般的军事才能和隐忍心性，急于求成之下才最终落得个众叛亲离的下场。

六 辅佐皇家：陈郡谢氏家族的唯一选择

东晋王、庾、桓、谢四个当轴执政的士族，谢氏是最后一家，也是最具特色的一家。谢氏既有士族揽权执政的本能，又有忠于皇室强化君权的良心。这种自相矛盾的心态，为什么会出现在谢家呢？

谢氏起步

谢氏自陈郡南渡后，从谢鲲这一代开始显露出名士风范。当时正是琅琊王氏掌权之时，谢鲲以名士身份优游，在政治上并没有什么分量。到谢鲲儿子这一辈，开始有意识地攀附当时权贵王、庾家族，才逐渐得到参与朝政的资格。

代表人物是谢鲲的儿子谢尚，谢鲲之弟谢裒的儿子谢奕、谢万与谢安。后世皆以为陈郡谢氏的崛起主要靠谢安，这个结论自然不错，但开启谢家崛起势头，并带给谢安启示的，却是谢尚。

谢尚少年时就显露出过人的名士修养，温峤、王导等名臣对其都非常肯定，王导甚至称之为"小安丰"。安丰是指西晋名臣、"竹林七贤"之一王戎，王戎因灭吴战功封安丰县侯，故世人称之为王安丰。王戎留名于后世，固然是因为"竹林七贤"，但他毕竟有战功在身，与嵇康、阮籍等人略有不同。王导以此人称誉谢尚，大概是看出谢尚身上有与一般名士向玄放诞风气的不同之处。

的确，谢家虽在谢鲲、谢衰兄弟时就由儒入玄，按理说都应该是"竹林七贤"那种做派，但谢氏骨子里遵行的处世原则，仍是儒家积极入世的那一套。在这种原则指导下，谢尚刻意与当轴大族拉近关系，琅琊王氏在位时，他辗转于王氏子弟门下，俨然是王导的忠实门徒。在这期间，谢尚陆续出任会稽王友、黄门侍郎、建武将军、历阳太守、转督江夏义阳随三郡军事、江夏相等职。

其中比较重要的是建武将军、历阳太守和督三郡军事。历阳即今安徽和县，该地与建康隔江相望，是建康西面门户，军事意义非常重要，历阳太守一定程度上相当于建康外围警备司令。督三郡军事，意义更为突出，江夏、义阳、随郡三郡都是地邻北国的军事要冲，这就是实打实的领兵打仗了。军职是东晋名士不屑为之的，桓温就因为出身军职而屡遭名士大族嘲笑为"老兵"。谢尚以名士出任此职，大概与王导将其视为"小安丰"不无关系——暗指其注重事功，而谢尚也十分乐意于这样的职务，丝毫不认为这是浊污家声。谢氏重视事功的姿态，可以说在谢尚时就形成了。我们说谢尚对谢安的启发，也正是基于重视事功而言。

王敦之乱平定、颍川庾氏登上中枢执政位置之后，谢尚果断放弃与琅琊王氏的旧谊，向庾氏靠拢。在庾翼、庾冰的推荐下，谢尚得以出任豫州刺史，这是谢氏崛起至关重要的一步。

东晋时州是一级行政区划，东晋辖区内比较大的州分别有扬州、荆州、豫州、江州、益州、广州、交州等。东晋也有冀、青、兖、徐等州，这些州和西晋时的同名州不是一个概念，大多位于淮南、没有实土，这种做法叫作侨置。论实力及区位重要性，东晋排行靠前的州依次为扬州、荆州、江州与豫州。豫州是比较混乱的一个州，和西晋的豫州辖区很不一样，既有淮南部分残存下来的实际豫州土地，比如淮河上游的弋阳郡一带、中游的寿春一带；也有已经沦丧于北国但又在江东侨置的郡县，比如梁郡、颍川郡、襄城郡、谯郡等（这些名属豫州的郡实际上处于扬州境内）。其中豫州刺史的驻节地在扬州的历阳郡，历阳既是扬州的属郡，又可以算作豫州的属郡。

这种糊涂账大概与东晋沦丧之痛有关，宁可糊涂账算不清也要保持与中原故土的关系。谢尚这个豫州刺史，就比较奇妙地驻镇于不属于豫州实土的历阳郡。虽说面子上糊涂，却给谢尚加了一重权力，他既是拱卫建康的将领，又是边陲重地豫州的长官，在东晋军政格局中的地位骤然上升起来。

谢尚死后，堂弟谢奕、谢万又相继出任豫州刺史，谢尚、谢万在任期间还参与了北伐，虽然比不上王、庾、桓几家掌握大州那样势力煊赫无匹，但是至少也慢慢形成了一个有话语权的门户派系。

谢安虽然在谢奕、谢万出任豫州刺史期间给予过匡助，但是都在幕后而非台前，论开创意义是万万比不上谢尚的。谢安的过人之处在于，把谢氏的努力方向做了调整，从士族共治向尊崇皇帝权威转变。这是谢安有别于当时士族的出奇之处，而这一切都绕不开一个人——桓温。

对抗桓温

桓温是个极富争议的人，主要是在政治上。桓温娶晋明帝之女南康公主司马兴男为妻，公主之母庾文君是颍川庾亮之妹。在与帝室、大族的双料姻亲关系基础上，桓温继承庾氏在荆州的势力，一跃成为东晋最大的实力派。桓温一生发动了三次北伐，对扩大东晋版图、稳定国防形势，发挥了无可替代的作用。

但功劳愈大，愈显得争议大。桓温不管是对司马氏皇族还是对有甥舅之亲的庾家，都没有什么香火之情。桓温宰制荆州，对庾氏旧人十分排挤，庾亮、庾翼、庾冰兄弟去世后，庾氏子弟急剧退出荆州和建康权力高层，一方面因为庾氏子弟才能一般，另一方面就是受到桓温的排挤。

桓温带给皇帝的挑战更大。桓温总领荆州诸郡后，威权在己，根本不把朝廷当回事，"八州士众资调，殆不为国家用。声言北伐，拜表便行"，桓温两次北伐收复河南后，向朝廷上书奏请还都于洛阳，皇帝与建康众臣都恐惧不已，不仅担心到洛阳后陷入围攻，更加担心到洛阳之后被桓温完全操控，以致社稷动摇、神器易主。

桓温的形象慢慢从社稷之臣转变为奸雄、野心家、"当代"曹操，他自诩为司马懿、刘琨，自高自傲，认为过于常人。北方有一位见过刘琨本人的老婢女，仅仅因为说桓温相貌略略不及刘琨，桓温就数日郁郁不乐。时人拿他和王敦相提并论，暗喻他是不轨之臣，他意气甚是不平。

公元 369 年冬，桓温第三次北伐在枋头大败后，声望和实力都大受损失，地位岌岌可危。其心腹郗超建议，不如行废立之事以增长威望。桓温说干就干，遂废去司马奕的帝位，降为东海王，次年又降为海西公。桓温又立与自己关系较好的会稽王司马昱为帝，是为晋简文帝。

晋简文帝是东晋一位传奇人物，他是晋元帝之子、晋明帝的弟弟，经历了晋朝元、明、成、康、穆、哀、废七帝，是前任皇帝的叔祖，此时竟以尊继幼，当上了皇帝。他明白自己是在桓温淫威强横之下当的皇帝，实际上全无一点权力，因而只能搞一搞清谈，在桓温的阴影下委屈地活着。

晋简文帝时时担心自己像海西公一样被废，心情抑郁，在位不到一年，便得了重病。这正是桓温所要的结果。在他的计划中，晋简文帝即位只不过是一个铺垫，待时机成熟，晋简文帝必然会迫于形势，做出禅位的举动。此时桓温不仅坐拥荆州兵马，还通过郗超等人控制了京口部队，解除了建康的自卫能力；地方州郡也不再有晋元帝时代苏峻、祖约那样的流民帅，建康朝廷丧失了武力对抗桓温的资本，如果桓温一旦决定动粗，比当年王敦叛乱可致命得多。

就在满朝皆惧桓温的情况下，手无寸铁的谢安站了出来。

谢安年轻时一直没有出仕，在幕后辅佐谢奕和谢万。谢万北伐失利被废黜后，谢氏门户无人支撑，谢安这才站出来准备做官，这时他已经40多岁。桓温久闻谢安之后，请他去做自己征西将军府司马，谢安施施然前往。那时桓、谢之间没有什么利益冲突，桓温不臣之迹尚不显著，谢氏实力与桓氏相差悬远，构不成竞争关系，所以彼此相安无事。谢万死后，谢安辞了桓温这里的官回到会稽，随后被朝廷征用，一路做到侍中、吏部尚书、中护军，成为朝中举足轻重的人物。随着地位的上升，谢安对桓温的态度日渐负面，嫌厌其凌逼朝廷，欲行不轨。

谢、桓之间相看两厌，随着晋简文帝的去世到达顶峰。公元

372年夏，晋简文帝病重弥留，一日一夜连下四道诏令召桓温入宫计议大事。桓温坚持不去，实际上，他等的是晋简文帝禅位之诏。晋简文帝生前憋屈，死时倒硬气了一回，下诏太子司马昌明继承皇位，是为晋孝武帝。

晋简文帝留给桓温的遗诏本是效法刘备托孤，说什么嗣子可辅则辅，如不可则君自取。王坦之看到诏书后，赶忙毁掉，重拟为"家国事一禀大司马，如诸葛武侯、王丞相故事"。桓温接诏大失所望，认为晋简文帝如此举动，全是谢安、王坦之所为，对两人衔恨不已。桓温到建康，"欲诛王、谢，因移晋室"。桓温"伏甲设馔，广延朝士"，一时间杀气凝重，人皆裹足，不敢赴会，王坦之神色惧怕，而谢安则表现出超然的胆识，说："晋祚存亡，在此一行。"桓温终究还是没敢动手杀王、谢二人。

桓温为什么没有踩红线强行篡位呢？盖因桓氏一族根基终究不如琅琊王氏，而陈郡谢氏也在逐渐崛起。当年王敦的军事实力，也足以废掉晋元帝，但王敦终不敢公然求禅，其家虽盛，而政治声望远远没有达到开基建国的地步。桓温实力虽较王敦更盛，但政治环境没有质的变化。从王氏到庾氏，再到谢氏，士族此起彼伏，虽然他们没有实领兵，但是这些士族政治上的能量不可小觑。桓温与他们相比，并没有政治上的绝对优势，否则他根本不需要废海西公积累政治声望。假使桓温篡位，诸家士族的政治声望会迅速转化为军事实力，号召天下群起而攻之，桓氏虽有数万强兵，恐难敌天下汹汹。

公元373年夏，桓温在反复催逼朝廷授其九锡而不获后，饮恨病死于姑孰，终年62岁。

立功北府

东晋度过这场重大政治危机后，谢安地位骤然上升，成为炙手可热的头号权臣。但桓氏子弟及部曲仍在，荆州、江州、扬州、豫州等都在桓氏手中。如果处置不当，仍有可能酿成激变。

桓温死后，其弟桓豁才能不足，与前秦交战失利后忧愤而死，此时家族代表人物是桓温幼弟桓冲，桓氏部曲劝桓冲杀了谢安。桓冲的性格和桓温有很大不同，倒是与谢安有几分相似，待人处世比较宽和，他拒绝这一非分之请，并向朝廷表示诚意，先后交出扬州、江州兵权，后来干脆退回起家之地荆州。面对这一突如其来的善意，朝野十分高兴。桓冲还镇之日，晋孝武帝钱别于西堂，赐钱五十万，又以酒三百四十石、牛五十头犒赐文武。谢安亲自送至建康城外的溧州，以示谢意。朝廷恢复了对扬州、江州的掌握，暂时远离了权移方镇的威胁。

经历了桓温事件后，已经走在时代潮头的谢安感到，不掌握一支军事力量，而任由方镇大族手握强兵任意凌割，终有一天会再次出现王敦、桓温逼宫的局面，陈郡谢氏必须掌握一支绝对可靠的军队，才能确保当前政治秩序的稳定。

与此同时，统一了北方的前秦把矛头转向东晋，其兵力逐渐进逼至淮河沿线。曾经是抗敌主要力量的桓氏军队，因为北伐失败和桓温去世，已经全面缩回荆州，两淮防线几近于真空。再不建军，国将亡矣。

两重需求之下，376 年，谢安推荐侄子谢玄出任兖、徐二州刺史，掌握江北的军权。谢玄到任后，借鉴郗鉴当年组建北府军的经验，大规模招募北方逃亡来的流民，彭城人刘牢之、东海人何谦、琅琊人诸葛侃、乐安人高衡、东平人刘轨、西河人田洛及晋陵人孙无终等后来名重一时的北府猛将，都在这时应募入伍。谢玄驻节于京口，京口在建康之北，号称北府，这支军队因此被称为"北府军"。

北府军的兵力具体数字不详，但根据后来淝水之战的情况推断，当在八万人左右。以往建康掌握的兵力从未如此之多，这不仅说明了谢氏威望之高、募兵能力之强，也更说明了东晋皇权在逐渐伸张，可以自主实现政治军事方面的意图，而不必受士族的掣肘。

谢氏的军事行为，与王、庾、桓三族掌握部曲从本质上讲是一样的，都是从皇帝手中分割军权，形成当轴执政的政治力量。但有意思的是，谢氏的部曲是顶着内（桓氏）外（前秦）两重压力组建起来的，谢氏与皇帝同处于这两重压力之下，所谓同仇敌忾，北府军既是谢家的部曲，又近似于拱卫皇权的禁军。

那么这支军队的控制权到底在谁？并不是说谢玄组建之、指挥之，就完完全全是谢氏私兵了，它天然带有挽救危亡、拱卫皇权的性质；换言之，晋孝武帝也有实打实的指挥权。从士族的利益出发，应当一开始就杜绝皇帝染指这支军队的可能性，严防死守，不给空间，就算弄不成铁板一块，也要在各个要津安插门生子弟。

然而重压之下，谢安似乎并无剖解这种深层政治、军事意义的余裕。前秦军队不断南下侵略，谢安立即命谢玄率北府兵抵抗。379 年，谢玄、谢石等率兵相继在彭城、盱眙、三阿等地击败前秦军。383 年，取得了空前辉煌的淝水大捷，这是东晋立国以来最大的胜利，谢氏名望由此登上巅峰。

然而盛极则衰，作为北府军的掌门人，陈郡谢氏却遭到了司马氏皇室的猜忌。门阀士族共治的局面之下，任何一个大族一枝独秀都不见容于其他大族和皇帝，谢氏也是如此。北府军如日中天，又与建康近在咫尺，作为制衡力量的王氏力量弱小，桓氏又远在荆州，都无法有效约束谢氏的力量。于是，孝武帝重用弟弟司马道子，令其担任司徒，与谢安的地位相颉颃。

司马道子没有什么本事，唯一强项就是揽权，对内对外一无作为。若是放在王敦、桓温时代，这种废柴宗室基本就是死路一条。但谢安性格谦和，素来又以忠于皇室著称，面对司马道子咄咄逼人的气焰，他并没有采取什么反制措施，而是逐步退让，避免争执。东晋历史上第一次出现手中无兵无地的宗室大臣，逼得重兵在握、威望如日中天的士族退避的局面。

385年，谢安在请求北伐被拒绝后，于失望中病死。而最关键的，则是谢玄让出北府军的兵权。司马道子在谢安退避后，逼迫谢玄主动解除兖州刺史、都督江北诸军事的职位，改任其为会稽内史。388年，谢玄病逝于会稽。北府军的领导权归于司马氏皇室之手。

谢安、谢玄之死，标志着谢氏执政地位的衰落，虽然东晋后期以迄南朝，谢氏仍不断有人物活跃在朝中，但是再也没有出现谢安、谢玄之流能够左右政局的人物。

晋孝武帝在位期间，凭借北府军的组建以及淝水大战的资本，取得了空前的统治威望，东晋皇权在王朝末段突然焕发了生命力，也算得咄咄怪事。不过这种情况的出现，并非由于司马氏人物有多么强大，而是士族力量变得衰弱。

纵观王、庾、桓、谢四大当轴士族，虽然代代不乏允文允武的全能型人物，但是士族作为一个整体，越来越倾向于精神贵族，而越来越不屑于具体事务，特别是军事。即以谢氏来说，谢安当政之时，认为儿子谢琰还颇有军事才能，让他单独带领一支多达八千人的队伍，即使是与谢氏有门户之异的郗超，也觉得谢琰确实不错。但就是这位谢琰，在任上却有乃叔谢万的风范，不屑于打理军务，把军队弄得一团糟。后来孙恩起义爆发，被人誉为时望的谢将军，被义军一战击溃，谢琰及其两个儿子全都战死。

从这个意义上讲，谢氏的崛起，更像是士族时代的回光返照，而非士族持续振兴。谢氏之后，东晋再也没有形成当轴执政的士族，司马氏皇族也无力扭转王朝腐败堕落的趋势。

第四章
军权旁落，南方士族末路

　　军功群体是寒门崛起的主力，他们对权力顶峰发起的沛然莫之能御的冲击，不仅造就了四代皇帝……还深刻改变了士族、庶族的政治分野，让那些高高在上的簪缨之家，慢慢变成政治花瓶，为寒门政权做点缀。

一　南朝士族是如何逐渐放弃军职的？

在中国和东邻日本的历史上，都出现过"士族"的名称。只不过，东瀛的"士族"是腰佩双刀的武士的代名词，中国历史上的"士族"却是世代为官的士大夫阶层，比如著名的"书圣"王羲之，出身东晋士族琅琊王氏。恐怕再有想象力的人，也想不出这位王右军（王羲之）手持宝剑上阵是什么样子。

但要说中国士族从来就是远离沙场的翩翩君子，倒也并非如此。

士族手握重兵，是历史传统

士族兴起的物质基础是东汉庄园经济。我们在前文也有提到，豪强世家往往拥有大量良田美宅、宗族人口和大量依附民众。这些人中的壮丁被编为"部曲"，实际上是私人武装。豪强世家的人物，自然也就成了军队首领，比如周瑜听到孙策起兵渡江后，立即带了五百人马前来相助，这五百人肯定是周瑜自己的部曲。

自黄巾之乱以后，中国进入乱世。群雄逐鹿，自以兵强马壮耀武扬威。在武力称雄的现实下，唯有以武力为后盾方显英雄本色。手里的军队就是获得政治地位的资本。

掌军权，上则为天下至尊（比如司马氏），下则自保一家生生不息；失军权，无论家族还是个人，则黯淡失色，失去光荣。以此观之，军权实为士族生存的护身符。

曹魏开始推行九品中正制，为士族做官乃至垄断权力大开方便之门，以至于最后形成了"上品无寒门，下品无士族"的局面。朝廷的高级职位，也包括军职，多入士族之手。所谓"（晋武）帝重兵官，多授贵戚清望"，其中的"清望"指的就是士族，比如一说起西晋平吴就会提到名将杜预所说的"势如破竹"与"迎刃而解"，其实此人"身不跨马，射不穿札"，完全算不上什么"赳赳武夫"，但他当过荆州都督、镇南大将军、荆州刺史，这与其出身京兆杜氏也不无关系。随后，中原遭遇"永嘉丧乱"，西晋政权灭亡，到了东晋年间，士族仍旧多掌兵权。东晋在江南草创时，司马皇权虚弱，全靠士族，尤其是琅琊王氏支持。于是，王氏兄弟中，王导为宰辅，录尚书事，总揽政事；王敦都督江、扬、荆、湘、交、广六州诸军事，任江州刺史，镇武昌，居上游重镇，总揽军事。政权、军权皆出一门，时人语之曰"王与马，共天下"。

在握有兵权的东晋士族里，桓温也是值得一提的人物，他的策略就是借执兵权而行北伐之事，再借北伐立威。桓温还有一桩逸事。一次，他游兴大发，便换了猎装，身背弓箭，跨马准备出去打猎。这时候，恰巧刘惔看到他，玩笑道："老贼持弓备马，要去干什么啊？"桓温随口应道："我不外出猎兽，你们又哪能在家清谈呢！"平心而论，桓温没有像刘惔这些朝臣在家清谈，坐等加官晋爵；而是不忘国难，屡次率军北伐，在进军中建立功名，这一点是令人称道的。

这种士族掌兵的局面在著名的淝水之战里有集中体现。当时在朝廷执政的是与琅琊王氏齐名的陈郡谢氏出身的谢安，而统兵出战的全是这位丞相的亲戚：弟弟谢石为征讨大都督，侄子谢玄为前锋都督，儿子辅国将军谢琰也一同率军出征。这支谢家军以寡击众，大破前秦主苻坚亲率的百万之众，堪称东晋一代最大军功。此外，当时在长江中游主持东晋防务的也是士族出身的桓冲（桓温的弟弟）。

可见直到东晋中期，士族还是很能打的，可惜这种情况并没有延续多久。

放下军权，是主观选择还是客观结果？

早在士族势力的上升时期，"重文轻武"的苗头便出现了。在这方面起"表率"作用的，还是那位结束三国时代的司马炎（晋武帝）。说起来，司马家是温县大族，因此司马懿一开始颇看不起曹操。但司马氏能够代曹，也是因为司马懿、司马师、司马昭父子三人掌握兵权，把"大将军"一职变成司马家禁脔的缘故。

谁知，到了捡现成的司马炎当上皇帝后，倒有点看不起武人了。晋武帝的后宫有位贵嫔胡芳，她的父亲胡奋担任镇军大将军。有一次玩游戏时，胡芳不小心弄伤了晋武帝的手指头，皇帝不开心了，骂胡芳是"将种"，意思大概是说她粗鲁没文化。谁知胡芳回了一句："北伐公孙，西距（拒）诸葛，非将种而何？"这说的都是司马懿当年的光荣战绩，晋朝建立后，司马炎追尊司马懿为"高祖宣皇帝"。见胡芳搬出自己的祖父，司马炎倒也不敢数典忘祖，只能"甚有惭色"，但他心里鄙夷武职的态度，也是很清楚的。

"重文轻武"的社会风气一旦形成，想要改弦更张就不那么容易了。西晋亡于战乱，东晋、南朝也无时无刻不处于北方政权强大的军事压力下。按理说，士族应该"生于忧患"才对，但实际情况偏偏不是这样。《世说新语》有个故事，琅琊王氏的王文度做过桓温的下属，桓温想让王家女儿做自己的儿媳，王文度把此事告诉了父亲王蓝田。按说桓温权势熏天，桓氏门第也不算低，结果王蓝田还是大怒，对王文度说："兵，那可嫁女与之！"可见，武职是深受士族鄙视的，后来生活在南朝后期的颜之推在《颜氏家训》里总结——"冠冕儒生，多不习此"。

　　某种程度上，"清谈"可以说是"重文轻武"风气的表现。所谓清谈，就是脱离实际地谈论学理玄机。"清"可以指公正、公平，也可以指清雅、高雅；清谈主要是指清雅、高雅的言谈。魏晋之际，士族阶层便已流行"清谈"。东晋南迁之初，迫于形势紧迫，清谈之风稍有收敛。等到局势基本稳定，大族名士又以清谈为高了。谢安算是东晋士族里出类拔萃的人物，亦不能免俗。有一次王羲之与谢安在东吴遗迹游玩，谢安颇有飘飘欲仙的遐想，王羲之说："大禹治水，手足胼胝；周文王治国，日不暇给。现在国家多事，应该人人效力。虚谈废务，浮文妨要，恐怕不是现在应有的风气。"谢安却不以为然，说："秦朝任用商鞅，二世而亡，难道是清谈造成的吗？"

　　王羲之口中的"虚谈废务"，正是"清谈"的本质。遗憾的是，他的儿子王徽之就是清谈名士，终日谈玄，蓬头散带，号为风流。此公被朝廷命为桓冲的骑兵参军，却从不去办公。有一次，桓冲问他在哪里任职，他回答："好像是在马曹。"战马是当时重要的战略资源，桓冲又问他手里管多少马，王徽之居然理直气壮地说："我连马都不知道，怎么会知道数目？"桓冲又问他马死了多少，他却像是在谈玄一样，用《论语》的话来答："未知生，焉知死？"桓冲劝他："你在府这么久，还是要管一点事。"王徽之拿上朝的手板挂着脸，想了一会儿后，驴唇不对马嘴地说："西山朝来致有爽气耳。"桓冲拿他没有办法。这件事发生在淝水之战前夕，正是东晋国家"危急存亡之秋"。要不是谢家军得胜归来，王徽之的这番"清谈"就要成为又一个"误国"的例证了。

这种情况一直持续到东晋灭亡之后。到了刘宋时期，士族真的失去了基本的治理能力。

治官则不了，营家则不办

有个故事，南朝宋文帝（424—453年在位）时，琅琊王氏的王敬弘担任尚书仆射，从来不看公文。有一次，宋文帝找臣下讨论一个疑案，王敬弘哑口无言，宋文帝不高兴地问左右，为什么不给仆射案件卷宗的副本，王敬弘说："臣已经看过卷宗，就是还没有看懂。"宋文帝拿他没办法，以后再也不让王敬弘参加实务问题的讨论。

颜之推在《颜氏家训·涉务》中评价江南士族："治官则不了，营家则不办。"可谓一针见血。如果说，士族子弟固于儒家"劳心""劳力"的分工，轻视、无视体力劳动尚属情有可原，那么，"治官则不了"则无异于不务正业、自取灭亡。

然而，封建国家机器不能因为士族政治素质的下降或者政治能力的削弱而停止运转。东晋南北朝时期南北对峙，朝代更迭不断，宫廷斗争也频频发生，武职是必不可少的。士族既然失去了统治能力，自然只能拱手将各种武职让予他人。

从发展趋势来看，东晋世家大族既享上品之禄，又握军队之权；南朝世家大族掌军权的则变得越来越少。这固然与上面所说的世家大族鄙薄武事有关，但另一个重要原因则是皇帝刻意扶持寒门势力。

事有凑巧，南宋、齐、梁、陈四朝的开国君主无一不是出身寒门庶族，当了皇帝，还是被士族看不起。这方面有个典型事例，与琅琊王氏有关。黄门侍郎路琼之，是南朝宋孝武帝皇舅路庆之的孙子，出身寒微。有一天，路琼之很有派头地拜访琅琊王氏出身的王僧达，恰巧碰上王僧达要外出打猎。王僧达故意奚落他，先是"了不与语"，后又带着讥刺的口吻问："以前我家养马的仆从路庆之，是你家什么亲戚呀？"不一会儿，他还吩咐左右，放火烧掉路琼之坐过的胡床。路太后听说了，哭诉到皇帝面前："我还活着，别人就敢这样侮辱他；我要是死了，他岂不是要去要饭了？"宋孝武帝也只是回答："路琼之年纪轻轻的不懂什么事，他干吗要去王僧达那里呢，去了不是自取其辱吗？人家王僧达是贵公子，怎么可以拿这件小事问他的罪呢？"当然，皇帝毕竟是皇帝，最后孝武还是借口"谋反"，一纸诏书就要了王僧达的命。

但南朝的皇帝还是觉得世家大族盘根错节、枝叶繁茂，如军权日重，难以控制。东晋末年桓玄（桓温之子）篡位之事，正好就是前车之鉴。只不过有点讽刺的是，桓玄恰恰是个士族里的"另类"。大概是受乃父桓温的影响，桓玄早年颇善骑马，结果有一次被人揶揄："马矟（槊）的才能很够，清谈的义理却不足（马稍有余，精理不足）。"

尽管如此，南朝君主还是对士族抱有戒心。南朝一方面继续在政治、经济上给世家大族以优待，但是又有意识地抑制他们在实际政治中的影响；另一方面则从低级士族、庶族甚至是社会下层中拔擢可用之人。在皇帝看来，寒门将帅因军功而升迁，但背景不复杂，在世家大族政治的氛围下亦不敢过于张狂。即使他们滥用职权，收拾起来也方便，没有盘根错节的家族势力需要铲除。

大略言之，南朝军事的最高权力由皇帝亲掌，皇帝通过多种手段控制高级将领，防止他们军权过重。首先，大将军和都督中外诸军事等最高军职往往空缺，由皇帝直接决策重要军事行动和调发大军；地方上的刺史、郡守都必须有皇帝手诏，方可兴师动众。日常军机事务，则由寒人出身的中书通事舍人执掌。中书通事舍人多起自小吏，同样没有功高震主的危险，易于皇帝驱策。这就出现了"寒人掌机要"的局面。

至于那些与戎武渐行渐远的士族，最后又是什么下场呢？直到南梁时期，士大夫"皆尚褒衣博带，大冠高履，出则车舆，入则扶持，郊郭之内，无乘马者"，因此"不知有战阵之急"。结果侯景之乱爆发，士族"肤脆骨柔，不堪行步，体羸气弱，不耐寒暑，坐死仓猝者，往往而然"。

正如《颜氏家训》所言，京城建康及附近的士族在突如其来的战乱中只能坐以待毙，最后差不多被那位"宇宙大将军"侯景一扫而空了。

二 寒门子弟如何突破门阀垄断完成崛起？

公元 502 年，梁武帝新任命的益州刺史邓元起要上任了。他兴奋地从建康出发一路向西，奔赴帝国遥远西陲的重镇成都。路过江陵时，刺史大人想要带上母亲一同赴任。不料母亲坚决不肯同往，理由倒不是安土重迁，老太太突发异词："贫贱家儿忽得富贵，讵可久保，我宁死不能与汝共入祸败。"

邓母这话殊不可解。邓元起乃是梁武帝开国的从龙之臣，战功卓著，很受信任，乃是一颗冉冉升起的政治新星，为何要说"共入祸败"？

邓母并没有未卜先知的超能力，这话的根源，要归结到东晋南朝寒门士人的矛盾心态。

什么矛盾心态？南朝寒门崛起后，政治上虽然站起来了，心理上却仍然匍匐着，在王谢高门的文化魔影之下，自我定位依旧是暴发户。

暴发户嘛，其兴也勃，其亡也忽，说不定哪天就败了。邓家老太太饱经世故，这么说可以理解。

衰而不败的高门士族

高门衰落、寒门崛起是南朝不可逆转的潮流。从刘宋开始，皇族们的家世、地望一个比一个低。刘宋好歹还能攀上汉高帝刘邦；南朝齐、梁萧氏没皇帝可攀，便认了萧何当祖宗；陈朝没好意思追认陈胡公当祖宗，一来没这么干的，二来确实也约略显示出门第背书功能大大降低了。

东晋时王、庾、桓、谢四大高门士族轮流当轴执政，又有袁氏、褚氏、郗氏等北来大族作为辅弼，高门士族政治垄断达到空前水平，皇帝只垂拱而坐，可谓"政由士族，祭则寡人"。

经过百余年的演变发展，东晋高门士族逐渐与实际政务、军务脱离，士族腐化到了极点。中枢重臣不亲政务，低层庶务又懒得管，更不要提像当年王敦、桓温一样大马金刀率队征战：政务、军务都太麻烦，且交给爱干的人干去吧！

他们甚至和农业生产都脱离了。颜之推《颜氏家训·涉务》中提道：

> 江南朝士，因晋中兴南渡江，卒为羁旅，至今八九世未有力田，悉资俸禄而食耳。假令有者，皆信僮仆为之，未尝目观起一墢土，耘一株苗，不知几月当下，几月当收，安识世间余务乎？故治官则不了，营家则不办，皆优闲之过也。

士族、庶族，说到底都是地主，农业生产都不管，这是把根本命脉都丢了。

当孙恩、卢循大乱一起，加上野心家桓玄篡位，士族们架不住一波又一波的冲击，以刘裕为代表的京口武将集团骤然崛起。刘宋王朝的建立，可以视作高门士族衰败的分水岭：自此之后，高门士族逐渐变成王朝的政治点缀，再没有左右政局的力量。

但百足之虫，死而不僵。

两晋百余年来，士族政治垄断带来了强大的文化影响，许多人天生认为，高门士族就是高贵，人家天生就该平流进取、坐至公卿，普通老百姓天生就该低他们一等。所以士族虽然退出了政治核心，却仍在文化领域霸居高位。死而不僵，言之在此。

南朝宋武帝刘裕称帝的第三年（422年），举行了一次盛大宴会，与众多高官显贵欢饮，觥筹交错间，他看见卫将军王弘（东晋名臣王导的曾孙），刘裕突然来了一句："我布衣，始望不至此。"

刘裕一生，遗憾的事不多，大概只有两桩：一件是丢掉了关中，另一件就是出身不高，在真正的顶级高门面前抬不起头来。这可不光是嘴上说说而已，这种文化自卑真真切切体现到政权运作中。

当初刘裕击败桓玄夺取大权，刘记政权新生，急需任用大量人才。在扬州刺史人选上，刘裕的自卑显露无遗。扬州刺史是京师行政、卫戍长官，东晋以来例由皇亲国戚或中枢高门士族担任，是当政者权力版图的核心部分。按理说，此职应该从京口武将集团中选一个心腹，但出人意料的是，最终佩符上任的是王谧。王谧何许人也？与上文提到的王弘同是琅琊王氏，王谧是王导的孙子、王弘的堂叔。这位已经没有什么政治实力的王氏后人，纯是靠祖宗积威才当上扬州刺史。后来王谧病死，刘裕继续犯迷糊，想让另一高门、陈郡谢氏的头面人物谢混继任扬州，若非刘穆之及时提醒，刘裕自任其职，险些酿成大权旁落的危机。

孙恩起义虽说对以王谢为代表的高门士族造成巨大打击，但高门根脉犹在，尤其是文化上的影响力无可动摇。齐高帝萧道成以青徐武将身份攫取最高权力，却一反武将特点，对文化学习异常重视，子孙中出了许多著名文士，"二十四史"中占据一席的《梁书》，就是萧道成的孙子萧子显所作。

其实，揆诸当时大势，南齐政权当务之急是如何解决中央与方镇的军政权力分配，革易刘宋以来的弊病。萧道成重视皇族文化学习虽非坏事，却不是急务，说白了就是力量用偏了。南齐享国日浅，与此不无关系。

若说萧道成不是合格的政治家，倒也未必。学习文化、向传统高门士族靠拢的深刻原因，在于他们虽然在政治上崛起了，但是政治底蕴、文化底蕴没有同步成长起来，内心是苍白的、虚弱的、不自信的，缺乏社会认同。

直到梁朝时，高门士族文化上的影响力还在。据《宋书》《南齐书》《梁书》不完全统计，南朝宋、齐、梁三代，琅琊王氏、陈郡谢氏、颍川庾氏、阳夏袁氏、阳翟褚氏等两晋以来的高门，任尚书、诸卿、大将、刺史以上高官者60余人。高门士族衰而不败，令人侧目。

寒门崛起多靠军功

南朝寒门崛起，不光是士族本身烂了，与社会大势也有很大关系。南朝社会最重要的政治生活是对抗北朝：抵抗北朝南侵，或是主动北伐。

有人或许会说，这哪是政治生活？分明是军事活动嘛。从狭义上说确实如此，但南朝与北朝的战争大大超越单纯军事范畴，直接或间接影响了南四朝政治局面。简言之，敢不敢北伐是朝廷战略气魄的标志，敢于和北朝硬刚，朝廷才会有更强大的凝聚力；

能不能挡得住北朝南侵，是朝廷战略能力的体现，打得赢才有生存壮大的机会。所以不管是南朝宋武帝、梁武帝这种真有实力的，还是南朝宋文帝、陈宣帝这种假装有实力的，乃至于南朝齐明帝这种只会窝里横的懦夫，有事没事都要拿北伐当旗帜，换取政治上的分数。

军事活动由此派生出许多政治功能，皇帝要借此证明皇位是合法的而不是欺负孤儿寡母抢来的，权臣要借此积累政治威信、为篡权做准备，寒门大将要借战争笼络、培养派系实力。

举国言战，那么战就是主流政治。

万事万物只要跟主流政治挂上钩，就必然在塑造社会结构上发挥作用。

寒门崛起，就是南朝战争的一个重要结果。

当然有许多论点说，士族不亲庶务是寒门崛起的原因，这么说没错。南朝许多寒门士人都是从诸如记室、舍人、书佐做起，这是大势。但只靠这些行政佐员实现政治崛起，需要一个极漫长的过程。要想快速进入核心权力圈，建立军功才是捷径。刘裕、萧道成、萧衍、陈霸先四位皇帝走的就是这样的路子。但我们不准备以他们为例子说明问题，四位皇帝能登上帝位，都有特定的历史背景，具有一定历史偶然性。他们的成功，背景板是无数在军功路上挣扎的寒门人士。

讲一些更具代表性的例子，比如江东大姓沈氏的崛起之路。

吴兴沈氏是江南有数的大姓豪强，田产丰厚，家族人多势众，但和衰落中的王谢高门相比，远非一个数量级。政治上、文化上无路可走，所以沈氏早早走上了谋取军功之路。

从刘宋早期的沈田子、沈林子兄弟，到中期的沈庆之，再到末年的沈攸之，都是刘宋王朝响当当的武将。尤其是沈庆之，他少年时从军征战，在雍州平定蛮人叛乱，百战百胜，所向无敌，孝武帝一朝所有战争都有沈庆之参与，只要他一出现，官军必然获胜，由此成为南朝宋孝武帝最信任的武将。沈庆之一生，靠军功做官做到侍中、司空、太尉等高官，封爵为郡公，孝武帝对其欣赏、倚重无以复加。沈庆之70岁时提出退休屡屡被皇帝拒绝，74岁还挂帅出征平定蛮人作乱。纵观刘宋一朝，没有任何武将能比得上沈庆之。

沈庆之的崛起，带火了整个吴兴沈氏家族，沈氏族人不断涌现，慢慢实现了所谓的"士族化"，也就是累世累叶出现高官大将，形成一股强大政治势力。纵然这个家族的头面人物可能遭到屠杀，比如沈庆之、沈攸之以及沈约的父亲沈璞都死于皇族内斗，但沈氏家族人才辈出的势头却维持了下来。

襄阳武将群体也是如此。

南朝流传过一句话：荆州本畏襄阳人。意思是荆州在军事实力上一直比襄阳矮一头，一有风吹草动，先要看襄阳诸将的脸色。荆州是魏晋以来一等一的大州，早先时，襄阳只是荆州的属郡，东晋时高门士族夺权的基本步骤必然包括出刺荆州，王敦、庾亮、桓温制霸东晋，靠的都是荆州。那么为何到了刘宋以后却反转过来？

一方面，刘宋以来一直削弱、分化荆州，下辖郡县越来越少，反倒是地处南北冲突前线的雍州（州治在襄阳）地位越来越高。另一方面，刘宋把雍州定位为北伐前线基地，该地大量豪强人物从军，涌现出许多能征惯战的勇将，如柳元景、薛安都、宗越等。尤其是柳元景，第二次元嘉北伐（450 年）时，他作为西路军统帅连克四城、逼近潼关，打得北魏关中、河东大震，是为宋魏互殴史上从未有过之事。柳元景后来官位、威名与沈庆之不相上下，乃是有数的名将。

但得到实利的不止柳元景个人，其家族乡曲、部将佐吏，大都因功受赏，占据了朝野要津。柳元景手下大将薛安都只是一介武夫，比家世悠久、稍通文墨的柳元景差了不少，后来也都实现阶层跃迁，出任徐州刺史级的高官。

往高了说，甚至不止柳元景所处的时代，襄阳武将群体受到正向激励，越来越重视军功，不断有优秀人才投入军队，影响力延伸了两个朝代。后来南齐衰亡，时任雍州刺史的萧衍起事反齐，手下名将如韦睿、曹景宗、王茂、柳庆远（柳元景之侄）、康绚、昌义之等，都是雍州部内所出。韦睿、昌义之、曹景宗等联手在钟离大败北魏，击溃二十万魏军，创造了南朝少见的辉煌战绩。

军功群体是寒门崛起的主力，他们对权力顶峰发起的沛然莫之能御的冲击，不仅造就了四代皇帝，如京口北府旧将之于刘裕，徐兖武将群体之于萧道成，襄阳武将群体之于萧衍，始兴豪霸之于陈霸先，还深刻改变了士族、庶族的政治分野，让那些高高在上的簪缨之家，慢慢变成政治花瓶，为寒门政权做点缀。

寒门频出乱象的根源

寒门崛起，也不光是高歌猛进、一片大好。寒门崛起面临的最大问题是文化修养不足，这与他们急速的政治进境不相匹配。

在他们争得高官厚禄乃至成为皇族后，特有的缺陷都会一一暴露出来。

刘裕的头号智囊兼心腹刘穆之出身寒微，虽然他说自己是汉高帝之后、齐悼惠王刘肥一系的子孙，但是在南朝晋宋之际已家世没落，他是标准的寒门。

刘穆之凭借过人的政治才华，在刘裕创业过程中发挥了非常重要的作用，扮演了军师、总后勤、吏部尚书、刘裕个人文化教员等多种角色。他精力十分旺盛，一天到晚批阅公文、决断事务，什么事到他这里从不会拖延，敬业态度无人能比，因此获得了刘裕至高无比的信任与尊重。

按理说这样位尊望重的大官，私德也必然不错。但刘穆之却有一个贻笑大方的习惯，铺张浪费。刘穆之发迹后，吃饭非常奢侈，不管吃得完、吃不完，桌子上珍馐百味一定要摆得满满当当。他还非常喜欢邀请别人一起吃，摆上够十个人吃的食物，人不够十个也要摆这么多，没别的意思，就是摆阔。

刘穆之年轻时穷困吃不上饭，这么摆谱，说白了就是补偿心理作祟。这与东晋以来士族大多追求精神享受、追求高级文化需求的风格，无疑落了下乘。

南朝齐、梁之际的武将陈伯之，走了另一个极端。

陈伯之其实连寒门也不是，而是寒人，也就是连门第都不配有的贫民，比什么次门、寒门、役门都低。他不像刘穆之好歹还有个厉害祖宗，此公连祖上是谁都无法查证。陈伯之年轻时穷得吃不上饭，不得不去偷割别人家的稻子，被发现了竟然拿刀和人拼命，可见其穷；后来凭着一膀子力气从了军，慢慢积累军功，在南齐末年成了将军。

陈伯之一生反复无常，投降过三次。第一次背叛南齐皇帝萧宝卷，投靠萧衍。第二次是据江州造反，打起南齐旗反对梁朝，事败后北逃，投降北魏。第三次是梁临川王萧宏率军北伐时，萧宏命记室丘迟写书劝陈伯之回归梁朝，陈伯之见梁军势大，又没羞没臊地返回梁朝。丘迟那篇劝降书《与陈伯之书》成了千古美文，陈伯之毫无廉耻的历史形象也由此定格下来。

倒不是说我们鄙视投降，其实义不降二主并不是绝对通理。当不涉及民族利益、政治大局，尤其是民心所盼时，投降也可以理解。像黄权投降曹魏，力穷而降，不损蜀汉的脸面，并没有多少人指责。但南朝寒门（包括寒人）武将的投降，大多以追逐利益为目的，而且多是目光短浅、毫无原则、不顾廉耻。刘宋之薛安都，南齐之裴叔业投降北魏，梁末柳仲礼、王僧辩曾向侯景投降，大都如此，德不配位。

就连皇族也有这种短视、不自信的毛病。南齐高帝萧道成预见到没有文化的坏处，一个劲要求子孙们修习典籍，恶补文化知识。用偏了劲的萧道成心是好的，但一个家族的文化底蕴，岂是说恶补就能恶补上来的？

齐武帝萧赜一死，外在的约束一消失，萧氏皇族缺乏自信的毛病便浮现出来，立马上演窝里反的戏码。齐明帝萧鸾一上台，自感得位不正，便对齐高帝、齐武帝的子孙痛下杀手，连杀23个宗族子弟，除了萧嶷一支，高、武子孙几乎全军覆灭。

萧鸾难道不知刘宋就是亡于宗室残杀吗？他是亲历者之一，不会不知道。那怎么解决宗室相疑的问题，这个他可能真不知道。

萧鸾没当几年皇帝便早早死了，死前精神抑郁，大概也是感到良心难安。但如果让他把篡位之举重新来过一次，他会悔过吗？绝不。他还会毫不犹豫地杀，有可能还会把一时心软留下的萧嶷一支也杀光光，因为萧嶷的儿子萧子显把他的恶行全都记到《南齐书》里了。

为什么？没底蕴，没文化，没自信。作为从基层泥坑里爬上来的寒族，自幼见识的是刀光剑影血腥征伐，信奉的是"你不坑我但我坑你"，他们的人生信条里，既没有仁爱、大同、慈悲的情怀，更没有坚忍、自强、昂扬的信念；遇到困难，自然而然想到肉体消灭，不是你死便是我亡。

寒门崛起，体现的是时代的进步。而崛起者本身，却要以旧时代的躯壳，接受新时代转换的冲击，载乐载苦，亦悲亦欣。

三 寒门逆袭天花板：刘裕何以不能统一天下？

在"上品无寒门，下品无士族"的两晋南北朝，刘裕的奋斗史堪称励志：他出身较低，直到 36 岁时才以普通军官的身份登上历史舞台。仅仅 20 年左右，他就成为东晋的实际统治者，并灭亡了南燕、后秦等割据一方的强国。他实际统治的东晋末年和刘宋初年，也因此成为从东晋建立到隋朝统一的大分裂时期、南朝实际控制领土最大的时代。

那么，刘裕的出身对他的功业又有着哪些影响呢？

起点低反而躲过大难

说到刘裕的崛起，不得不提大名鼎鼎的"北府兵"。这支军队最早来源于东晋初年的王敦之乱，当时江淮之间有着大量因为北方国土沦陷而南迁的流民，其中流民帅郗鉴在京口（今江苏镇江）建立起流民武装，为东晋政府平乱立下了很大功勋，这是北府兵的前身。到谢安执掌东晋朝政，为了抗衡北方的前秦，同时制约长江上游桓氏家族把控的荆州，他让侄子谢玄招募和扩充京口等地的北方流民武装。这支部队就是北府兵。

谢玄作为执政的谢安之侄，招募和组建了这支军队，并且担任其统帅。而实际负责一线指挥的名将刘牢之则有着双重身份：

一方面，他自己就是流民帅之一；另一方面，其父曾经担任过谢安之兄谢万的部将，因此刘牢之和谢氏颇有渊源。除此之外，何谦、诸葛侃、高衡、刘轨、田洛、孙无终这些活动于京口、广陵等江淮地区、拥有一定武装力量的流民帅，也都被授予官职，并让他们在流民中补充兵源。通过这种方式，谢安迅速建立了一支战斗力和战斗意志都很强的军队。

北府兵的战斗力很快将在和前秦的一系列战争中得到验证。当时，北府兵时常需要面对优势兵力的敌人，但他们通常选择主动发起正面进攻并将对手击溃。

其中最著名的大约是淝水之战：这次决定性战役，以数量优势的前秦军队在战术性后撤时陷入混乱和自相践踏，并且在渡河的北府兵攻击下全面溃败而告终。很少有人注意的是，北府兵在此战中是强行渡河寻求决战的，前秦军的践踏并不在谢玄的最初预料之中。也就是说，北府兵在淝水之战时有着主动渡河以及与前秦军主力正面硬拼的信心和勇气。这一切的背后，是北府军强硬的军事素质和之前多次规模略小的战役连续获胜后的心理优势。

刘裕何时参军于史无载，我们也不知道他年轻时是否以小兵的身份参加了淝水决战。刘裕正式登上历史舞台是在公元399年，此时距离淝水之战已过去了16年，他的身份是北府军孙无终部手下的军官。前一年，统率北府兵的外戚王恭与执政的亲王司马道子及其子司马元显发生火并，出身太原王氏的王恭平时对武将时常透露出本能的轻视，加上司马元显开出丰厚的价码，实际控制北府兵的刘牢之最终选择倒向司马元显。在王恭败亡后，司马元显派出此时有着"都督兖、青、冀、幽、并、徐、扬和晋陵军事"大权的刘牢之,前往讨伐利用宗教在会稽起兵叛乱的孙恩。还是普通军官的刘裕在这次战事中崭露头角,表现出了极高的军事天赋,并且迅速成长为北府兵中著名的中层将领。

不久之后,司马元显和占据荆州的桓温之子桓玄再度爆发战争。此时的北府兵已经沦为东晋各方势力角逐时重要的斗争工具,桓玄派说客来劝降刘牢之,每个字都说在了他心头上:一方面,要和桓玄展开恶战没有必胜把握;另一方面,在王恭失败后,刘牢之已经让司马元显觉得尾大不掉了,如果这次击败了桓玄,司马元显下一个要对付的就是他。

按照史书的记载,大部分北府兵将领都反对刘牢之再次倒戈,刘牢之对他儿子刘敬宣说了心里话:"我难道不懂这些吗?现在听从司马元显指挥灭掉桓玄并不算难,但之后面对司马元显的紧逼,我能怎么办?"作为一个寒门子弟,刘牢之现在充分感受到了"高处不胜寒"。与其跟着性格强势、正在加强集权的司马元显,不如和桓玄合作一下试试,哪怕是饮鸩止渴,也比被当场渴死要好。

在这里,以刘牢之为首的北府军高层面临一个困局:他们有着强大的武力,各方势力在权力斗争中都希望能借重他们的力量,但在上位后都会忌惮这股强大的力量。另外,此时的北府军和刘牢之还没足够的实力和威望撇开合作对象让自己上位。没想到桓玄同样极为强势,在击败司马元显后立刻解除了刘牢之的所有军职,把他下放为会稽太守。不甘心坐以待毙的刘牢之于是打算再次起兵反抗桓玄。

接下来的故事就变得荒谬了。据说，北府兵主要高层之一的刘袭义正词严地对刘牢之说："将军往年反王兖州（王恭），近日反司马郎君（司马元显），今复反桓公。一人而三反，何以自立？"其他北府兵高层也纷纷和刘牢之划清界限。此时的刘裕作为中层军官同样选择支持桓玄。加上去接家属的儿子刘敬宣没有及时返回，刘牢之感到众叛亲离，自缢而死。

史书写到这里总喜欢把刘牢之的败亡归咎于他的反复无常。然而讽刺的是，桓玄控制住局势后，很快大开杀戒，北府兵的高层几乎全部被杀。这里面就包括前一分钟还在怒斥刘牢之的刘袭，以及刘裕的上司、在谢玄时代就是北府兵巨头的孙无终。以刘牢之之子刘敬宣为首的另一批北府兵军官试图讨伐桓玄，失败后被迫逃亡到北方的南燕政权。

刘裕出身较差，哪怕比刘牢之这样的将门或老上司孙无终这样的流民帅都远不如，因此纵然有着极为优秀的能力，却发迹更晚。在这一波腥风血雨中，刘裕这样的中层军官不但没有被清洗，而且还成为桓玄笼络的对象。如果刘裕出道更早一些、地位更高一些，此时担任北府兵的高级将领，恐怕也会像同样反对刘牢之起兵、试图向桓玄靠齐的刘袭一样，成为桓玄清洗的牺牲品了。

因此，刘裕的低起点反而成了优势：比起那些北府兵的高层来，刘裕没那么显眼，这让他在之后桓玄的大规模杀戮中安然无恙。另外，北府军中的高层和宿将或死或逃，恰恰给以刘裕为代表的一部分北府兵中层军官迅速崛起腾出了空间。

下层军人的逆袭与火并

以刘袭、孙无终为代表的北府兵高层认为，刘牢之死后，桓玄必须和他们合作才能控制中央政府，这些判断并没有错误。恰恰是桓玄错判了局势，进京后大肆杀戮，随后迅速篡位称帝，这一切都显得过于急躁。桓玄并不是一个无能的人，继承了桓温爵位的他一直是东晋政府重点提防的对象，这些年来惨淡经营，慢慢地走上了权力的巅峰。他善于在逆境中杀出重围，却从没经历过最近这种连续胜利的顺境，因此对局势和节奏的把控逐渐出现了偏差。这就给了刘裕、刘毅、诸葛长民等北府兵中层军官趁乱崛起的机会。

刘裕等北府兵中层军官在充分串联后起兵发难，桓玄被迫退回经营了几代人的根据地荆州。在桓玄看来，刘裕、刘毅等北府兵新领袖的出身和地位，并不足以号召和团结世家大族。出乎他意料的是，北府兵的新领袖们迅速和以王谧为代表的世家大族实现了合作，随后一鼓作气，把桓氏家族经营数十年的荆州地盘都拿了下来，桓玄最终落得个身死族灭的结局。就这样，仅仅三年时间，刘裕、刘毅、诸葛长民等人，从北府兵的中层军官变成了掌握整个东晋王朝军政大权的实力派。

如果我们无视《宋书·武帝本纪》中的宣传性文字，仔细分辨史料就会发现，此时东晋朝堂的格局像极了李傕、郭汜等凉州军阀把控初期的东汉朝廷，有如下几点。

名义上最高的统治者晋安帝类似于汉献帝，有着广泛被认可的正统背景，但已经丧失了权柄。以刘牢之为代表的高层在之前纷纷出局，刘裕、刘毅等中层因此凭借武功迅速崛起成为北府兵新的领袖，这和董卓等凉州集团领袖被杀后李傕、郭汜等中层迅速崛起也极为类似。

北府兵在战胜了政敌桓氏集团后，与以王谧为首的世家大族有效地进行合作，在政治和武力上占据优势，这和李傕、郭汜等凉州军阀在进入长安后只杀了王允等几个刺杀董卓的主谋，却和杨彪、士孙瑞等士大夫集团领袖有效合作如出一辙。从内部看，凉州军人在董卓死后公推李傕为首，但郭汜、樊稠等人的实力足以和他分庭抗礼；此时的北府兵也一样，刘裕在起兵时被公推为领袖，但是刘毅、诸葛长民等人的性格、资历和实力也让他们不可能真正屈居于刘裕之下。

但是，李傕、郭汜等凉州军头既没能处理好和士大夫集团的关系，更没能处理好凉州军人内部的关系：一方面凉州军人不停侵蚀士大夫集团的利益，减弱了自己的合法性；另一方面各军头互相关系的恶化最终导致了集体自杀式的内战，并且迎来了全部覆灭的结局。刘裕虽然有着极佳的天赋和惊艳的开局，但是要想在这个讲究门第出身的年代爬上权力的巅峰，并且凌驾于刘毅、诸葛长民等一起起兵反桓玄的同僚之上，却绝非易事。部分世家贵族为了防止刘裕权力扩张过快，有意识地支持刘毅与其抗衡，而和刘裕同样出身较低的刘毅也积极向这些世家大族靠拢。刘裕出身低、发迹晚，在几年前帮助他逃过一劫，现在却成为他事业继续前进的阻碍。

刘裕最终在和一众同僚的竞争中脱颖而出，是因为他的军事能力实在太优秀了，在漫长的对内和对外战争中用战绩证明了自己，获得了广泛认可。刘牢之之子刘敬宣和外甥何无忌很早都成了刘裕的忠实拥护者，从而加强了刘裕的地位。在讨平桓氏集团后，刘裕又成功征服了割据今日山东地区的南燕政权，这使他的威望明显地凌驾于刘毅等竞争者之上。

起兵之前就是知名赌徒的刘毅坐不住了，这样下去他只能乖乖给刘裕当小弟，而他并不愿意。当时，继承了孙恩衣钵的卢循再度起兵反叛并击败了何无忌，刘毅决定不等讨伐南燕未归来的刘裕，就单独出兵击败卢循，以追赶刘裕的威望。然而比起刘裕来，刘毅的军事能力的确不行，他反而被卢循打得大败。刘裕赶回国内击败了卢循后，刘裕的实力和声望已经远远凌驾于一同起兵的几位同僚之上了。

不甘心当刘裕小弟的刘毅最终在外出镇守后起兵反抗刘裕，但是被早有准备的刘裕迅速讨平。另一位不甘心当刘裕小弟的昔日同僚诸葛长民则选择写信给刘牢之之子刘敬宣，试图组织一个反刘裕同盟。刘敬宣早年流亡南燕时曾经阴谋推翻收留他们的慕容德，然而以失败告终。他很明白自己不是搞阴谋的料，所以选择坚定地站在刘裕这边，并向刘裕告知了诸葛长民的图谋。诸葛长民在不久后被刘裕处死。

到这时，刘裕依靠自己远超其他人的卓越军政才能，成为东晋帝国的实际掌舵人，凌驾于昔日一起领衔反对桓玄的北府兵将领之上。这些昔日同僚要么对刘裕心悦诚服，要么被刘裕消灭，但桓玄急于求成而覆灭的前车之鉴就在眼前，刘裕深知自己距离皇位仍然有着相当远的距离。

出身决定功业天花板

成为掌握军政大权的权臣是一回事，但是篡权自立是复杂许多的系统性工程。桓氏家族经营了大半个世纪，桓玄一着不慎就迅速覆灭。刘裕出身低、发迹晚，更是带来一个负面效应：已经身居高位的刘裕，缺乏庞大有力的家族成员支持。刘裕早年只有一个女儿。直到桓玄篡位前后，年届四旬、逐步发迹的刘裕才开始考虑继承人问题，收了好几个生过儿子的寡妇为妾。刘裕推翻桓玄后，他新纳的几个妾室一连生了几个儿子。等刘裕消灭刘毅、诸葛长民等昔日同僚，单独把持东晋王朝的军政大权时，他最大的儿子刘义符也不过七岁，对刘裕的事业帮不上任何忙。

俗话说："上阵父子兵，打虎亲兄弟。"在改朝换代的操作中，家族力量非常重要。曹操统一北方、建立魏国的过程中，曹氏和夏侯氏的家族力量是最值得信赖的基本盘，贡献了大量人才。司马家族篡魏过程中，高平陵政变前后的许多一线事务都由司马师实际操作，另一个儿子司马昭也颇有才能，以司马孚为代表的"司马八达"及其后代的作用同样极为关键。后来篡夺了刘宋的萧道成虽然出身一般，但是他的两个儿子齐武帝萧赜、豫章王萧嶷和后来篡位的侄子齐明帝萧鸾，能力都很卓越，是他篡位中重要的助力。此外，当时的兰陵萧氏受益于刘裕继母萧文寿族人的身份，在刘宋王朝时发展迅速，枝繁叶茂，萧顺之等远支宗族都为萧道成的上台贡献了不少力量。而相比之下，刘裕可以依靠的兄弟子侄辈少了许多。

刘裕之母生下他之后就死于分娩并发症，父亲也早逝，他是由继母萧文寿养大的。刘裕有两个异母弟刘道规和刘道怜，其中刘道规军政能力超群，也是北府兵名将之一，战绩卓越，并且时常独当一面，一直是刘裕最好的创业伙伴。本来刘道规绝对是刘裕改朝换代的中坚力量，然而他英年早逝，甚至在刘裕消灭政敌诸葛长民之前就病死了。刘道怜相比之下能力差了许多，刘裕只能让他干留守和后勤类的活，结果还留下了贪鄙之名，基本靠不住。

除了两个兄弟外，刘牢之之子刘敬宣和外甥何无忌也都是可靠的助力。刘敬宣早先反桓玄起事和在南燕的政变都以失败告终，回到东晋后就放弃了折腾，一直在政治上紧跟刘裕。何无忌从一开始就是刘裕的铁杆支持者，从刘牢之自杀后就长期跟随刘裕，起兵时也拥戴他为盟主，这两个人是刘裕可靠的嫡系。然而何无忌在和卢循的战争中战死，刘敬宣被反对刘裕的东晋宗室刺杀，这两个人相继死于非命，对于刘裕来说可谓极大的损失。

在消灭刘毅和诸葛长民这两个北府兵内部的竞争者后，刘裕继续着他的功业，收复了桓玄篡位后脱离控制的蜀地，击败了以司马休之为代表的东晋宗室反抗力量，随后他把矛头指向了占据关中和洛阳等地的后秦。后秦此前已先后败于北魏和赫连勃勃，又因为内战而疲惫不堪，很快被刘裕消灭。到这时（义熙十三年，417年），刘裕的功业到达了极致：永嘉南渡后，东晋王朝首次基本收复了包括长安、洛阳两都在内的黄河以南领土。但是，刘裕出道晚、起步低的后果却再次展现了出来。

刘裕的大规模作战行动基本都靠亲征取胜，之前留守后方的主要是诸葛长民等北府兵同僚。到后期，刘裕越来越倚仗他的心腹幕僚刘穆之。刘穆之在刘裕的班子里越来越重要，最后基本同时扮演了刘邦麾下的萧何和陈平这两个角色：既负责政务和后勤，也负责监督百官。然而不幸的是，正当刘裕攻占关中并且在这里进行善后之时，后方传来了刘穆之病死的消息。失去了刘穆之坐镇，刘裕生怕后方有变，匆匆回到了建康，只留下 11 岁的儿子刘义真带领一群新生代将领留在刚刚光复的关中地区。

在这里，我们可以看到刘裕的无奈：在世家大族占支配地位的年代，刘裕可以依靠自己的武功和威名让大家名义上服从他；但只有几个绝对心腹在场时，刘裕才确定自己能把控得住局面。偏偏在能力和忠诚度上都绝对值得信赖的弟弟刘道规和刘穆之，以及军事上足以独当一面的刘敬宣、何无忌等人，统统在这几年死去了，以至于刘裕不得不亲自疲于奔命。

接下来发生在关中的事情更深刻证明了这一点：刘裕麾下的王镇恶、沈田子、朱龄石等新生代将领虽然作战水平不差，但是刘裕并不放心独任其中任何一人，而是选择让未成年的刘义真为名义统帅，让麾下诸将互相牵制。以刘义真的年龄哪里控制得住局面？诸将多次内讧后，被赫连勃勃一锅端，关中也得而复失。假如刘穆之不死，刘裕亲自留下做好善后，自然不怕赫连勃勃。如果在荆州 7 年独当一面的刘道规还活着，无论是留守后方还是带领诸将巩固对关中的控制，他都足以胜任。然而他们都死在刘裕前面，此时已经五十几岁的刘裕就很为难：

在人均寿命很短的古代，没有家族力量的帮助，没有足以独当一面的嫡系力量，统一北方和篡晋自立两件事情，他最多只能完成一件了。

最终，刘裕放弃了为死在关中的部下报仇的想法，开始一心准备他的篡位大业。这也不难理解：刘裕发迹实在晚，几个皇子又是他四十几岁时所生。刘裕最终篡位自立时，几个儿子不过十四五岁的年纪。如果刘裕再不篡位，等他死后，这些未成年的儿子很难继承他这辈子奋斗挣来的一切。这样的话，他就像桓温一样功亏一篑了。在经过了多年的周密准备和筹划后，刘裕终于在他年届六旬时登上了皇帝之位，开创了刘宋王朝。

综观刘裕一生的功业，这位起于微末的帝王有着同时代无人能匹的军事天赋。出身低虽然导致他的事业到三十几岁时才得以起步，但是让他幸运地逃过了桓玄对北府兵高层的无差别清洗。桓玄的杀戮反而让他这样的北府兵中层迅速崭露头角，在短短几年内就成为当时东晋王朝主要实力派之一。在随后的角逐中，他用超凡的军事能力收服刘敬宣、何无忌等北府兵领袖，并且除掉了刘毅、诸葛长民等竞争者。但是刘裕缺乏家族力量的支持，子嗣都未成年，能力最强、最可靠的弟弟刘道规早死，他信赖并且资历水平都足够的刘穆之、刘敬宣、何无忌等人也都死在他前面。这使得他虽然能收复关中，却找不到一个忠诚和能力足以独当一面的心腹来委任。最终，他不得不放弃自己的征服大业，在自己确保能控制的地盘完成了代晋自立。可以说，他的出身在早年帮助他躲过一劫，但最终成为限定他事业高度的天花板。

刘裕之前的帝王有着优待禅位君主的传统。但是刘裕篡位后不久健康便开始恶化，逊位的东晋末代皇帝司马德文却正在壮年，而刘裕40岁之后生的几个儿子都未成年。刘裕最终选择谋杀了司马德文，这虽然是出于无奈，却开了一个恶劣的先例。不到60年，刘宋的末代君主刘准在禅位时，深知自己不得善终，哀叹道："愿生生世世，再不生帝王家。"

始作俑者，其无后乎？

四 兰陵萧氏：两代皇室摇身一变为大士族

唐人柳芳在《氏族论》中说："过江则为侨姓，王、谢、袁、萧为大。"萧氏能与王、谢、袁这种超级大姓相提并论，实非偶然。萧道成建立南齐后，刻意把祖宗接到西汉萧何、萧望之之下，萧子显作《南齐书》言之凿凿地把萧何以下二十四代谱系清楚地列了出来，看似源远流长，不过是自壮声势，兰陵萧氏在南朝是不折不扣的寒门，家族的崛起充满了曲折与艰辛。

萧齐建国之路

萧氏郡望兰陵，东晋初南渡居于晋陵武进县东城里，东晋在此侨置南兰陵郡。南渡后的萧氏一直寂寂无闻，盖因东晋及刘宋初是王谢高门的天下，小小一个萧氏只有看神仙打架的份儿。直到南朝宋文帝元嘉时代，萧道成的父亲萧承之才开始活跃于政治舞台，有了被皇帝直接观察到并干预其政治命运的机会。

南朝宋文帝元嘉初年，萧承之因骁武善战——这是南朝寒门向上爬的两大途径之一，被任命为济南太守。在第一次元嘉北伐中，萧承之力守城池，在一众遇敌即溃的宋军将领中表现非常抢眼，宋文帝刘义隆亲自手书打算任命萧承之为兖州刺史，以期固守边境，没想到萧承之的上司、时任前线军事总负责人檀道济横加阻挠，来了个不闻不问、不理不睬，萧承之失去一个从郡守升到州刺史的大好机会。十多年后，因不愿奉承当朝秉政的权臣刘义康，萧承之又失去升任青州刺史的机会，此后一直郁郁不得志，到死都没"破圈"。

萧道成生于427年，与刘宋第三代皇帝孝武帝刘骏大致相当。其早年经历与父亲大致相同，在征剿襄汉蛮人、争夺梁州、反击北魏等战争中屡立功劳，渐渐建立起一个非常能打又缺乏上升通道的人设。南朝宋明帝刘彧夺得帝位后，引发以刘子勋（孝武帝之子）为代表的地方宗藩、大州镇将的普遍反对，江州方面拥立刘子勋为帝，年号义嘉，兴兵讨伐刘彧，史称"义嘉之乱"。刘彧能掌握的只有丹阳、淮南数郡之地。危急关头，刘彧本能地起用萧道成这种寒门武将，让其率领皇帝亲卫兵马东挡西杀。

萧道成长期混迹于中下级将领圈层，骤然间与皇帝亲密接触，时年41岁的萧将军既不受宠若惊也不过度兴奋，更没有赶鸭子上架式的慌乱，率军平定三吴，杀得吴地叛军望风而逃。萧道成的成名战是击败从徐州杀来的一股叛军，此路叛军由徐州刺史薛安都之侄薛索儿统领，是青、徐诸州武力集团的代表。刘宋与北魏对峙几十年来，青、徐诸州军队越打越强，战斗力冠绝刘宋，薛索儿率军杀来，连杀宋明帝数员大将，危急关头萧道成挺身而出，打得薛索儿兵马损折殆尽，建康北面、东面形势遂全都稳定下来。《南齐书》评论萧道成创业，有所谓"泰始开运"的说法，意即萧道成政治上起步，就是从南朝宋明帝起用萧道成平乱开始。

"义嘉之乱"平定后，宋明帝尽杀孝武帝诸子，对宗室诸王也不敢相信，不再让他们掌握兵权，只好提拔一群寒门武将掌握诸方兵马；尤其是萧道成，因战败薛索儿之役仿佛神光加身，被各方公认能够震慑青、徐武人，因此受命出镇淮阴，后来又总督兖、青、冀三州，终于当上了刺史。萧道成本已做好和已经叛逃北魏的薛安都大干一场的准备，结果薛氏入魏后不受待见，青、徐武人集团又流落回刘宋。萧道成在一举打破本族仕途天花板的同时，还好巧不巧地在青、徐武人集团进退失据之时，把他们都笼络到自己麾下，开始有了私人班底。兰陵萧氏南渡之后沉默了150年，终于在萧道成身上，走到了厚积薄发的关键时刻。

宋明帝对萧道成也有猜忌，萧道成应对得法，示以完全忠于明帝，让喝御酒就喝，让调回建康就调，毫不恋权，这才缓解了明帝的猜疑。明帝在位第七年时病逝，遗令萧道成与袁粲、褚渊、刘勔共为辅政大臣，萧道成一跃进入政治中枢。宋后废帝在位期间，萧道成平定皇叔桂阳王刘休范之乱。后废帝被弑后萧道成拥立顺帝，又平定老将沈攸之叛乱，当时南朝宋将，武功之盛已无过于萧道成者。479年，萧道成废刘宋自立，终于克成帝业。

萧子显作《南齐书》总论萧道成称帝之路，引用"圣人之有天下，受之也，非取之也"，此语差矣。论军事才能、思想境界、气魄胸襟，萧道成比之刘裕相差远矣，能于南朝宋末乱世中夺取天下，实因当时人才缺乏，萧道成拥有比较优势，矬子里拔将军，应时而取罢了。

萧氏士族化的利与弊

南齐建立后，萧氏皇族迅速开启了士族化的过程。直接动因，就是萧道成惩于宋明帝滥杀宗室，导致宗藩零落，危难之际无人拱卫。而刘氏皇族自相残杀，又种因于刘氏子孙极度缺乏文化教养。

萧道成受过一定教育，史传都用过寥寥几笔说他"博涉经史，善属文，工草隶书，弈棋第二品。虽经纶夷险，不废素业"；成年后专力于武事，史料中没再见过其与文化相关的记载。不过这也够了，比之刘裕连字都写不好强得多了。萧道成对王谢大族百余年历世不绝艳羡不已，希望通过士族式的文化教育，来荡涤权力斗争的污浊与残酷。

萧道成首先把孝悌之道灌输给诸子，要求他们对父母、对兄弟一定谨守礼法。萧道成称帝之后，要求长子萧赜一定要爱护诸弟，不能重走刘宋宗室相残的老路。去世之前，他还嘱咐萧赜说："宋氏若不骨肉相图，他族岂得乘其衰弊，汝深戒之。"

萧道成是意有所指的。他的19个儿子中，除了早夭的，大都精于文事，唯有第四子长沙王萧晃骁武过人，为人粗豪。萧道成怕萧晃惹事，不让他在外镇当刺史，死前遗命将萧赜调回京师，好好管教萧晃。萧晃不知收敛，在京师仍然多次犯禁，萧赜尽之以最大宽容，没有杀他，但始终对他不冷不热。故史家评论说，萧赜爱护萧晃过于魏文帝曹丕而不如汉明帝刘庄（指刘庄容忍亲弟弟刘荆谋反）。

在萧道成一力培养之下，诸子大多精于文学。次子豫章王萧嶷博学多才，不仅自己勤于学习，还督促诸子钻研儒经史籍，萧嶷的

3个儿子萧子范、萧子显、萧子云都是文辞斐然的大家,并称为"三萧"。其中萧子显入梁后,尤其以撰写史书闻名,相继著有《后汉书》100卷、《齐书》60卷、《普通北伐记》5卷、《贵俭传》30卷、文集20卷,据传还有《晋史草》一部。遗憾的是,诸史只有《齐书》留传下来,成为现今"二十四史"中的《南齐书》。萧子显是历史上唯一以皇族身份记录本朝正史的史学家。萧道成的学风传递到了子孙身上,齐武帝太子萧长懋学术功底深厚,能对朝臣们开讲《孝经》,还到太学中策试诸生。齐武帝另一子萧子良,在竟陵开府置吏,还形成了闻名天下、名播后世的"竟陵八友",一时洵为文化上的盛景。

经过高、武两代的努力,萧氏的确有点王谢大族的样子了,族中人才辈出,父慈子孝、兄友弟恭,除了齐武帝萧赜被迫诛杀造反的萧子响之外,皇族中没有无故杀戮之事。但令人意外的是,齐武帝去世之后,一度令士人推崇备至、仿佛是帝室范本的萧氏皇族,却一夜之间重回刘宋宗室相残的悲剧之路。

齐武帝太子萧长懋先于父亲去世,留下一个继承难题:到底该立次子萧子良,还是嫡长孙萧昭文?本来融融泄泄的萧氏家族,突然间被权力大手搅得乌烟瘴气,什么孝悌、什么仁爱、什么和气,都不起作用了。齐武帝将死之时,竟陵王萧子良入内侍疾,很多人都认为他将要夺嫡继位。谁知萧道成第五子萧晔突然站出来,此公和大哥萧赜一辈子互相看不惯,一见面就阴阳怪气地互损,萧赜憋着火没处置他。萧晔当众说:"若立长则应在我,立嫡则应在太孙。"当时萧道成诸子存世者以萧晔居长,不过萧晔才识一般,并无继承皇位的可能,说这话的唯一意义是把水搅浑，让小孩子萧昭文继位，存心看看老大家的热闹。最终的结果是嫡孙萧昭业继位，曾受齐武帝信任的旁支萧鸾（萧道成弟弟萧道生之子）辅政。萧鸾为人不似高、武子孙尚文，性格阴狠冷鸷，接近权力中心后欲望瞬间放大，接连废掉两个幼帝，自己夺位称尊，反过来大杀萧道成和萧赜诸子孙，除了萧道成第二子萧嶷一支幸存入梁，其余悉数被杀。南齐皇室相残之祸竟然比刘宋还要惨烈。

清人李慈铭在《越缦堂读书记》中说："自来宗藩之祸，无过于萧齐，而贤王之多，亦无过于萧齐，天道瞀昧，殊不可解。"言下之意，萧齐这么重视文化教育，这么积极地打造士族式皇族，却仍然无法避免自相残杀的悲剧。

毫无疑问，萧氏一族在萧道成、萧赜两代人努力下，以极快的速度实现了士族化，齐武帝永明之治浸透着浓浓的文化气息。然而只凭士族化就能解决刘宋以来的各种问题吗？答案明显是否定的。萧氏实现阶层跃迁靠的是武功与权力斗争，而非士族的雍容风度与家学传承；萧道成身上最突出的特质是善战与沉稳，也不是史书中寥寥几笔的文化修养。想靠文化教育彻底避免宗室相残，萧齐的方向虽然没错，但是在轻重缓急上出了毛病，一味追求书卷气的同时，忘了握紧权杖才是皇族的根本问题。齐武帝居然傻傻地舍弃亲兄弟而让堂弟上位，违背了亲亲疏疏的基本规律，不出乱子才怪。

诗书传家不会错，礼义当先也没问题，只不过文化、礼仪是管长远发展的，家族要想走得远，文化是必要条件却不是充分条件。萧氏的士族化还没有成熟，直到萧衍的出现。

萧梁崛起与走向灭亡

萧衍与萧道成是同族，其父萧顺之是萧道成族弟。虽是皇族疏属，萧衍年轻时也得以沾了皇家的光，生活得相当悠游自在。竟陵王萧子良西邸召友，共集八人，时人称为"竟陵八友"，萧衍即是其一。八友之中唯萧衍心机深沉，齐武帝病死之际，竟陵王萧子良也参与了皇位争夺。萧衍恼恨武帝当年逼压其父萧顺之，突然抛弃子良转投西昌侯萧鸾，成为新皇定鼎的功臣。萧鸾投桃报李，让他出任雍州刺史，守卫西北重镇。萧鸾病重去世之后，其子东昏侯萧宝卷即位，因二人对朝中元老重臣不敢信任，接连逼反王敬则、陈显达、崔慧景等一班宿将。萧衍心知天下将乱，在雍州笼络豪强，养兵治甲。萧衍之兄萧懿平定崔慧景之乱后，反遭萧宝卷忌惮，一杯毒酒要了老命。萧衍打着为兄复仇、为天下人诛暴君的旗号起兵反齐。

萧衍虽以文士起家，对行军打仗居然也不外行，在雍州时要结的一班文臣将军，诸如韦睿、曹景宗、张弘策等人无不是一时之俊，尤其韦睿更是名震北朝的一流名将，连他对萧衍都是倾心拜服，足见其能。

萧衍起兵后第一场大战就是郢州之战，建康朝廷派来的兵马在此阻住萧衍，诸将大多建议越城而过，尽快直捣建康城"夺了鸟位"。从兵法上讲这是批亢捣虚的不易真理，从政治上讲也是擒贼擒王的高明之举。但萧衍不慌不忙，围住郢州城一气打了200多天，活活把城内齐军肥的饿瘦、瘦的饿死，最后只剩几百残兵乖乖出降。

萧衍就不怕四方勤王之师围过来吗？就不怕以臣犯君、迟则生变吗？萧衍的耐心，其实就是从萧齐皇族的几十条冤魂以及王、陈、崔、萧几位老将的横死中得来，萧鸾父子尽失天下之心，尤其是东昏侯本人，已成倡乱之源，他多存在一天，南齐天下就多乱一分，何必远涉江湖多费气力呢？越城而过，固然可以速败东昏侯，但株守郢州、破其精锐，更显示出雍州军马好整以暇、所在战克的霸气。果然，郢州之战后，下游朝廷军队无不丧胆，萧衍得以畅通无阻地杀到建康城下，还没等自己动手，城中乱兵已然杀了东昏侯。

萧衍建立梁朝之后，捡起了萧道成士族化未完成的任务，继续把萧氏一族向"郁郁乎文哉"的人设上推。萧衍长子萧统编撰的《昭明文选》成为文学史上的旗帜，比南齐皇族更有才学、更有名气，也更有人格魅力；萧衍其余几个儿子，如南梁简文帝萧纲、湘东王萧绎等也都是动辄开坛讲经、治书著作的饱学之士。

但萧衍对皇族的培养不限于此，他还非常重视对皇族子弟实务能力的培养。萧衍延续了南朝宋、齐以来皇子出镇大州的传统，但有鉴于刘宋时幼子被佐史控制，他采取了渐进式培养：先让儿子们在建康附近的小州或郡担任长官，待积累一定能力后才外放大州；出镇大州之后萧衍还经常致书于儿子，考查他们的治绩，时时提点，可谓用心良苦。当然，萧衍对皇族子弟的态度也有消极的一面，为防子孙互相敌对，他采取了极为宽纵的管教模式，只要不是谋反，什么罪名皆可原宥。是人都怕惯，皇族尤其不能免俗，梁末大乱的一大祸根就是萧氏子弟在梁武帝萧衍宽纵之下个个变得自私自利。

作为保卫皇权的第一要素，萧衍的武略远远超过了萧道成父子。南朝齐、梁易代之际，正赶上北魏最后一次大规模南侵，由于东昏侯的愚蠢操作，淮河重镇寿阳沦入北魏之手，淮南江北直接面临北魏的威胁。梁武帝坚决反制，钟离一战梁军大破20万魏军，后来一度收复寿阳、兵临淮北，在西线也收复了割据的益州，反攻夺回汉中，一举扭转了南齐时的国防劣势。

萧衍当了48年皇帝，梁朝朝政后来也变得乌烟瘴气，但皇族的整体修养也上了一个台阶，不再是刘宋时那样粗鄙、残暴、浅薄，也不像南齐一样一群肤浅的文士中藏着一个杀人不眨眼的魔头萧鸾。萧梁皇族后期也打得不可开交，但动辄灭尽自家人的悲剧毕竟少一些。

在无情的帝王家，这多少算得一点点进步吧。

五　侯景之乱：给南朝士族画上了句号

公元548年的一天，建康城南朱雀航，一位文士打扮的官员率一队军士守在浮桥边。这位文士一脸不情愿，他的任务是把朱雀航水门浮桥拆掉，防止侯景叛军从这里入城。该官员懒懒散散地一边吃甘蔗一边象征性地吆喝两句，这种粗人干的粗活他压根儿不知道该怎么干，他也根本不想干。谁知叛军突然杀到，秦淮河对岸飞来无数支羽箭，其中一支正好射落文官手上的甘蔗，他登时吓得面如土色，不要命地跑了。叛军顺利地通过浮桥进入建康外城。

这是侯景之乱中一幕颇具黑色幽默的场景，谁也不曾想到，享誉南朝130多年的士族，从这一刻开始，即将接受一场盛大的死刑。

侯景之乱

侯景乱梁是一起典型的意外事件，但此前从未有任何一个北朝国家如此深刻地影响过南朝。侯景是东魏北齐的开国功臣，极善用兵，为人狡黠，是高欢帐下一等一的大将。高欢死后，世子高澄镇不住侯景，侯景便在河南发动叛乱，本意是联结西魏共同对付高澄，但因居心不良无法真正与西魏合作，后在东、西魏联手逼迫下连连丧师失地，只剩八百残兵窜入梁境，请求梁武帝的庇护。

南北朝时多有互相招降纳叛，自东晋与北魏对峙时，便有南朝宗王奔北，像晋末刘宋初的司马楚之、刘宋之刘昶（宋文帝之子）、南齐之萧宝寅（齐明帝之子）、南梁之萧综（疑为齐东昏侯遗腹子），也不断有北魏将领、宗室南逃，诸如元颢、元法僧、元彧、贺拔胜、杨忠之类。对南朝而言，之前来降的宗王和将领，大都无甚过人之处，梁朝可以有力地掌控之。侯景的本事超过以往任何一位北朝降将，不太好驾驭。梁朝君臣围绕接不接纳侯景产生了分歧，最终梁武帝的惯性思维压倒一切，决定收下侯景。

梁武帝自然有他的理由，妄图借侯景之乱夺占东魏河南土地。在侯景与东魏军鏖战之时就派出大军北上进攻彭城，企图重现当年陈庆之白袍军入洛的神话。无奈侯景速败，梁军进至彭城寒山也被东魏军击退，梁朝染指河南的图谋化为泡影，只得到一个破落不堪的败将侯景。

侯景深知梁武帝对他只是利用，进入梁境后利用梁人不备突然袭占寿阳，随即闭城并大索人马，得士卒八千，以此为基础挥师南下，以清君侧、除佞臣为名，一举攻到建康城下，围城五个月后终于破城，将皇帝、太子及宗室、朝官、后宫等全部俘虏，梁武帝在"自我得之、自我失之"的叹恨中去世。

侯景之乱对梁朝的破坏是灾难性的，梁武帝的威严扫地无遗，梁室诸王开启争夺帝位的大混战，侯景乱军趁乱占据江东，北朝趁火打劫，梁朝尽失江北之地，维持了近50年和平与繁荣的南朝一夜之间变得残破不堪。反思这场骤然而起的叛乱，倡乱者侯景的实力在偌大的梁面前不堪一击，事实上，后来消灭侯景的只需要王僧辨和陈霸先两路兵马。侯景之乱由小及大竟至于破京擒帝，真实原因是什么？

侯景的军事才能固然极为卓越，南朝少有其敌，所以能在极短时间内杀到建康城下，但这并非主要原因。当年，前秦以倾国之力南侵东晋，兵锋深入江北，孙恩、卢循起义时乱军也曾进逼建康，北魏太武帝拓跋焘亦兵临瓜步，然东晋、刘宋并未崩溃，何以老大帝国梁朝一夜崩亡呢？尤其是侯景围城的五个月期间，梁朝各地勤王兵马已然云集建康城外，梁朝的反应时间足够多，集结的兵力也足够多，却仍眼睁睁看着叛军破城。

所以说，根本原因不在侯景，而在于应对叛乱的人出了问题，也就是说，梁朝士族群体出了大问题。比如本篇文首提到的那位文士，此人在文学史上大大有名，姓庾名信字子山，是南北朝著名的文学家，杜甫曾有诗云："清新庾开府，俊逸鲍参军"，对庾信极尽推崇。庾信祖籍南阳新野，与颍川庾亮一族并为东晋时两大士族支脉。东晋时王、庾、桓、谢四大士族相继秉政，新野庾氏一脉虽不能与四大士族相提并论，但在南朝齐、梁之间也是名实俱佳的大族。谁知到了梁末，竟沦落成不知实务的书呆子，属实可叹。庾信的悲剧，是梁末诸多士族沦丧的缩影。

堕落的士族

梁朝应对侯景之乱的失误，从梁武帝决定北伐支持侯景之时就已开始。从战略上看，东魏精兵尽集于河南，梁朝出兵乘虚而入，理论上讲是批亢捣虚的上策。理论毕竟只是理论，应用到错误的战争条件下极有可能吃瘪。

梁武帝北伐彭城失败的原因有两条：一是选错了北伐军主帅，先是萧正德，又是萧会理，最后派了萧渊明，三易其帅，每一个都胆小无能，尤其是萧渊明畏敌如虎，在北伐激战的关键时刻弃军南逃，引发全盘崩溃；二是过高估计了梁军实力，同时过低估计了东魏军的应对能力，东魏居然能一边对付侯景叛军，一边派出主力反击梁军。

孟子曰："人必自侮，然后人侮之。"梁朝决策出现重大偏差，根本原因在于作为议政决策主体之一的士族群体的集体堕落。士族自东晋灭亡后每况愈下，能力不复王、庾、桓、谢时的旧观，但堕落是一个渐进的过程，并非一蹴而就。南朝宋、齐、梁三朝，琅琊和太原王氏、陈郡谢氏、颖川和新野的庾氏、阳夏袁氏、阳翟褚氏等两晋以来的高门，见于《宋书》《南齐书》《梁书》及《南史》者 60 余人，其中不乏谢晦等实领兵居方镇的实权派，王昙首等进入核心决策层的人物。谢弘微在南朝宋文帝执政期间参与中枢决策，作用发挥甚重，《宋书·谢弘微传》记载："太祖即位，为黄门侍郎，与王华、王昙首、殷景仁、刘湛等号曰五臣。"宋明帝刘彧朝，时任太傅、扬州刺史王彧，权势之盛，甚至到了让皇帝猜忌的地步；宋明帝临死前，考虑到成年的宗室子弟多已被杀，诸皇子幼弱，恐怕王彧擅权，便下诏诛杀王彧。

高门士族掌重权的情况到南齐、梁两朝，特别是梁朝，已大为减少。南齐朝尚有王俭、王融、谢瀹（yuè）能够参与皇帝废立大事的重臣，到梁朝时，在皇帝的刻意打压下，王、谢、庾、袁等高门几乎没有人真正参与到核心决策中来，唯一稍有才具的王亮被梁武帝打压，一度被废为庶人，而空有贤名的袁昂、谢朏（fěi）却被尊于显位。尚书左丞范缜的一番谏语道破了梁武帝的心机，他说："司徒谢朏本有虚名，陛下擢之如此，前尚书令王亮颇有治实，陛下弃之如彼，是愚臣所不知。"梁武帝闻之色变，不让范缜继续说。也就是说，到梁武帝朝，王、谢等世家大族不复东晋时执掌最高权力的盛况。

士族自身的文学化、务虚化是堕落的另一大原因。论者提及南朝士族堕落的原因，言必举颜之推《颜氏家训》，其中不少片段直接描述了南朝士族腐化堕落的状况，诸如士族失去经济特权、士族生活腐化、畏马如虎等，似落入以果为因的逻辑错误。

比如颜氏所举之例，"梁世士大夫，皆尚褒衣博带，大冠高履，出则车舆，入则扶持，郊郭之内，无乘马者"，又如男人涂粉、空言诗文等不胜枚举，但这都是梁朝士族无能、堕落的现状，而不是原因。若论褒衣华服、涂面傅朱、谈玄辩理，两晋名士比梁朝士族不遑多让，然而，两晋名士、高门的战斗力，岂是梁人可比？

真正原因在于，经过南朝宋、齐、梁三朝的演化，士族在既得利益的温床上越来越不亲于政务和军事。比如琅琊王氏，南渡之初他们固然依靠经济特权大肆掠夺田产、私占山泽，但以人口数量和家族规模而言，江左顾、陆、朱、张等本地庶族地主的总量并不次于琅琊王氏。王氏真正压制本地大族，靠的是把持政权与军权，王导、王敦兄弟子侄数辈，都是上马管军、下马管民的实务派。陈郡谢氏、颍川庾氏都是后起士族，到江东之后赖之崛起的核心资质就是参与军事、政治，尤其谢氏，起始于谢尚镇豫州，终于谢玄退出北府军，谢氏地位升降的轨迹十分鲜明。

东晋南朝的一大根本命题就是如何以武自存，五个朝代都进行了北伐与反抗北朝南侵的战争，这是东晋南朝特殊历史时代的特殊历史使命，此时国家、社会的主题之一就是军事，谁更贴近这个历史使命并为之做出贡献，谁必然能够从中得利，小则发迹荣身、光耀门楣，大则化家为国、身登九五。古来书生论史一贯喜好夸夸其谈，把各种因素都列进来，举凡政治、经济、文化、风气等都作为士族荣衰的原因，往往失之于滥。南朝宋、齐以后士族渐渐退出军政实务，尤其对军事疏离日甚，失去了参与社会核心命题的能力，这才是他们堕落的主因。

以梁武帝镇压侯景乱军为例。侯景初叛于寿阳时，梁武帝君臣曾制订了一个四路围剿的计划，以梁武帝第六子邵陵王萧纶为总帅，指挥建康、北徐州、司州、合州四路兵马围攻寿阳，希望将侯景灭于寿阳。此战一如北伐彭城之战，战略理论没有错，错的仍是战略设计的基点，四路围攻的缝隙太大，侯景可以钻的空子太多。侯景用了一个简单的声东击西之计，扬声攻合肥城，吸引梁军转移后，掉头南下直取历阳，并从那里乘虚渡江杀至建康近畿，轻松破掉梁军计划。

这一漏洞百出的四路围攻计划由梁武帝亲自设计，诸史记载中看不到高官士族参与的迹象。作战计划由皇帝本人提出，并非梁武帝有多英明，他已经84岁，年轻时的英明神武在漫长帝王生涯中早已销蚀殆尽，而国初的王茂、吕僧珍、曹景宗、韦睿等谋臣猛将谢世之后，无论是王谢高门还是本地后起士族，子弟之中均没有像样的人才，无人能在战略层面给梁武帝以任何建议，只能老将出马再为冯妇。对比着看，东晋时庾、桓、谢三家士族均可独任北伐大事，刘宋时动辄有臣子为皇帝出谋划策的局面——哪怕是王玄谟之徒，南梁朝士族人才匮乏到了何种程度？

士族之死

假以时日，南梁朝士族终归退出历史舞台，不幸的是，侯景突然杀进来，意外给了士族最后一击，让他们以屈辱的状态退出历史舞台。

侯景初入南梁，曾向梁武帝请求娶王谢高门女子为妻，梁武帝以门第不合为由拒绝之。侯景大怒，破建康后将一腔怨气发泄到士族头上，大肆屠杀建康士人，把妇女配给北来军士为妻，散居在江东各地的士族也在这场劫难中大受牵连，被杀者无数。或以为这就是侯景之乱带给江南士族的全部戕害，事实并非如此。

若论变乱之剧烈、杀戮之残酷，侯景之乱明显不如北方少数民族南迁，但北方士族并未在连绵数十年的大乱中消亡，南迁的且不说，留在北方的"崔卢李郑""裴柳韦杨"等大族反而活得越发兴旺。区别就在于，北方豪族保持了强有力的韧性，顶住了民族仇杀和战乱，找出一条自存自立乃至发扬光大之路。反观梁朝士族，长久脱离军政实务，不仅失去了自存自强的能力，连人品气节都变得庸懦猥琐，面对大难只有死路一条，再无崛起之机。

曾被北朝人视为"韦虎"的名将韦睿，其子孙在侯景之乱中丢尽了脸面。韦睿之子韦黯率兵驻守寿阳，哪怕有乃父三成眼光，坚守寿阳不出，以侯景八百残兵无论如何也打不下这座要塞。但韦黯糊涂愚蠢，听信侯景哄骗，怕拒其入城会招致武帝震怒，稀里糊涂开城迎接，转眼就被侯景扣押，把一座大城拱手送入侯景手中。韦睿之孙韦粲在建康城下迎战叛军，因不识地理、不明天时，大雾中把营寨扎到叛军眼皮子底下，遭偷袭后全军覆灭，宗族子弟数十人皆丧于侯景之手。

长期驻扎在西北重镇的将军们，表现也十分不堪。柳仲礼出身河东柳氏，经过数代自我弱化也与其他士族无异，虽是武将，意志力却极为薄弱。柳仲礼率军与侯景激战，战斗中肩膀受伤，从此变身为"避战大王"，一字不言战。为将者如此，属实丢人。

在侯景之乱中幸存下来的梁朝士族，精神上也都形如被阉之人，全无一点两晋士族的气魄。例如，琅琊王氏子孙王褒，此公与庾信并为南朝文人之首。侯景之乱五年后，西魏大军包围江陵城，梁元帝萧绎派王褒送太子萧元良到西魏军营投降。作为世代簪缨的琅琊王氏后人、梁朝头号重臣，王褒全无一点气节，手书"柱国常山公家奴王褒"（西魏元帅于谨的官爵是柱国大将军、常山公），展现了一副令人作呕的嘴脸。王褒、庾信被俘送往长安后，北方文人竞相与其交结，但看重的多是他们的文学才能，至于士族遗风，这两位身上完全没有任何影子了。所以北周齐王宇文宪鄙夷地说："王、庾名重两国，吾视之蔑如。"

侯景之乱给南朝社会带来深远影响，新旧士族的影响力被彻底荡涤干净，南朝社会再无人重视他们。起而反抗侯景叛军并构建南朝新秩序的，是以陈霸先帐下所谓的南川、始兴豪帅为代表的地方豪强势力。陈寅恪总结这一变化指出："侯景之乱，不仅于南朝政治上为巨变，并江东社会上亦为一划分时期之大事。其故即在所谓岩穴村屯之豪长乃乘此役兴起，造成南朝民族及社会阶级之变动。"

北来士族最后一位代表人物王僧辩，出身太原王氏，论其志气、才干与武略均称得上佼佼者，但在江南豪帅兴起的大势之下，亦显得苍白无力，被陈霸先施以小小手段送了老命。王僧辩之死奏响了士族的丧钟，新旧士族虽未死绝，但已泯然众人，无足称道。琅琊王氏最后一位位列朝班的王质，在侯景之乱中也曾率兵抵抗叛军，但也像庾信一样闻风而逃、贻笑大方，陈朝请他来做朝官不过是摆一个政治花瓶，至于恢复士族风范云云，不仅时人不寄丝毫希望，大概他们自己也没有丝毫心气了。借用电影《功夫》一句台词："治好了也是浪费汤药。"

北方士族的结局

第五章

北方士族的生存之道

左手拉住了李左车，右手再把栾布拉。

三人同把那鬼门关上爬，生死二字且由它。

——京剧《淮河营》

一 衣冠南渡：哪些士族留在了北方？

东晋南渡，王、谢、庾、桓等今河南、山东一带为主的高门大族随之南下，长久以来，王、谢家族是中古时代高门士族的代名词。士族的根子在北方，王、谢等族南下的同时，还有大量河北、河东和关陇的大姓豪族，他们或是因为距离南方遥远而来不及南渡，或者出于对司马氏皇族的不信任，选择留守本乡。相比王、谢等南渡士族的绚烂与风华，北方留守大族的命运虽说少了些优雅，多了些磨难，但综而览之，也堪称波澜壮阔，从宗族蕴含的能量来看，一定程度上比南渡士族还要强。

北方豪族的天花板：清河崔氏

世家大族的来源究竟可以追溯到东汉还是西汉，似乎是个不易厘清的问题，士族的南北分化、分流却能找到明显的节点：东晋王马渡江。彼时大批中原大族南渡避乱，成就了百余年以士族为主导的东晋门阀政治，更造就了久远的流风余韵，从此南北大族各自走上了不同的发展道路。与绚烂多姿、风流百代的南渡士族相比，留在北方的大姓豪族的存在感就低多了。

留在北方的大姓，以清河崔氏、范阳卢氏、赵郡李氏、荥阳郑氏、汾阴薛氏等最为强大，其他诸如闻喜裴氏、杜陵韦氏、弘农杨氏、河东柳氏等传统大族，也都有一定实力。北方世家大族基本不称士族而称豪族，盖因北方大族没有像南渡高门大族一样变得士人化。一方面，他们始终没有离开经济生产的一线，大姓宗族聚居在一起，掌握巨量隐附户口与土地，长年累月的实务历练，让北方豪族没有像南渡士族一样由儒入玄、由玄而虚，少了仙气，却多了地气；另一方面，北方大族对政治、军事极为热衷，几乎所有大族都能累世不绝地输出文臣武将，始终充满生机活力与尚武风气，以豪族称之更恰当。

北魏时期的清河崔氏，堪称北方豪族的集大成者，代表人物是北魏重臣崔浩。清河崔氏在曹魏时就已显名，"八王之乱"中崔氏人物从乱而死。其后北方少数民族南迁，崔氏人物没有南下，而是选择与北方少数民族合作。崔浩的曾祖父崔悦在后赵出仕为司徒右长史；祖父崔潜仕于前燕，位至黄门侍郎；父亲崔宏连连出仕于前秦、后燕和北魏。轮番入主中原的少数民族君主，并不计较崔氏这种谁来都投顺的"墙头草"气节，一概录用之、信任之。到了崔浩更是尊崇备至，崔氏宗族的政治地位因为崔浩通天彻地的政治谋略，极速蹿升为北方第一大豪族。

崔浩不同于一般豪强人家，其家学传承颇深，尤其经过父亲的加持，崔浩"博览经史，玄象阴阳百家之言，无不该览。研精义理，时人莫及"，活脱脱一个"减配版诸葛亮"。若是崔浩也南下，论其文才武略，丝毫不亚于南渡士族。

崔浩的封神之作是给北魏明元、太武二帝出的几个大主意。北魏国初诸帝都是善于用兵、锐于进取之主，军事上取得了不少成就，收拾北方诸小国没有问题，拓跋焘兵指瓜步，浩已被杀！但说到政治运筹似乎尚有不足。随着北魏疆域越来越大，魏帝要考虑的不再是单纯作战问题，这时崔浩的作用就体现出来了。

比如魏明元帝迁都之议，当时平城发生饥荒，不少人都建议迁都于邺城，那里既是前、后燕的故都，也是粮食丰足之地。崔浩极力反对，理由是当时诸方未服，政治重地决不可轻易迁移，否则易造成人心散乱，大夏与柔然可能联手来攻。又比如南朝宋文帝发动第一次元嘉北伐，北魏诸大将都主张立即发兵反击。北魏第一次与刘宋这么大体量的强国全面开战，太武帝拓跋焘不敢遽定主张，询问崔浩，崔浩主张以退为进，收缩兵力，放弃河南四镇，待秋高马肥时反击，必能取胜。太武帝基本同意了崔浩的建议，后来的战争进程果然印证崔浩的判断。明元、太武二帝对崔浩都十分信任，允许他进入皇宫内殿，以备时时咨询军国大事。

崔浩家族之盛，北方汉人大姓豪族无一能敌。虽说后来爆发了"国史之狱"（据《魏书》载，著作令史太原闵湛、赵郡郗标请立石碑，刻写崔浩所述《国书》，但"浩尽述国事，备而不典"，且石碑立在人来人往的道路旁，内容成为时人谈资），崔浩卷入一场史书讳莫如深的政治大案，导致清河崔氏全族被屠戮无遗；但因崔氏与范阳卢氏、太原郭氏、河东柳氏等大族累世通婚，仍然保留着族姓的火种，到北魏后期及北齐时代，清河崔氏再度恢复成为北朝一流的豪族。

"坞壁之王"赵郡李氏

与崔氏这种政治地位很高的大族不同，河北、河东和山东的其他大姓豪族，并不是每一家都能在少数民族政权中谋得一席之地，大量豪族都在民间靠宗族力量维持其利益，假手的工具，就是南北朝时期很有名的坞壁。

坞壁是战乱的产物，北方少数民族南下中原大乱，官军无法抵御，来不及逃走或者说是舍不得偌大家业的大姓豪强，便在本地筑坞壁以自保。起初只是为了生存，但当局势略为稳定后，豪强们立即尝到了甜头：一是可以随心所欲地占有或兼并抛荒无主的土地；二是可以占有大批没有户籍的免费或极其廉价的佃农，有的豪强一个户口之下竟然可以隐附一万多人，交一户十几口人之税，而坐享几千人甚至上万人的劳动成果；三是可以建立宗族武装，少者数百，多者数千。以往承平无事之时，大姓豪强通过正规仕进之途无法获取的利益，居然通过这一渠道获取，这无疑刺激着各地豪强们前赴后继地建立坞壁。

十六国时期由于诸国存在时间都不长，来不及整治这些坞壁豪强，但稍有头脑的统治者都能认识到坞壁豪强对人口资源和赋税的消极作用。前燕慕容俊灭冉魏打到河东时，被河东连绵不绝的垒壁（意同坞壁）震惊了，在冉魏官方有组织的抵抗已经瓦解的情况下，其旧将张平仍能利用民间300余座垒壁与燕军对抗，足见民间坞壁已经强大到何种地步。

慕容俊的洞察力非同一般，消灭河东河北坞壁的过程中察觉了大量人口隐附的问题，于是下了一道耐人寻味的诏令，以进攻东晋和前秦为借口，命令各州郡仔细查核人口，一户只准留一个成丁，其余全部从军，计划将步兵数量扩充至150万人。当时前燕刚刚占据河北河东，立足未稳之际就如此疯狂地扩军，表面上看是为进攻洛阳、夺取河南做准备，实际目的怕不是敲山震虎，给各地势强人多的坞壁之主吹吹风，要他们不要太过分。

真正对坞壁动手的是北魏的三长制改革。孝文帝太和十年（486 年）下诏取消宗主督护制，改以邻、里、党三长，组织基层人口统计、赋税征收、徭役征调等事务，不允许豪强私自占有户口。虽未对有形的坞壁进行摧毁，却从根子上剥夺了豪强的隐性权力，可谓善政一件。如果北魏的繁荣稳定再持续上百年，坞壁组织肯定会慢慢消融于各种政策的综合作用之下。可惜的是孝文帝 30 多岁去世，继任者宣武帝专注于对南朝发动侵略战争，政治改革无由延续，坞壁豪强并没有受到全面打击。很快，北魏末六镇大起义再度将北方拉进战争节奏，北魏政府控制力全面瓦解，坞壁便又如春原之草，势不可挡地生发、壮大了，甚至有比十六国时期更狂野的趋势。

赵郡李氏是其中的典型代表。李氏强宗李显甫在殷州（今河北邢台一带）聚族而居，《北史·李灵传》载："集诸李数千家于殷州西山，开李鱼川方五六十里居之，显甫为其宗主。"五六十里的土地都归他一家所有，这个规模在北魏纵使不是第一，也是位居前列。李显甫生卒年不详，但从《北齐书·李元忠传》所载推断，其子李元忠生于 486 年，李显甫为李氏坞壁宗主时，应当就发生在北魏官方推行三长制的当口。李显甫祖上累世为官，他有世袭的官爵作为掩护，所以三长制改革的影响力没有立即作用于其家族。

北魏末年六镇大乱，李显甫之子李元忠继承宗主之位，势力益发强大。当时李元忠尚有官职在身，因母亲去世回乡丁忧，丧期满后，李元忠一方面嫌官职太小无甚意思，另一方面看出天下即将大乱，索性连官也不做了，就在李鱼川守着自家坞壁，过起了土皇帝般的生活。李氏的影响力越来越大，殷州以南至于邺城，所在皆知李元忠的威名。当时六镇流民南下，盗贼蜂起，但盗贼慑于李元忠的威名，不敢到李鱼川骚扰。

六镇乱军势力最强的葛荣，众号百万，浩浩荡荡地南下抢掠，在李鱼川附近频频遭到李元忠阻击。葛荣本来没当回事，获悉部众被区区一个坞壁豪强弄得灰头土脸，便调集十多万人围攻李氏坞壁，终于破壁而入，把李元忠抓走。后来尔朱荣破葛荣，李元忠回到本乡，再次把李氏坞壁建了起来。高欢入河北创业之时，李元忠看准时机带着宗族人马倒向高欢阵营，遂成为东魏北齐的开国功臣，高欢次子、北齐开国皇帝高洋的正妻李祖娥，就是李元忠的族兄弟李希宗之女。

高敖曹四兄弟的悲剧

东魏北齐开国之时，河北豪强大部分都选择与高欢合作，像渤海高氏、封氏，博陵崔氏，赵郡诸李，范阳卢氏，都坚定地拥护高欢。毕竟坞壁组织并不能长久地抵抗乱兵，李元忠被破壁生擒就是血淋淋的教训。高欢从"吃相"上看比葛荣这种六镇乱贼好得多，彼此各取所需，故而促成了双方的结合。

不过结合容易，怎么过好日子才是门大学问。高欢上位成功后，他和十六国、北魏的皇帝们一样，绝不愿坐视大姓豪强们动不动拥壁数千家乃至上万家，那是对皇权的严重挑战。李元忠很聪明，察觉到高欢的阴鸷性格后，立即改变了作风，整日以弹射饮酒为戏，高欢让他担任高官显职，他也经常喝得酩酊大醉不能理事，始终"不以物务干怀，唯以声酒自娱，大率常醉，家事大小，了不关心"。

李元忠诸事不问，倒是一手弹子使得出神入化。他在家穷极无聊，在桐叶上挖个洞，用枣子或栗子弹洞，十中七八。有一次拜见东魏静帝时，殿外有枭叫甚是聒噪，他拿起两颗石子，应手把枭打落，时人无不称其能。

李元忠的刻意谦退保全了家族利益，赵郡李氏的坞壁组织也随之式微。与之形成鲜明对比的是渤海高氏一族的悲剧遭遇。渤海高乾、高慎、高昂（字敖曹）、高季式兄弟四人，拥有强大的宗族势力，在高欢创业之时也坚定地支持。高敖曹武艺过人，善于练兵治军，北魏末为抵御六镇乱军，编练出三千精兵。高欢屡次要给一千鲜卑兵与高敖曹所练汉兵混杂在一起，表面上说要提高其战斗力，其实是对汉兵不信任，要掺沙子。高敖曹不肯，说汉兵足够精锐，不比鲜卑差。当时高欢集团多鲜卑大将，行军打仗每每用鲜卑语传令，许多汉人豪强的部曲也都渐渐习用鲜卑语，唯独高敖曹不同意，仍用汉话。

高欢表面不以为意，公开赞扬高敖曹忠诚勇敢，任命他为冀州终身刺史，等于直接承认高氏兄弟在本乡拥有宗主利益。那时创业之初，高欢如此大方，无非是借高敖曹释放对河北豪强的友好信号，其实高欢内心对高乾四兄弟很是忌惮。后来，高欢借北魏皇帝之手害死高乾，意图敲打敲打高敖曹诸兄弟，如果乖乖听安排，解散私家武装或者全部交给高欢，未尝不能和李元忠一样落个好的归宿。高敖曹并没有理解透这个意思，仍然按自己的方式向高欢表忠心。公元538年，在东魏刚建立第四年之际，东、西魏爆发了河桥之战，高敖曹遭敌西魏军重点"照顾"，临阵打崩，高敖曹仅剩数骑逃到河阳城下，求守将高永乐开门救命，高永乐拒不开门，导致高敖曹被西魏追兵斩于城下。

高氏宗族武装力量，在高敖曹死后陆续被瓦解、分调，高氏宗族人物也渐次被削弱、打击。高敖曹的二哥高慎备受高欢父子压迫打击，不得不在北豫州刺史任上叛投西魏，四兄弟只剩一个高季式。

打击高氏人物是东魏北齐削弱豪族的一个标志性动作，高欢解决了高敖曹兄弟的汉兵武装后，河北其他豪族再也不敢像往年那样筑壁聚族而自保，在接下来的数年中慢慢地国家化，一部分成为北齐的正规军，一部分被分调到边境与西魏、梁朝作战，绵延200余年的河北豪族问题终于得到解决。

关陇豪强成为政治发动机

关陇豪族的命运比东魏、北齐境内的稍好些。宇文泰入主关陇后，由于其本身力量较弱，加之开国十几年中一直被东魏堵着门打，始终处于高强度战争之中，无力对豪族进行剪削，宇文泰集团逐渐形成了利益均沾、合作求存的政策。

尤其是公元543年邙山之战后，西魏鲜卑兵主力遭到毁灭性打击。宇文泰集团源出代北武川镇，其部众一部分系贺拔岳旧部鲜卑人，一部分是魏孝武帝西迁时带来的鲜卑六坊之众。西魏国初七八年间战兵以鲜卑人为主，自邙山大败，鲜卑兵无处获取，宇文泰大胆改弦更张，向关陇豪强寻求支持，发动关陇各族的私家武装加入正规军，大量任命关陇豪强为各级将领，这就是西魏、北周著名的府兵制改革。

史家称宇文泰及隋唐统治集团为关陇集团，有人不免发出疑问：北周、隋、唐三代皇族宇文氏、杨氏、李虎都是代北六镇出身，为何叫关陇集团呢？盖因宇文泰进入关中后，通过各种途径汇聚到西魏的鲜卑将领均选择关陇地方作为籍贯，攀附关陇先代名族为祖先，即"攀附先世"与"伪冒士籍"，因而后人称之为"关陇集团"。是他们真正支撑起了三代皇族，称其为北周、隋、唐三代的"政治发动机"亦不为过。

例如，京兆杜陵韦氏名将韦孝宽，此公见识超卓，文武兼备，在六镇大乱时便主动率宗族子弟镇压乱军。宇文泰创业之时，韦孝宽以汉人豪强身份率军作战，与鲜卑将军并驾齐驱，南征北讨立功无数，只是一直受到压制，未能进入宇文泰集团上层。

征关陇汉人为兵后，韦孝宽得到了出镇一州的机会，在玉壁城常年镇守。546年第二次玉壁之战，韦孝宽以惊天地、泣鬼神之壮气，死顶高欢十几万大军50多天的围攻，高欢攻城不克引动旧疾，于第二年正月去世。此战洵为关陇汉人豪强"封神之作"，韦孝宽在没有援兵的情况下，依靠其丰富的筑坞经验，与玉壁城独特的地势，苦战50余天而气力不衰，足见关陇豪强的强大实力。

不过，宇文泰集团对汉人豪强终究也有三分提防。西魏、北周府兵系统，有著名的"八柱国""十二大将军"，北朝门阀之贵盛，以此为巅峰，直到唐朝时其后人仍在活动。韦孝宽作为汉人豪强的顶尖代表，竟无缘得入这个群体。无论其才能还是功绩，要说与"八柱国"等量齐观，倒也勉强，但与"十二大将军"中的一些凡庸之才相比，无疑要超出许多。寻其真实原因，大概还是骨子里害怕、担心、抵制，由此生发本能的排挤。韦孝宽向朝廷上书，请求在玉壁城北、汾河北岸一带广筑城戍，以加固边防形势。本是一片赤心，权相宇文护却回书阴阳怪气地讽刺："韦公子孙虽多，数不满百，汾北筑城，遣谁固守？"话里话外，是不满韦氏宗族子弟遍布军中，养成势力，我们宇文家不放心！

576年北周武帝将率大军攻齐，韦孝宽上书请求出战，当时北周大将中威名之盛，唯皇弟齐王宇文宪与韦孝宽二人，国有大事正是举用良将的时刻，谁料周武帝也放不下这份提防，温言劝慰：你老人家（韦孝宽时年67岁）还是好好养老，国事自有朕和一班年轻人来担当。韦孝宽眼睁睁看着十几万大军从玉壁城经过，自己却无法躬预盛事，一腔壮怀激烈，落得个寂寞夕阳红。

在北周、隋易代之际，周室旧臣尉迟迥起兵数十万武力反对杨坚辅政。正是这位被周武帝弃置不用的韦孝宽，71岁老将出马，替杨坚削平相州之乱，干掉北周最后的实力派，为杨坚的称帝之路铺上最坚实的一块砖。更具讽刺意味的是，韦孝宽灭掉尉迟迥之后不久即病死。

与衣冠南渡的王、谢相比，北方豪族则在更加混乱、凶险的环境下，保持了更多的血气和斗志，在南北朝后期，依旧发挥重要作用；并在唐朝建立之后，成为大唐的统治集团，衍生出关陇集团和山东士族的新故事。这自然是后话了。

二 赵郡李氏：打了多少恶仗，写了多少好书？

赵郡李氏，中国魏晋至隋唐时期的著名大族，出自战国时期赵将武安君李牧，是广武君李左车的后代。因族人多在赵郡一带活动，他们也被冠以"赵郡李氏"，跟其他家诸如陇西李氏区分开来。赵郡李氏在魏晋南北朝时期，与陇西李氏、博陵崔氏、清河崔氏、范阳卢氏、荥阳郑氏和太原王氏一起，被称为"五姓七望"或"五姓七家"。

赵郡李氏因文臣武将名人辈出，在当时拥有极高的声望。唐末五代后，随着士族阶层的衰落，赵郡李氏也慢慢淡出了政坛。那么，赵郡李氏从崛起到衰落的漫长历史中，打了多少恶仗，又留下多少好书呢？

战国时代的军功家族

赵郡是古代地名，地处今河北省石家庄市南部和邢台市北部一带，商朝时期属方国，战国时期属中山国，后来又为赵国属地。秦时此地又隶属于恒山郡，西汉时期，刘邦封儿子刘如意为赵王，封地就在赵县一带。东汉建安十七年（212年），改赵国（治邯郸）置赵郡。此后虽然历经数代，赵郡基本未有太大改变。一直到隋大业三年（607年），赵郡正式辖平棘、高邑、赞皇、元氏、瘿遥、栾城、大陆（今宁晋县部分）、柏乡、房子、藁城、鼓城11个县。唐贞观元年（627年），又改名为赵州，治所为平棘，属河北道，管辖平棘、栾城、元氏、瘿陶、赞皇、柏乡、临城、昭庆8个县。从此，赵郡八县就成为历史上著名的地理符号。

后人在提起赵郡李氏时，往往称他们崛起于赵郡八县。至于赵郡李氏的先祖来自哪里，据《新唐书·宗室世系表》记载，李氏先祖李昙为李耳之后，李昙有四子，李崇、李辨、李昭、李玑。长子李崇迁居陇西，成为陇西李氏始祖；幼子李玑迁居赵郡，成为赵郡李氏始祖；从此天下李姓分为赵郡李氏和陇西李氏两大支。赵郡李氏发迹于战国时期，与白起、王翦、廉颇并称"战国四大名将"的李牧即为赵郡李氏的先祖之一，李牧后人李左车的十七世孙李楷，为避战乱，带领全家徙居于赵郡常山平棘后，生有五子，李辑、李晃、李棨、李劲、李睿，后来他们被称为赵郡李氏的"三祖"：李睿被奉为赵郡李氏东祖，李棨与李劲被奉为赵郡李氏西祖，李辑与李晃被奉为赵郡李氏南祖。西晋末年时期，赵郡李氏确立六大房支，"其一曰南祖，二曰东祖，三曰西祖，四曰辽东，五曰江夏，六曰汉中"。

从赵郡李氏的祖籍地赵郡一带的情况可知，这里是交通要冲，是四战之地。赵郡李氏祖先在此地无不浴血奋战，方能在乱世之中获得一席之地。被赵郡李氏奉为先祖之一的李牧，当年就是凭借战功威震天下。作为"战国四大名将"之一，李牧最后官至赵国丞相，封武安君。此人征战一生，无论是北破匈奴之战，还是大破秦军的肥之战，李牧都展现了他天才的军事能力。他被赵王迁冤杀后，不过三个月，王翦迅速反攻并大败赵军，给了赵国致命一击，加速了赵国灭亡，后世有"李牧死，赵国亡"之说法，可见李牧的历史地位。

李牧之后，李氏还有一个著名的军事家李左车，他是李牧的孙子。楚汉相争时期，李左车辅佐赵王歇，为赵国立下赫赫战功，被封为广武君。赵亡以后，韩信曾向李左车求计，他提出的良策使其收复燕、齐之地，给后世留下了"智者千虑，必有一失；愚者千虑，必有一得"之名言，还著有《广武君略》兵书一部。值得一提的是，李左车这一人物还被京剧《淮河营》所编入，留下了著名的经典唱段："左手拉住了李左车，右手再把栾布拉。三人同把那鬼门关上爬，生死二字且由它。"

经学加持，文武双全

从汉到晋，赵郡李氏一直处在低谷期。随着庄园经济的发展，世家大族在此时形成。赵郡李氏也是如此，他们此时的起家人物是李修。李修师从大儒樊鯈，东汉安帝时官至太尉。大概即由此时，赵郡李氏由武入文，开始经学化和世官化，历由三代而建成门第，逐渐成为世家大族。但此时赵郡李氏的实力还不强，跟其他大族比起来，赵郡李氏在政治和经济上还差得很远，不过，赵郡李氏还是在东汉时期出了一个著名的人物李膺。

李膺，字元礼，是李修之孙。他最初被举荐为孝廉，又被司徒胡广征召，举为高第，再升任为青州刺史，后又受征召，调任为渔阳郡太守，不久又转任蜀郡太守，因母亲年老请求辞职，被调任护乌桓校尉。这样一个文官出身的人，打仗却是一把好手。《后汉书·李膺传》记载："鲜卑数犯塞，膺常蒙矢石，每破走之，虏甚惮慑。"就是说在鲜卑数次入侵中，李膺冒着敌人箭矢飞石的危险指挥作战，屡次击败敌军，让他们极为忌惮。后来永寿二年（156年），鲜卑大举入侵云中地区，百姓屡被其害，汉桓帝这才起用李膺任度辽将军。"自膺到边，皆望风惧服，先所掠男女，悉送还塞下"，可见李膺把鲜卑人打得灰头土脸，听到他的名字就已经魂飞魄散了。不过李膺的才能并没有挽救他的命运，在党锢之祸中下狱致死，父亲去世，妻子儿女被流放；而李氏一族也遭到牵连，其门生故吏及其父兄一并被禁锢，受到惨烈打击。而且后来三国时期，李膺之子李瓒虽然对曹操评价甚高，但是一直迟迟没有投靠，只是在临死前才让儿子前去投靠曹操，这样一来李氏的地位自然没有其他早早"从龙"的大族们高了。

李氏真正的崛起，是在魏晋南北朝时期。这一时期天下大乱，各方豪杰群雄并起，整个中国的政治势力来了一个大洗牌，这也给赵郡李氏提供了一个向上爬的机会。据记载，在南北朝时期，赵郡李氏虽然不是一等高门大族，但是也算是一方豪强。而且在北魏和北齐时期，赵郡李氏和皇室以及其他崔、卢、王等大姓通过联姻等方式，大大提高了自己的社会地位。《资治通鉴》记载北魏太和年间定族姓时："时赵郡诸李，人物尤多，各盛家风，故世之言高华者，以五姓为首。"据不完全统计，北齐时与皇室通婚的赵郡李氏就有10例。

在南北朝前中期，赵郡李氏出了很多著名的武将，比如随北魏太武帝征战的李顺，就是赵郡李氏中的一员，此人足智多谋，屡立奇功。北魏军进至统万城时，赫连昌出军迎战，李顺督领部众，打败其左路军。后李顺又随从皇帝到平凉攻击赫连定，三秦平定之后，李顺升任散骑常侍，晋爵位为侯，加授征虏将军，迁任四部尚书。再如，和高欢一起高举义旗的李元忠。当时洛阳陷落，孝庄帝又死了，李元忠就暗中组织人马，举起义旗起事。等他与高欢会师后一路破敌，最终成事。有趣的是，高欢称帝后每逢喝酒，就开玩笑说都是李元忠逼迫他起兵的。后来李元忠死后，被追赠使持节、司徒公、大将军、定州刺史，都督定、冀、殷、幽四州诸军事，谥号敬惠。

到了南北朝后期，赵郡李氏依然武将辈出。以李子雄为例，此人本名李雄，少时性格豪爽，胸怀大志，曾随北周武帝宇文邕平定北齐，因战功授任帅都督。

隋文帝登基以后，拜李子雄为骠骑将军。开皇九年（589年），李子雄随军平定陈国，因功升任为大将军。后来隋炀帝的五弟汉王杨谅起兵造反，隋炀帝授任李子雄为大将军、廉州刺史前去平叛。经过奋战，李子雄终于平定叛乱，于是升任幽州总管，不久被征召回朝担任民部尚书。不过他的结局不怎么样，隋大业九年（613年），李子雄率军东征高丽，结果卷入杨玄感造反一事，兵败被杀后家产也被没收。

跟倒霉的李子雄比起来，另一位赵郡李氏的将军就幸运多了，他就是初唐名将李孟尝。李孟尝一生也颇具传奇色彩，起初他家境衰落，曾经一度落草为寇。隋朝大业末年，他与王君廓一起归附唐军，不久被秦王李世民招入府中为将。武德元年（618年），他跟随李世民征讨薛举、薛仁杲。武德三年（620年），从军征讨刘武周，前后以功勋加上柱国，累功赏赐财物一千五百段。"玄武门之变"时（626年），李孟尝作为"九将"之一协助李世民夺权成功，后被授为右监门副率，赐物五千段，黄金五百两。同年七月，除右监门中郎将，封武水县开国公。日后李孟尝作为唐将，多次击败突厥等部入侵，拜右威卫大将军。乾封元年（666年），暴病死于长安静安坊的府第，时年74岁。他死后，唐高宗下诏追赠使持节，都督荆、硖、岳、朗四州诸军事，荆州刺史，予谥曰襄，陪葬昭陵。

著书立说，家族常青

赵郡李氏之所以能在乱世中立足，所凭借的不仅仅只有那些能打的武将拼命，在文化方面也建树颇多。在著书立说这一点上，赵郡李氏可谓是不遗余力。

赵郡李氏的博学多才天下闻名，从他们这里进入仕途的人非常多。据统计，直到唐代，赵郡李氏总共出过43位宰相、两代皇后、11位王妃和200多名进士，留下的成语典故多达800多条。魏晋南北朝时期，赵郡李氏仍以门第高贵而不是文学素养闻名，但到了唐代，一直注重读书教育的赵郡李氏更为人所重视。

唐代赵郡李氏有文集传世的著名文学家众多。与此前相比，这一时期赵郡李氏家族的著述呈现出两大特点。一是数量多。现今见于各类文献记载者有数十种，不仅远远超过其此前各代的著述总和，而且在唐代各文化家族中也居于前列。二是种类多。涵盖经学、史学、礼学、文学、地理、艺术等各领域，可以说在当时文化发展的各个部类、各个领域均有作品面世，体现出全面发展、遍地开花的繁荣局面。比如，李安期有文集20卷；李怀远有文集8卷；李绅著有《追昔游诗》3卷、《杂诗》1卷，另有

《莺莺歌》保存在《西厢记诸宫调》中等；李乂、李尚贞、李尚一兄弟著有《李氏花萼集》；李敬玄撰有《礼论》60卷、《正论》3卷、文集30卷；李峤著有诗集5卷；李华辑有《李遐叔文集》；李泌著有文集20卷等。值得一提的是，李峤晚年成为文坛领袖，唐玄宗称"李峤真才子也"。

盛唐时期，赵郡李氏东祖房出现了古文家李华。李华文名甚高，与萧颖士齐名，时称"萧李"。作为古文运动的先驱，李华文章却以骈文居多，其名篇有《扬州功曹萧颖士文集序》《卜论》《李夫人传》等。独孤及在为李华文集所作序言《检校尚书吏部员外郎赵郡李公中集序》中，分析了文坛浮华风气兴起的原因以及李华对"文章中兴"的作用，认为"文章中兴"是从李华开始的。李华之子李翰是天宝年间（742—756年）的进士，曾撰《张巡传》。《张巡传》虽已失传，但韩愈《张中丞传后叙》正是模仿李翰《张巡传》体例所为。边塞诗人李颀亦为赵郡李氏。在李颀生活的开元、天宝年间，边塞诗的创作呈现出繁荣的局面，李颀作为边塞诗人被后世称道，其作品包括《塞下曲》《古塞下曲》《古从军行》《古意》等。他的《塞下曲》描写了边塞战争、边地环境、军人的勇武、军旅生活的艰苦、久戍不归的痛苦以及军中腐败等内容，丰富了边塞诗创作的内容。

中唐时期，赵郡李氏南祖房李绅是新乐府运动的先锋，他的《新题乐府》二十首以歌行体写成，题材广泛，讽喻性强，对新乐府运动产生了很大影响。李绅不仅在新乐府创作方面影响了元、白（元稹、白居易），在长篇叙事诗方面对元、白也有倡导之功：李绅的《莺莺歌》将莺莺的形象塑造和情节发展结合得非常紧密，其《莺莺歌》写成后，元稹才写了《莺莺传》；之后，白居易才写《长恨歌》。

史学著作方面，隋唐时期李百药编撰的《北齐书》为"二十四史"之一，为纪传体断代史，共 50 卷，纪 8 卷、列传 42 卷，记载上起北魏分裂前十年左右，接续北魏分裂、东魏立国、北齐取代东魏，下迄北齐亡国，前后约 50 年史实，而以记北齐历史为主。李绛著有《李相国论事集》《李深之文集》，李德裕著有《会昌一品集》。

在地理、方舆上，赵郡李氏也有很多建树。比如李吉甫著有《元和国计簿》10 卷（已佚），汇总全国方镇、府、州、县之数与户口、赋税、兵员之状况；《百司举要》1 卷（已佚），阐述职官源流职掌；《元和郡县图志》写于唐宪宗元和年间（806—820 年），是唐代的地理总志，对古代政区地理沿革有比较系统的叙述。《元和郡县图志》在魏晋以来的总地志中，不仅是保留下来最古老的一部，也是编写最好的一部。《四库全书总目提要》说："舆地图经，隋唐志所著录者，率散佚无存；其传于今者，惟此书为最古，其体例亦为最善，后来虽递相损益，无能出其范围。"

综上可以看出来，赵郡李氏在中国文学史上的地位非常高，对后世也有巨大影响。但自唐以后，赵郡李氏逐步衰落，其原因有很多，主要是此时维系世家大族的庄园经济开始衰落，同时科举制的兴起也给了士族体制致命一击，再加上新兴的庶族军功集团对士族的冲击也十分巨大。

唐末天下大乱，对士族们造成了毁灭性的打击，包括赵郡李氏在内的整个士族阶层也因此衰落下去。同时，赵郡李氏内部也有问题。赵郡李氏在不停的分家迁徙中，势力被严重削弱。由于家族观念的淡薄，赵郡李氏慢慢变成了除姓氏外其他不再有紧密联系的一个个李姓家族。

衰落归衰落，赵郡李氏日后依然在中国历史上不断闪现着自己的身影。

三　范阳卢氏：老祖宗是经学家，又当大将军

范阳卢氏可谓中国中世纪显赫时代最持久的大族之一。从东汉末年卢植成为范阳卢氏始祖开始，范阳卢氏经历了两晋南北朝数百年乱世，随后又在隋唐继续兴旺，在唐代位列不得互相通婚的"七姓十家"，且一共出了八位宰相，到门阀士族完全衰落的北宋初年还出过一位宰相卢多逊。

卢植：《三国演义》的背景板人物，范阳卢氏奠基人

范阳卢氏的始祖卢植，即使对不熟悉历史的人而言都颇有知名度。在小说《三国演义》的第一回，作为主角的刘备初次登场，就介绍他"尝师事郑玄、卢植"。在随后的情节中，桃园结义的刘、关、张三人听说卢植正在率兵讨伐黄巾军，便前去投奔，并立下了不少战功，挖到了自己政治生涯的"第一桶金"，之后卢植却因为拒绝宦官索贿而获罪。在《三国演义》第一回里，卢植出现的频率相当密集；而在后来的章节中，卢植又当面反对董卓废少帝立献帝，逃过董卓毒手后最终弃官而去。正因如此，即使是对汉末历史不熟悉的人，通过演义也多少会对卢植的事迹知道一二。

卢植出生于涿郡，年轻时与郑玄一起拜在当时的大儒马融门

下。马融是开国名将和外戚马援的后裔，可谓标准的大豪族，在家讲课时也时常让歌女表演歌舞助兴。卢植因为家贫，求学时寄住在马融家中，兼职做一些助教的活，他读书相当专注，从来不瞟这些舞女，也因此让马融颇为另眼相看。卢植、郑玄后来都在学成之后返回关东的家乡办学授课，成长为新一代大儒。

卢植、郑玄都选择返回老家讲学而不是出仕，很可能与汉桓帝时代的第一次党锢之祸有关。到汉灵帝即位，多次拒绝州郡征辟的卢植选择出仕朝廷，并在平定蛮族和经学研究上都颇有贡献，因此仕途亨通，一路升任至二千石高官。在这期间，卢植还抽空在首都洛阳外四十里的缑氏山再度开班授课。在卢植这批新学生中最有名的是两个人：得到身为太守的岳父资助前来听课的公孙瓒，以及受同族刘元起赞助、与堂兄弟刘德然一起来求学的刘备。这两个学生大大提升了卢植的后世知名度，不过在当时，"不甚乐读书，喜狗马、音乐、美衣服"的刘备，恐怕算不上一个好学生。

后来，卢植被召回中央，当时正在进行经学研究和编纂的蔡邕等人希望卢植能协助他们，汉灵帝却觉得编写经学不是当务之急，给了卢植侍中、尚书的高官来管理政务。可要说汉灵帝有多重视卢植，却也不见得。卢植在尚书台上书灵帝，谈论灾异与政要，汉灵帝却装聋作哑只当没听见。

不久，黄巾军起事，卢植作为一个文武兼备、有过多次与蛮夷作战经验的资深官员，再次得到重任，单独带领一支军队，与名将皇甫嵩等人分头镇压黄巾军主力。后来的故事基本与演义相近：卢植屡战屡胜，把与他正面相抗的黄巾军击败并围困在孤城内，但在随后的围城战中因为拒绝宦官索贿而获罪。但从其他

233

战场赶来、最终击败这支黄巾军的皇甫嵩是厚道人，还是把这次战事的主要功劳算给了卢植，卢植再度恢复尚书的高位。之后的故事与演义也基本一致：卢植反对召董卓入京，又当面反对董卓废立，董卓因为卢植地位过高也不敢杀他，于是将他免职，卢植也就回到了幽州老家；随后，袁绍组织反董联军，也请德高望重的卢植出山，为自己提供政治背书，但卢植在不久之后就病死了。

总的来说，卢植作为一个平民出身的儒生，在经学、行政和军事作战三方面都颇有才能，与那位在学术上和他几乎堪称同时代"独孤求败"但另外两方面并无表现的郑玄形成了鲜明对比。正因为有着各方面比较平衡的能力，加上有刘备、公孙瓒这样的学生，卢植不但在生前得到了颇佳的名声，后世也算流芳百年，并且成为范阳卢氏事业的奠基人。

卢毓：司马家族盟友，进一步确立范阳卢氏地位

把卢植奉为上宾的袁绍和卢植的好学生公孙瓒为了争夺霸权，在河北进行了连年恶战。卢植的两位儿子都在战乱中死去，河北大地也陷入饥荒。卢植唯一剩下的儿子便是卢毓，作为卢植的幼子，其父病逝时年仅十岁。在两位兄长相继死于战乱后，卢毓成为范阳卢氏的新族长，年纪不过十几岁的他尽力照顾嫂子和侄子，获得了极佳的名声。随着曹操战胜袁绍统一河北，担任五官中郎将的曹丕征召卢毓为门下贼曹，主管捕盗事务。随后，在崔琰的大力推荐下，卢毓成为冀州主簿。当时曹操治下的法律残酷到令人发指，一位接受聘礼还没过门的女子，其未婚夫不堪曹操治下无休止的压榨选择逃亡，按律这个女子要被连坐处斩。

卢毓引用《诗经》《礼记》《尚书》，推翻了这条法律，在其中显示出的才华引起了曹操的注意，随后得以升迁。在曹操建立了魏公国后，不过30岁的卢毓被任命为吏部郎，负责人才选拔。但他之后的仕途并不顺利，尤其在曹丕称帝之后，卢毓因为替百姓仗义执言得罪了曹丕，被贬谪后外放到多地辗转担任基层官员。

魏明帝曹叡执政后，卢毓终于时来运转，在50岁时被任命为侍中，这是他父亲曾经被汉灵帝委任过的两千石高官。卢毓担任侍中三年，和曹叡有过多次辩驳和争论，曹叡比起父亲曹丕有气度许多，对卢毓的才华和直谏颇为赏识，并让他转任吏部尚书，负责曹魏人才的选拔和任用。卢毓在户部尚书的位置上选拔人才时很好地贯彻了曹叡的想法。早在卢毓还是侍中时，曹叡通过"浮华案"贬黜了一大批贵族子弟，而卢毓宣称用人时应先看性格品行，其次才考虑他的言论和才智，等于是为曹叡的人才选拔路线背书。

等曹叡病死、曹芳继位，曹爽与司马懿联合辅政。曾经受到曹叡压制的毕轨、丁谧、何晏等因"浮华案"遭到禁锢的权贵子弟团结在曹爽周围，逐渐得势。卢毓一度被曹爽解职，最后担任了总领宫内事务的光禄勋，而他的人才选拔之权则被何晏控制。

随后的事情，史书上写得云山雾罩。但我们仔细观察这段时间卢毓的履历，他毫无疑问成了司马懿一系的得力盟友。他先履行司隶校尉的职权，负责审理曹爽大案，在司马懿背弃誓言、族灭曹爽党羽的大屠杀中想必出力颇大，不但重新成为吏部尚书掌握人才选拔权，还得以封侯并继续升迁，最终成为"三公"之一的司空。毌丘俭在淮南反叛时，当时掌握朝政大权的司马师亲自前往镇压，选择让年逾七旬的卢毓负责后方政务，可见他与司马氏关系之密切。

颠沛流离的卢谌：进一步确立范阳卢氏的地位

卢毓进一步确立了范阳卢氏的地位，他的子孙在西晋朝廷地位崇高，却并没有建立什么了不起的功业。如与陆机争斗不休、最终将其害死的卢志，便是卢毓的孙子。而让卢氏家族没有随着永嘉之乱与西晋王朝一起走向没落，反而进一步确定范阳卢氏大族地位的，则是卢志的长子卢谌。

卢谌以才思敏捷、精通黄老之道闻名，还写得一手好文章。卢谌作为司马氏发迹时铁杆盟友卢毓的嫡系长房后裔，有足够的资格在年轻时就与皇族订婚。晋武帝把女儿荥阳公主许配给不到六岁的卢谌，然而还没等到礼成荥阳公主就夭折了。

永嘉之乱中，晋王朝首都洛阳沦陷，卢志带着卢谌、卢谧和卢诜投奔位于并州晋阳的姻亲刘琨。然而，他们都被汉赵王朝的刘粲俘获。后来，卢谌趁着汉赵军队战败，成功逃到刘琨处，但卢志、卢谧和卢诜都因此被处死。卢谌从此在刘琨幕府中效力，并在刘琨败于石勒后跟随他颠沛流离，进入鲜卑段部。这一阶段，卢谌与刘琨曾多次以诗作对答，其中刘琨的一首《重赠卢谌》以"托意非常，摅畅幽愤"著称，堪称那个时代最佳的诗作之一。

寄人篱下的滋味并不好受，尤其是当刘琨的长子刘群卷入鲜卑段部的内战、刘琨因此被杀后，卢谌跟随刘群依附段末杯，随后段部又陷入了一系列内讧，最终被石赵所灭。经常集体屠杀战俘的石虎对刘群非常优待，任命他为掌握机要的中书令高官。

卢谌也因此在后赵仕途亨通，先后担任中书侍郎和国子祭酒等职，最终升迁为卢植、卢毓都担任过的侍中。不过，卢谌似乎以担任后赵官吏为耻，曾对儿子说："吾身没之后，但称晋司空从事中郎尔。"在石虎死后的后赵一系列内战中，支持冉闵的刘群、卢谌等人都死于石琨之手。

卢谌一生颠沛，最后反而在他内心并不认可的后赵王朝仕途亨通。卢谌死后，在史书中留有记载的两个儿子里，长子投奔东晋，其后代中最有名的大概是利用五斗米道差点推翻晋王朝的卢循。也正因为如此，卢氏后裔在南方发展得并不如在北方。而留在北方的卢谌第四子后裔们在历经前燕、前秦、后燕、北魏等政权的更迭后，逐步成为北魏王朝最为显赫的家族之一，并在孝文帝南迁和汉化后成为北魏皇室钦定的四大汉人高门之一。到这时，范阳卢氏作为北方顶级门阀的地位最终奠定，并将继续繁荣兴盛数百年之久。

四　清河崔氏：与胡人政权合作愉快的家族

魏晋南北朝的战乱岁月，对于中原地区的各族百姓自然是一场生灵涂炭的"痛史"。但一些跨州连郡的世家大族却秉承"混乱是进步阶梯"的生存理念，凭借家族积累的财富和学识，通过依附一个又一个来自草原的强力军阀，实现着自身的政治理想，清河崔氏便是其中的佼佼者。

清河崔氏在北魏的发家之道

按照崔氏谱系的说法，这个家族源于周代受封于山东的姜姓，是齐太公的后裔。只以为齐丁公的嫡子季子将继承权让给了齐乙公，自己选择了以崔地为采邑，子孙才以崔为氏。此后齐国内乱，崔氏子弟出奔鲁国，并在秦末乱世之中，迁居于清河郡东武城县与涿郡安平县，是为清河崔氏与博陵崔氏的始祖。

崔氏的这两大支系之中，博陵崔氏较早崭露头角，两汉时期已为名门望族。但在汉末乱世中，这个被后世誉为"崔为文宗，世禅雕龙"的儒家氏族逐渐淡出了政治中心，反而是清河崔氏的崔琰、崔林由于得到曹操的赏识而平步青云。这里的原因除了崔琰、崔林在乱世之中游历四方才能更具实用价值外，更是因为清河崔氏所在的冀州被曹操视为统御北方的核心领地。作为冀州大族且在袁绍麾下有过卓越表现的崔氏自然为曹操格外重视。

然而，在曹魏政权正式确立了对北方的控制权后，崔氏的利用价值便被基本耗尽了。在魏晋更替中，这个家族并无突出表现。唯有"八王之乱"中，崔林之子崔随因为曾奉晋惠帝的玺绶献给过赵王司马伦，短暂出现在史料中。此后，这个家族便一度销声匿迹，直至崔林的曾孙崔悦因辅佐姨丈刘琨而再度回到历史的聚光灯下。不过，在意图光复的刘琨死后，崔悦没有继承其遗志，反而依附于曾经的敌人——石勒。

此后的几代崔氏子弟，先后效力于后赵、前燕、前秦、后燕等政权。直至拓跋氏重新崛起，身为崔林第六世孙的崔宏才找到了自己一展所长的机会。当时拓跋氏内部就国号问题发生争执。在大多数人都主张继续沿用国号"代"的情况下，身为黄门侍郎的崔宏却主张改易国号为"魏"。

作为一个刚从后燕政权过来的新人，崔宏在这样重大的问题上发表异议显然是有风险的。但作为一个前后服务过苻坚、慕容垂的过来人，崔宏显然有自己的盘算。在他看来，国号之所以能够成为问题，便是因为拓跋氏的当家人拓跋珪对"代"这一国号并不满意，希望能够改弦易辙。所以此刻自己抛出"魏者，大名，神州之上国也，宜称魏如故"的理论，即便不被拓跋珪接受，也并无太大的政治风险；而一旦投机成功，便会被领导另眼相看。

果然拓跋珪听从崔宏的意见，选择了以魏为国号，算是与自己的祖辈所建立的代国做了一个切割。为了更好地融入中原，拓跋珪不断强化对汉族文化的学习。崔宏却很清楚，拓跋珪越是钻研中原典籍，便越难与之交流，如果不能时时谨小慎微，便有可能步族人崔逞的后尘。

身为崔琰第六世孙的崔逞很早便在拓跋珪的手下工作，并在拓跋氏军队围攻后燕帝国的重镇中山时提议采集桑葚作为军粮。这本是个不错的建议，奈何崔逞随即卖弄学问说："飞鸮食葚而改音，《诗》称其事。"又指手画脚地对拓跋珪说："可使军人及时自取，过时则落尽。"怀着"你在教我做事"的不满，拓跋珪驳斥崔逞说："内贼未平，兵人安可解甲仗入林野而收葚乎？"此后，拓跋珪又抓住崔逞称呼东晋君主为"贵主"的错漏，直接将崔逞处死了。

正是有了崔逞的前车之鉴，崔宏虽然深得拓跋珪的信任，但却始终保持着君臣之间的距离。史书中称其"未尝謇谔忤旨，亦不谄谀苟容"，既不犯颜进谏，也不阿谀奉承。这个分寸感更深刻地影响到他的儿子崔浩。

拓跋珪晚年养成了服用慢性毒药"寒食散"的恶习，和当时大多数"嗑药"的名士和君王一样，拓跋珪常常在药性发作之后，性情急躁，喜怒无常：就因为雷电击中天安殿的东墙，他便命令部下用攻城的冲车把东、西墙全部撞倒；行事也越发残忍，对自己身边的亲信也痛下杀手。在"群臣畏罪，多不敢求亲近"的情况下，只有著作郎崔浩恭敬殷勤、慎守职事，有时整日不归家。当然，崔浩之所以敢于直面胡乱杀人的拓跋珪，一方面是因为他级别太低、不够一杀；另一方面却是因为崔浩自诩在天文方面的造诣，令拓跋氏不舍得对自己动手。

北魏的开国皇帝拓跋珪是个迷信的天文爱好者，他曾因为北魏太史几次奏报天上的星象错杂混乱，而亲自查阅占卜的书籍，公然宣布帝王继承治理天下的大任，都有上天的旨意，不要妄加干预、胡乱猜想。其继承者拓跋嗣在这个方面大有"乃父之风"，因此为他讲解《易经》《尚书·洪范》的博士崔浩也便格外受到宠信。崔浩对天文、术数也颇为有造诣，加上对政治的敏感，使得他"占卜"的结果大多数都应验了。

北魏太史曾说："荧惑（火星）在匏瓜中，忽亡不知所在，于法当入危亡之国，先为童谣妖言，然后行其祸罚。"拓跋嗣便召见十几个有名的儒士，让他们与太史一起讨论参悟火星所示的含义，推测星落的方位。此时崔浩出来说："火星应该会出现在西方，并且会不利于当地的后秦政权。"果然，80多天以后，火星突然又从井宿附近出现了，不久后秦领地出现大旱，只隔一年便宣告灭亡了。拓跋嗣由此对崔浩的"学究天人"更为依赖，时常让他参与军国大事的决策。

崔浩在军事领域的见解和成就

在获得了军事领域的发言权后，崔浩便开始有些"放飞自我"。拓跋嗣在位期间，太史令王亮、苏坦曾建议将首都从平城迁至邺城，但崔浩却认为北魏政权最大的敌人是北方赫连勃勃和柔然，一旦迁都，云中、平城就有极大隐患为对方所攻占。崔浩的这一论调也便成为北魏此后长期安居于北方的重要论据。

然而，拓跋嗣的亲自坐镇并不能改变赫连勃勃连年进犯的事实。为了给自己的君王打气，崔浩在评价赫连勃勃时，刻意用了一套颇为轻蔑的说辞："国破家覆，孤子一身，寄食姚氏，受其封殖。不思酬恩报义，而乘时徼利，盗有一方，结怨四邻；撅竖小人，虽能纵暴一时，终当为人所吞食耳。"

可惜，崔浩的预言并未实现。赫连勃勃在世期间，他所建立的胡夏政权一直发展得顺风顺水，北魏甚至不敢对其轻易用兵。为此赫连勃勃还关起门来自娱自乐，将首都统万城的四个城门分别命名为招魏、朝宋、服凉、平朔。

直至赫连勃勃死后，执掌北魏的拓跋焘听到其诸子内讧的消息，才毅然出兵征讨，甚至将坚决反对出兵的长孙嵩羞辱一顿。然而，在攻打统万城的过程中，北魏军队依旧仰攻不利。赫连勃勃之子赫连昌还亲自统率步、骑兵共三万人主动出击，逼迫拓跋焘不得不暂时后撤。

双方在统万城展开决战，但当天却有大风雨从东南而来，漫漫尘沙，遮天蔽日。北魏军中的宦官赵倪通晓一些神道法术，便颇为不安地表示："今风雨从贼上来，我向之，彼背之，天不助人；且将士饥渴，愿陛下摄骑避之，更待后日。"这个时候一向喜欢假借神道之说的崔浩倒客观起来，他呵斥赵倪说："是何言也！吾千里制胜，一日之中，岂得变易！贼贪进不止，后军已绝，宜隐军分出，掩击不意。风道在人，岂有常也！"最终北魏军队一举击溃了胡夏政权最后的精锐野战部队。

灭亡胡夏的胜利，令拓跋焘对崔浩更为信任，特意加授崔浩侍中、特进、抚军大将军等职务，酬赏他谋划的功劳。拓跋焘此后还经常到崔浩家里询问天文和术算的结果，有时来得太仓促，崔浩呈献的饮食十分粗糙，来不及精心烹调，但拓跋焘却总是拿起筷子吃一点，甚至有时站着尝一口才走。拓跋焘曾经把崔浩领到他的寝殿，语重心长地对崔浩说："卿才智渊博，事朕祖考，著忠三世，故朕引卿以自近。卿宜尽忠规谏，勿有所隐。朕虽或时忿恚，不从卿言，然终久深思卿言也。"拓跋焘还特意将崔浩介绍给新近投降北魏的高车部落酋长们说："汝曹视此人尪纤懦弱，不能弯弓持矛，然其胸中所怀，乃过于兵甲。朕虽有征伐之志而不能自决，前后有功，皆此人所教也。"

崔浩主导下的改革和悲剧收场

拓跋焘对崔浩无可复加的信任，也正是崔浩末日的开端。拓跋焘对北魏的官僚集团宣布："凡军国大计，汝曹所不能决者，皆当咨浩，然后施行。"此时，拓跋焘正在计划一场北魏政府的内部改革，他以"今二寇摧殄，将偃武修文，理废职，举逸民"为由，将一大批汉族官员引入北魏政府，其中便有崔浩的表弟卢玄。

卢玄是西晋、后赵两大帝国的重臣卢谌的曾孙，崔浩每次跟他谈话，常常叹息说："对子真（卢玄字），使我怀古之情更深。"崔浩打算严格整顿朝中官员的流品，辨明官员的出身和姓氏等级，卢玄劝阻他说："夫创制立事，各有其时；乐为此者，讵有几人！宜加三思。"但是此时自以为得宠的崔浩根本听不进去，而他所推行的政治改革果然引起了北魏官僚系统的强烈反弹。

此时，在统一了中国北方之后，拓跋焘也开始考虑自己的继承人问题。拓跋焘最为宠爱的是自己的长子拓跋晃，很早便将他册立为太子。而拓跋晃也没有让自己的父亲失望，在对外作战和内政事务中都表现得很出色。

拓跋焘北伐柔然时，在鹿浑谷与敌军爆发遭遇战，拓跋晃向父亲建议："贼不意大军猝至，宜掩其不备，速进击之。"尚书令刘洁却说："贼营中尘盛，其众必多，出至平地，恐为所围，不如须诸军大集，然后击之。"拓跋晃虽然年轻但是眼光却很老到，随即表示："尘之盛者，由军士惊怖扰乱故也，何得营上而有此尘乎！"但拓跋焘最终还是没有听取自己儿子的意见，最终在得知柔然"不觉官军卒至，上下惶惧，引众北走，经六七日，知无追者，乃始徐行"后，颇为懊悔，随即便让拓跋晃广泛地参与军国事务的决策。

拓跋晃最为有力的竞争对手是他的叔叔乐平王拓跋丕。为了巩固自己儿子的政治地位，拓跋焘首先处死趁自己出征时在朝野放出"若车驾不返，吾当立乐平王"之言的尚书令刘洁。不久之后，乐平王拓跋丕便因为忧虑过度而去世。当初，拓跋焘曾命人修建了高达二百多尺的白台，而拓跋丕梦见自己登上这白台，四处望去却不见人影，他叫术士董道秀为他占卜，董道秀说："大吉。"拓跋丕面露喜色。等到拓跋丕去世，董道秀也因罪被押往刑场斩首。拓跋晃的老师高允听说这件事后，教导拓跋晃说：

> 夫筮者皆当依附爻象，劝以忠孝。王之问道秀也，道秀宜曰："穷高为亢。《易》曰'亢龙有悔'，又曰'高而无民'，皆不祥也，王不可以不戒。"如此，则王安于上，身全于下矣。道秀反之，宜其死也。

高允也是北魏名臣之后，他的父亲高韬曾出任北魏丞相参军。尽管高韬在高允年少时就去世了，但是他生前的同僚对高允还是颇为照顾的。崔浩的父亲崔宏曾经表示："高子黄中内润，文明外照，必为一代伟器，但恐吾不见耳。"但是高允对于刘洁死后大权在握的崔浩却并不看好。在得知崔浩试图将自己所选用的数十人全部直接委任为郡守而与太子拓跋晃发生争持后，高允感叹说："崔公其不免乎！苟遂其非而校胜于上，将何以堪之！"

高允虽然预见到崔浩最终将倒在政治斗争的旋涡之中，却并没有想到自己也险些受到牵连。太延五年（439 年）十二月，拓跋焘命崔浩以司徒监秘书事，中书侍郎高允、散骑侍郎张伟参著作事，续修国史。尽管拓跋焘事先定下了"务从实录"的基调，但崔浩在自己手下的著作令史闵湛、郄标一番吹嘘之下竟将自己所撰写的原本用于内部传阅的国史内容刻在石碑上，以此来显示自己的秉笔直书。高允听说后无奈表示："闵湛、郄标写的文字，只要有分寸之间的差错，便是崔门万世之祸，我们的后辈恐怕都要跟着遭殃啊！"果然，碑刻的内容所涉及的一些拓跋氏早先的历史成为朝野上下攻击崔浩的口实。拓跋焘在盛怒之下随即将以崔浩为首的整个国史修纂团队全部逮捕。

太子拓跋晃有意保护自己的老师，等到崔浩被捕入狱，他召高允到东宫，留他住了一夜。第二天早晨，拓跋晃与高允一同进宫朝见，二人来到宫门时，拓跋晃对高允说："今天见了我父亲，你别说话；如果是我父亲问你，你一定要按照我说的回答。"之后见到父亲时，拓跋晃说高允"小心慎密，且微贱；制由崔浩，请赦其死"，拓跋焘随即召见并当面质问高允，说："《国书》都是崔浩一个人写的吗？"高允并不隐瞒实情，正面回答说："《太祖记》是前著作郎邓渊所写；《先帝记》及《今记》是我和崔浩一起写的。但崔浩平时还要忙于其他事务，不过是个挂名总裁而已，至于著述，大多是我一个人完成。"拓跋焘当即暴怒说："（高）允罪甚于（崔）浩，何以得生！"

好在拓跋晃出面为高允辩解，高允自己也说："臣罪当灭族，不敢虚妄。殿下以臣侍讲日久，哀臣，欲丐其生耳。实不问臣，臣亦无此言，不敢迷乱。"拓跋焘这才对儿子说："直哉！此人情所难，而允能为之！临死不易辞，信也；为臣不欺君，贞也。宜特除其罪以旌之。"

与高允相比，崔浩的应对能力却差得多了。在拓跋焘亲自审问之下，崔浩恐慌迷惑回答不上来，反观高允奏对时却是件件事申述得明明白白，有条有理。拓跋焘于是命令高允写诏书：诛杀崔浩和他的幕僚宗钦、段承根等人，以及他们的部属、僮仆，共有 128 人，全都夷灭五族。高允犹豫不敢下笔，拓跋焘多次派人催促，高允恳求再晋见拓跋焘一次，然后再写诏书。拓跋焘命人将他带到自己跟前，高允说："浩之所坐，若更有余衅，非臣敢知；若直以触犯，罪不至死。"拓跋焘盛怒之下下令逮捕高允，好在太子拓跋晃再次为他求情，拓跋焘的怒气才稍稍平息，说："没有他（指高允），要多死好几千口人啊！"

北魏太平真君十一年（450 年）六月，拓跋焘亲自下令诛斩清河崔氏老幼和与崔浩属于同一宗族的人，不管血缘关系的疏密远近；与崔浩有姻亲关系的范阳卢氏、太原郭氏、河东柳氏，都被诛灭全族，其他人都只诛斩罪犯一人。在送往城南行刑时，崔浩被放在一辆四周都是栏杆的囚车里，负责押送的几十个士兵在崔浩的头上撒尿，崔浩悲惨地嗷嗷呼叫，史家感叹："自宰司之被戮辱，未有如浩者。"

崔浩的倒台表面看是一场"文字狱"，但是恰如后世史学家所分析的那样："拓跋氏乘后燕之衰，蚕食并、冀，暴师喋血三十余年，而中国略定。其始也，公卿方镇皆故部落酋大，虽参用赵魏旧族，往往以猜忌夷灭。"崔浩既是拓跋焘用来制约来自草原的部落豪强的工具，也是拓跋氏防范和压制的对象，他的死固然如拓跋焘事后所说"崔司徒可惜"，但却是北魏在逐步汉化和保持草原帝国本色的平衡中必然要付出的代价。

五　太原王氏：开枝散叶成为中国第一大姓氏

作为中国最大的姓氏之一，如今王姓在中国的总人数已经高达1亿多，占全国总人口的7%~8%。而"天下王氏出太原"这句老话，则点出了王姓的来源。在士族强盛的时代，太原王氏作为顶层的士族，在当时社会上地位相当高。两晋时期，太原王氏出了11位宰相、3位皇后，他们分别是：西晋的王济，东晋的王述、王恭、王爽、王恺、王愉、王绥、王蕴、王欣之、王坦之、王国宝；东晋哀帝司马丕的皇后王穆之，东晋简文帝司马昱的皇后王简姬，以及东晋孝武帝司马曜的皇后王法慧。

唐代李世民在修氏族志的时候，天下一流的姓氏里面，"五姓七望"中太原王氏是最早登上一流门阀士族地位的家族。这样一个家族，后来其子子孙孙遍布全国，成为中国第一大姓氏。

太原王氏究竟做了什么，让自己的家族长盛不衰、遍布全国呢？

天下王氏出太原？

关于王氏的起源，各方说法不一，按照宋邓名世《古今姓氏书辩证》卷十四里记载的王氏谱系说法：王，周灵王太子晋。八世孙王错当魏国的将军，儿子王翦成了秦国大将军，孙子王贲被封为武陵侯，曾孙王离又被封为武城侯（就是在巨鹿之战中被项羽打败并杀死的王离）。王离有两个儿子王元和王威。史书记载，王元为避秦乱，迁到了琅琊皋虞（今山东青岛皋虞村），后又搬到了琅琊国临沂县（今山东临沂孝友村）。但是，《广韵》中记载：

王，又姓，出太原、琅琊。周灵王太子晋之后。北海、陈留，齐王田和之后。东海出自姬姓。高平、京兆，魏信陵君之后。天水、东平、新蔡、新野、山阳、中山、章武、东莱、河东者，殷王子比干⋯⋯之后号曰王氏。金城、广汉、长沙、堂邑、河南，共二十一望。

在郑樵的《通志·氏族略第四》中对王氏的记载如下：

天子之裔也，所出不一，有姬姓之王，有妫姓之王，有子姓之王，有虏姓之王。若琅琊、太原之王，则曰周灵王太子晋，以直谏废为庶人，其子宗恭为司徒，时人号曰王家。若京兆、河间之王，则曰周文王第十五子毕公高之后毕万。

这些记载说明了王氏的来历不一，也说明了王氏之间的复杂关系。一般认为，太原王氏祖先应该为周灵王太子晋。事实上，如果按史书分析，王氏的祖先可能有好几个，但最终太原王氏却获得了比较普遍的祖先认可。为什么多种记载，不谋而合呢？

唐王朝创始人李渊、李世民由于本非世家大族，门第不高，便通过撰修家谱来提高声望。据《旧唐书·高士廉传》，唐太宗时期，撰写《氏族志》以"止取今日官爵高下作等级"，照官爵的高低来决定姓氏的排名。这导致很多姓氏来源是按照在朝中最高官员的族谱来定。

当时，王氏在朝的最高官员是王珪，他与房玄龄、杜如晦、魏征几个重臣齐名，为"初唐四大名相"。《旧唐书》记载："王珪，字叔珤，太原祁人也。"既然太原王氏出了这样一位位高权重的大官，那么其他的王氏势必向太原王氏靠拢。再加上太原王氏定宗族处于太原，与唐王朝源于同地，这层关系也有利于拉近王氏家族与唐朝皇族的距离，所以，此后包括琅琊王氏在内的全国王氏多与太原王氏挂上了关系。

还有一次著名事件，即武则天封禅嵩山。武则天为并州人，太原属并州。按《隋故王香仁墓志之铭》记载："君讳德，字香仁，其先并州太原人也。周王至德，设明堂以配天；副主登仙，乘白鹤而轻举。"说明并州亦以周灵王太子晋为王氏始祖，而武则天心目中当然也有太原王氏出于太子晋的概念。据《旧唐书·礼仪志》："则天证圣元年，将有事于嵩山……粤三日丁亥，禅于少室山……（封）王子晋为升仙太子，别为立庙。"又《资治通鉴》载其圣历二年（699 年）"幸嵩山，过缑氏，谒升仙太子庙"。武则天重视太原王氏的祖先太子晋，当然有她自己的政治目的，但无意中也推动了"天下王氏出太原"之说的发展。

此后，"天下王氏出太原"成为中国王氏的普遍说法。当时的《王智本墓志》《王建墓志》《王游艺墓志》《王齐丘墓志》《王杰墓志》《王同人墓志》等文献，都认宗太原王氏。如此一来，相当于太原王氏"收编"了全国其他王氏，社会地位获得了极大提高。

太原王氏分南北

实际上，关于太原王氏的早期活动，史书上的记载不多。比如，先秦时期对太原王氏的记录只有魏国大夫王错、秦国大将王翦、武陵侯王贲等人比较有名。秦末战乱，又让太原王氏为了逃离兵灾而遁迹于山林田园，不再过问政治。等他们再次出山步入政坛，则要等到东汉之后了。东汉末年，天下大乱，太原王氏也未能幸免于难。迫于生计，太原王氏不得不开启了迁徙之旅。

当时，太原郡的郡治在晋阳，这里正是太原王氏的居住地。根据史书和文物考证，太原王氏的迁徙路线为晋阳—河内野王县—洛阳。

这一时期，王氏家族中最为著名的人物是王昶（字文舒），他主要的政治活跃期是在东汉末年和曹魏时期。按《三国志·王昶传》记载，魏文帝曹丕于建安二十二年（217年）被立为太子时，王昶为太子文学。220年，曹丕登基后，封王昶为散骑侍郎，为洛阳典农。因"勤劝百姓，垦田特多"，迁兖州刺史。后来，王昶为征南将军渡江，"掩攻吴，破之"，嘉平三年（251年）四月以王昶为征南大将军、仪同三司，进封京陵侯。经过一系列南征北战，甘露三年（258年）八月，又凭军功"以骠骑将军王昶为司空"，增邑千户，并前四千七百户。甘露四年（259年）六月，王昶卒，谥号穆侯。从他的一生可以看出，此时太原王氏的一支应该是在他担任洛阳典农时期迁到洛阳居住的。

迁居洛阳后，太原王氏家族进入了繁荣发展的时期。不仅王昶凭借军功在曹魏政权中占据着显赫地位，他的儿子王浑、兄子王沈，均身居朝中高位。但好景不长，随着司马家族内斗而引发的"八王之乱"，引起了北方一些地方势力乘虚而入。再加上各种天灾人祸，北方陷入一片战乱之中。北方大族纷纷南迁，而在著名的"永嘉之乱"后，洛阳已经待不下去了，太原王氏又一次踏上迁徙之旅。这次迁徙，主要是王泽（王昶父亲）、王柔兄弟的后裔族人南下到了建邺。但是，王柔一支中的王沈后裔王浚，率领部分族人去了幽州。后来，王浚被石勒所杀，他的孙子王准率族人前往乐浪（西汉曾在朝鲜半岛设置的汉四郡之一）避难。北魏时期，在孝文帝的"辟召贤良"政策的感召下，王氏北方后裔又在王评带领下迁回平城，后又徙居洛阳。

南迁的这一支太原王氏也吃尽了苦头。史书记载，王泽这一房支是由王承所率领南下，而他们的南迁之路"移民如潮，道路梗阻，盗匪横行"。历经千辛万苦，王氏族人终于抵达建邺，王承被镇东府的司马睿引为东府从事中郎，让王氏族人在此地得以安置。值得一提的是，太原王氏在建邺住地，一般认为是"乌衣巷"，这里安置的南渡士族很多，王氏只是其中一支。王柔一支的南下，则由王峤带领。有意思的是，这一支太原王氏的南迁，受到了琅琊王氏王敦的欢迎。但是跟王泽一支不同的是，王柔一支对王敦保持了审慎的态度，这也为后来他们在东晋的政治分歧埋下了种子。

太原王氏虽然分成了南迁与北居两部分，客观上也为太原王氏向全国范围的扩展起了推动作用。北方的太原王氏几经沉浮、屡遭重创，依然顽强地生存了下来，并与其他大族积极联姻。

史书记载，与太原王氏通婚的家族有：河东卫氏、平原华氏、颍川荀氏、博陵崔氏，这是在汉魏两晋时期著名的家族，此外还有次一级的家族，如济阴卞氏、乐安孙氏、颍川枣氏、济阴文氏等。可见，北方的太原王氏虽然一度陷入低谷，但依然在士族圈子中有一席之地。遗憾的是，北方的太原王氏毕竟屡遭打击，家族人丁一直不旺。他们的仕途也不算顺利，跟其他大族比起来，比较著名的只有北魏征虏将军王评、燕国乐浪太守王苌及乐浪中正王温等寥寥几人。这一方面与王浚人缘不好有一定关系，另一方面是这一支实在是人丁不旺。尽管他们也受到了北魏政权一定程度的重用，但没有获得与其他大族相等的实力和地位。

南迁这支就不同了，太原王氏渡江后，随着东晋政权的巩固，他们也随之崛起。至晋孝武帝时期，太原王氏无论在政治、经济、仕宦上，还是在家族人丁诸方面，都达到了鼎盛时期。就仕宦而言，这一时期出任中书令、侍中、将军都督、刺史太守者就有 16 人之多。除了仕途顺利外，太原王氏重视家风教育也让他们在江南声名鹊起，比如王濛官职只是长山令、中书郎，而在当时社会及文人士大夫中声望甚高，是东晋一流的名士。经历南迁之苦后，太原王氏在建邺已经落地生根并不断发展壮大，据记载，此时的太原王氏"后房伎妾以百数，天下珍玩充满其室"。从其家族本身而言，是人丁兴旺的表现。王柔宗支至王蕴时有子五人，其次子王恭又有子五人，庶子数人。王泽宗支至王述时，有子四人，其长子王坦之又有子四人，王愉有子三人。不仅如此，他们还积极和皇室联姻，太原王氏女有三人先后为皇后，有两人先后尚公主。跟北方的太原王氏比起来，南迁的族人真不是一般的快活。

太原王氏，大而不倒

福兮祸之所伏。东晋时期太原王氏辉煌时代过后，面临了一场史无前例的家难，即主相之争。东晋取得了淝水大捷后，大好形势却被司马家的昏庸君臣搞得乌烟瘴气，最后引发了东晋内战的主相之争。这场大混战中，太原王氏内部也因政见不合大打出手，最后导致几乎血脉断绝。王柔宗支嫡系男丁几乎被杀绝，最后只剩下王恭一庶子王昙亨。另一支王泽宗支的嫡系，不是相继被杀，就是忧愤离世，最后剩下王愉父子数人苟延残喘。

东晋末年，刘裕起兵称雄，又造成了一次王氏家难，让王氏家族几乎被杀绝，仅有王缉之子王慧龙一人逃脱后北渡入后秦。经过两次家难后，曾经的东晋名门高族元气大伤，一蹶不振。不过，虽然遭此劫难，独身入后秦转道入魏的王慧龙却颇具传奇色彩。在没有得到其他族人的帮助下，他凭借自身的努力和天分，至北魏太武帝时期得到重用，率军征战南北屡立奇功，奇迹般地再次竖起太原王氏大旗。王慧龙最后官至荥阳太守，授龙骧将军，赐长社穆侯。其子宝兴袭爵，闭门不仕；其孙王琼，太初始为典侍令，例降为伯。在魏孝文帝定姓族时，根基不深的太原王氏一跃成为"四姓"之一，与崔、卢、郑等高门齐名。能做到这一点，在当时并不容易。

太原王氏之所以可以让人刮目相看，凭借的不只是军功以及太原王氏的金字招牌，还有他们深厚的家学渊源。王慧龙"撰帝王制度十八篇，号曰《国典》"，他的后代也很争气，北魏孝文帝时，"黄门侍郎王遵业、尚书郎卢观典领《仪注》"，王延业为太学博士、著作佐郎，监典校书。尽管经历了河阴之变的巨灾，太原王氏依然没有受到太大伤害，族人依旧在朝中大量出任官职。就这样，经过了初期的苦难后，太原王氏再次崛起，并根植于北朝，这也为后来的又一次大爆发奠定了根基。

隋唐时期，太原王氏再次活跃起来。太原王氏依旧以其特有的好学家风，在科举制兴起的唐代如鱼得水，大批王氏族人因学问渊博通过科举入仕。到了唐德宗之后更是势力强盛，王播、王铎等人都出任过宰相一职。同时，太原王氏还利用自身的豪门优势，努力与李氏皇族通婚。比如唐高祖李渊的亲妹妹同安公主嫁给了太原王氏的王裕，唐太宗李世民的女儿南平公主嫁给了太原王氏的王敬直，李治娶太原王氏一女为妃（后来的王皇后），李治的孙子李隆基在失意之时娶了太原王氏女为妻……可以说，此时无论是朝中还是后宫，王氏族人的势力如日中天，这也成就了天下王氏都在向太原王氏靠拢的局面，"天下王氏出太原"正式为天下人默认。历经沉浮的太原王氏，终于在此时扬眉吐气。

太原王氏发迹于东汉末年，在两晋时期一度辉煌，在南北朝几经沉浮，最后在唐代权倾天下。上千年的时间里，无数大族消失于历史长河中，但太原王氏却几起几落而坚韧不拔，不得不说是一个奇迹。即使是太原王氏落魄之际，世人也多对其倍加尊重，连唐太宗李世民都觉得十分惊诧。而后来太原王氏博学多才的家风，又让他们在科举制盛行的唐代再次崛起。

随着士族阶层的衰落，太原王氏也跟着一起成为历史。但历经千年，成为中国第一大姓氏的太原王氏留给人们的思考，从来没有散去。

六　地方逆袭："关陇集团"如何迅速崛起？

中国历史上留下名字的地方世家团体之中，"关陇集团"或许是最为传奇的一个，他们之中不仅先后诞生了北周、隋、唐三代帝皇，更有历经三朝而屹立不倒、三位女儿皆贵为皇后的独孤氏等世家传奇。那么，这样一个强大的地方集团是如何在短时间内迅速崛起的？一切都要从北魏孝文帝迁都洛阳的汉化改革说起。

六镇之变和宇文泰的境遇

公元 523 年，北方游牧民族柔然，因天灾和内乱导致大批饥民南下，北魏政权应对不当，随即引发了边防六镇的全面叛乱。

所谓六镇一般是指沃野、怀朔、武川、抚冥、柔玄、怀荒。历史上，北魏前期以平城（今山西省大同市）为国都，为了防御北边的柔然南下，拓跋焘设此六镇，以拱卫都城。在六镇当兵是光荣的，但迁都洛阳之后，平城不复为国都，六镇也失去军事上的意义，官兵地位一落千丈。他们远在漠北，少有接触汉文化的机会，与南迁的鲜卑贵族在文化上形成差距，心理上形成隔膜，经济地位上也处于劣势。氏族部落成员当兵是义务也是权利，拓跋氏封建化后，兵户身份低人一等。加上汉化后的北魏受到汉制度的影响，常常把罪犯发配到六镇为兵，更使六镇兵民的处境不佳。六镇将兵中，不满情绪逐渐增长。

柔然饥民侵入六镇的防区，怀荒镇的民众首先请求开仓取粮，但是武卫将军于景却无理拒绝，镇民不胜愤恨，遂起兵造反，杀死了于景。不久，沃野镇民破六韩拔陵亦聚众起义，其余各镇"华、夷之民往往响应"，起义队伍迅速扩大。

面对来势汹汹的六镇起义军，北魏朝廷并无太好的办法，只能放任尔朱荣等将门子弟招募骁勇之徒前往镇压。尔朱荣也不负所托，仅带了七千骑兵便击败合围邺城六镇起义军号称的百万之众。此后，大批六镇起义军的降卒也加入了尔朱荣的军队，出身宇文鲜卑的宇文泰是其中之一。

按照《周书》相关记载，宇文鲜卑虽然为慕容氏所建立的燕国攻灭，但宇文泰的先祖依旧因掌握数百余骑兵，而为前燕、前秦、后燕、北魏四朝所重用，并在六镇之一的武川境内繁衍生息，逐渐成为当地的豪杰望族。

正是因为历代先祖攒下了偌大的一份家业，宇文泰的家族虽然同样世居六镇、为北魏戍边，但相较于那些揭竿而起的贫苦边军而言，显然属于维护现有统治秩序的既得利益者。因此，当起义爆发之初，宇文泰的父亲宇文肱所想到的并不是逃走或加入，而是纠集了乡里的壮丁，并以牺牲长子宇文颢的代价，袭杀了来犯的起义军头目卫可孤。但是随着六镇起义军的规模越来越大，宇文肱便无力抵挡了。公元526年，宇文肱被迫投靠了起义军领袖鲜于修礼，后来在定州战场上与次子宇文连一同为北魏军队所杀。

面对父兄的惨死，宇文泰和三哥宇文洛生一度选择了将造反进行到底，成功跻身为起义军的中下级军官。奈何仇恨无法战胜铁骑，被尔朱荣俘虏后，面对"生存还是毁灭"的旷古难题，宇文泰最终选择了苟且偷生。然而，尔朱荣对这些降兵还是缺乏信任，宇文洛生在投降后不久被尔朱荣处决。而就在宇文泰噤若寒蝉之际，他生命中的贵人贺拔岳及时出现了。

贺拔岳是龙城县男爵贺拔度拔的第三子，在镇压六镇起义军的过程中，他们父子一度不幸被俘，不过这股起义军似乎还没来得及对其进行处置，其头目卫可孤便为宇文泰的父亲宇文肱所袭杀。从这个角度来看，宇文氏可谓贺拔岳一家的救命恩人。

虽然再次重逢，两人的境遇已经发生了逆转，但是贺拔岳还是从尔朱荣的屠刀下保住了宇文泰。这里除了知恩图报的基本人性外，更重要的是，此时的贺拔岳及其两位兄长都已然在尔朱荣的军中独当一面，但起步最晚的贺拔岳仍在网罗一批自己的核心势力，走投无路的旧相识宇文泰显然便是最合适的人选之一。

一个集团的诞生

此后，尔朱荣委派得力干将贺拔岳、侯莫陈悦和自己的儿子尔朱天光进入关中平定了万俟丑奴的叛乱。而在这场战争中担任步兵校尉的宇文泰跟从贺拔岳进入关内，因功升迁至征西将军，管理原州事务。当时关、陇地区经济凋敝，宇文泰以恩德信义抚慰百姓，当地百姓非常感激，纷纷表示："早遇宇文使君，吾辈岂从乱乎！"

然而，外部局势的稳定引发了中枢的连番内讧。公元 530 年，不甘大权旁落的北魏孝庄帝元子攸设计诱杀了权倾朝野的尔朱荣，并依赖贺拔岳的二哥贺拔胜的支持，暂时稳住了洛阳城内的驻军。但在尔朱氏的全面反扑之下，元子攸最终还是沦为阶下囚，并在晋阳的佛寺之中被尔朱荣的堂侄尔朱兆派人勒死。

但是，元子攸的死非但没有终结北魏的内战，反而引发了局势的进一步动荡。在尔朱家族的子弟们为争夺尔朱荣的政治遗产而大打出手之际，尔朱荣生前的部将开始悄然崛起。公元531年，从尔朱兆手中骗来六镇降兵指挥权的晋州刺史高欢于信都起兵，迅速在战场上击败了尔朱兆，并逼迫其自缢。

击败尔朱兆后，高欢又先后击破了尔朱天光等尔朱氏成员，在洛阳登基的北魏孝武帝元修朝中占据大丞相一职。然而，高欢拿的并不是曹操"挟天子以令诸侯"的剧本，而是效仿袁绍割据河北、遥控朝政。同时，北魏孝武帝元修显然并不愿意当一个提线木偶。在连番明争暗斗之后，洛阳和晋阳方面最终撕破脸。但双方正式兵戎相见之时，孝武帝元修却失去了拼死一战的勇气，抛下好不容易纠集起来的大军，依附于杀害贺拔岳的侯莫陈悦，进而投靠掌控了关中局势的宇文泰。

此时的宇文泰身边不仅云集李虎、赵贵等跟随贺拔岳西征关中的武川籍将领，更网罗了弘农杨氏、杜陵韦氏、武功苏氏等关中汉族世家，已经具备了割据自雄的资本。而孝武帝元修的到来，更令其在政治上掌握了先机，足以与兵强马壮的高欢分庭抗礼。眼见宇文泰严阵以待，高欢也不得不放弃了追回孝武帝元修的原定计划，另立清河文宣王元亶之子元善见为帝，并迁都邺。至此，北魏政权正式分裂为东、西两部。

讽刺的是，相较于被高欢控制的东魏孝静帝元善见，依附于宇文泰的北魏孝武帝元修的日子似乎更难过一点。在进入关中后不久，元修麾下有限的臣僚和部曲便被宇文泰通过联姻收入囊中。元修虽然对宇文泰这种挖墙脚的行为倍感不爽，但是奈何手中缺乏足够的政治资源，也只能暂时选择忍气吞声。

然而，元修的隐忍并没有令宇文泰对其放松警惕。尔朱荣的前车之鉴，令其对北魏皇帝缺乏信任。为了永绝后患，公元535年，宇文泰命人将孝武帝元修毒死，另立北魏孝文帝元宏之孙元宝炬为帝。至此，与继承尔朱荣衣钵的高欢相抗衡的主体，由北魏皇室转向以宇文泰为首的"武川军人集团"。

但是，摆在宇文泰面前的任务却并不轻松。孝武帝元修的西迁，虽然使得北魏大半个朝廷也跟着迁入长安，其中不乏位高望重的名臣良将，但是这些人空有名望和才干，在关中地区并没有可供动员的庄园和部曲；而宇文泰麾下的武川旧将和关中豪杰虽然掌握了一定的军事和物资资源，却依旧欠缺历练。如何能够整合这些资源，召集关内外豪强势力联合抗击高欢，便成为摆在宇文泰面前的首要任务。

虽然矛盾和问题很多，但是幸运的是有高欢这个外部的强敌存在，内部的派系矛盾便始终处于缓和状态，而宇文泰作为唯一有能力统合各方力量共同抗击高欢的领导核心，其地位更是无法撼动。

同样，宇文泰只要能在战场上击败高欢，向东夺取更多的领土和资源，困扰各方的难题也将一一解决，因此，有学者指出，"关陇集团"的形成过程就是关内各派势力消弭矛盾、融合统一的过程。从某种意义上说，北魏孝武帝西迁以及西魏政权的建立，满足了"关陇集团"形成的主要条件，可以视为"关陇集团"初步形成，而西魏政权就是"关陇集团"作为主导的国家和政权的存在模式。

"关陇集团"的有效整合

按照常理来说，宇文泰要与高欢争雄，首先要做的似乎应该是整军备战；在宇文泰看来，虽然自己曾经治理一州和现在治理一国在规模和行政层面上相差甚远，但是基本的执政思路是相通的。

宇文泰很清楚地认识到，如果治理国家的手段长期依赖于军事管制、缺乏制度的规范和保障，那么，虽然短期内可以保证政令的快速下达和高效执行，但是长期如此则容易产生"戎役屡兴、民吏劳弊"的负面效果，仅有关中一隅之地的西魏很难在与高欢的斗争中生存下来，更不用说战胜对方。因此宇文泰选择了将规范行政制度放在首位。

公元 535 年，宇文泰命人拟定了"二十四条新制"为施政纲领和临时法规来规范官吏行为，避免过度役使民力；同时开始大量发掘、笼络、提拔一批有家学渊源、了解典章仪轨的士族子弟和官员来协助他重建国家制度，并委其重任。

虽然整个西魏政权并没有形成较为完善的律法，直至北周保定年间才由拓跋迪主持修成《大律》，但是宇文泰所颁布的一系列规章制度还是对重构国家秩序发挥了很大作用，使得西魏国家机器的运转有了一定法律和制度依据，树立起宇文泰霸府的权威，最终令物质、人力、文化上都远远落后于东魏的西魏，能在竞争中不处下风。

当然，典章制度所建立起来的强大动员能力还要交到骁勇的职业军官团手中才能发挥最大的作用。而在西魏政权建立之初，"关陇集团"其实是由四方势力共同组成的，分别为：以宇文泰、李虎、赵贵为首的武川军人集团，以元欣、独孤信为首的西迁宗室和重臣，以杨坚之父杨忠为首的关陇土著豪强，以及不断在战场上倒戈来投的各方势力。

如何整合这些错综复杂的内部派系？一方面，宇文泰采取待以高位、渐夺其权的方略，从一些与自己一道跟随贺拔岳平定关中的宿将手中逐渐分化其兵权；另一方面全力提拔舅父王盟、表弟王励、侄子宇文导和宇文护（宇文泰长兄宇文颢之子）等亲族。

凭借自己的亲族将领，宇文泰逐渐掌握了西魏的核心武装，但为了更好地整合各方势力，他还是选择与集团内的主要将领结为姻亲，如安排李弼次子李辉迎娶自己的长女义安公主，自己的长子宇文毓迎娶独孤信长女，杨忠之子杨瓒娶自己的女儿顺阳公主，等等。

为了加强对诸将的控制，宇文泰也多将诸将之子召入幕府，年长者任以职事，年幼者陪侍己子，为下一代继续支持宇文氏当权做准备，如长孙俭之子长孙平陪侍宇文直；杨忠之子杨坚、豆卢宁之子豆卢勣入国子学；等等。诸将之子多在宇文泰直接控制之下，虽有作为人质的考虑，但主要还是为扩大宇文氏的支持者做准备，尤其是为宇文泰的继承者培养一批有少时交情的追随者。

正是借助着姻亲关系和质子制度，在与东魏的多次大战中，西魏方面虽然经常处于劣势，但是诸将多以性命相拼，少有叛者。

即便是与宇文泰有所隔阂的独孤信，在邙山之战中也集结溃兵从高欢军背后袭击追击宇文泰的东魏军，减缓了东魏军的追击速度，为宇文泰的顺利脱身赢得宝贵时间。

当然，西魏最终能在一次次的战争洗礼中越挫越强，依靠的还是从关中地区源源不断攫取的兵员和物资，而要实现这一点，仅仅依靠典章制度和诸将的领导是远远不够的。史学家陈寅恪指出，宇文泰"以少数鲜卑化之六镇民族宰割关陇一隅之地，而欲与雄踞山东之高欢及旧承江左之萧氏争霸"，依靠的其实是"融冶胡汉为一体，以自别于洛阳、建邺或江陵文化势力之外"的"关中本位政策"。

关中本位的制度设计

宇文泰的"关中本位政策"主要由"府兵制"和"改易郡望"两部分组成。

府兵制作为宇文泰整合军力以争衡天下的重要措施，并非关陇诸贵拍拍脑袋、凭空设计出来的一种新制度，而是继承自北魏六镇的制度渊源和文化背景以及东晋北府兵的招募制度。不同的是北府兵招募两淮间的流民武装，而府兵制则是招募关陇乡兵武装以及领有乡兵的当地豪强。而为了控制这些豪强，宇文泰往往任命当地最有名望的家族成员担任当地军府统帅，统领军府内的所有豪强和乡兵。

每名府兵在应召参战之际，"唯办弓刀一具，月简阅之；甲、槊、戈、弩，并资官给"。正是有了这样的动员机制，宇文泰只需要保证各军府始终在朝廷的监管之下，便能够保证在战时可以迅速调集军力，与来犯的高欢决一死战。

既然府兵制必须以地方豪强为核心，那么要成为府兵领袖，宇文泰及诸多军中宿将便必须融入关中地方，改易"关陇集团"的郡望就是重要举措。如李渊的祖父李虎便将郡望变为陇西；唐太宗长孙皇后出于长孙稚一族，原为河南洛阳人，现为"长安人"。通过改易郡望，这些"关陇集团"的核心家族不仅成为府兵将领，更与关陇豪族混而为一，算是彻底在关中生了根。

最终，宇文泰在关内重建国家制度，整合各方势力，推行关中本位政策，就是为了形成一个以宇文氏为中心的利益集团，即所谓的"关陇集团"。在最终篡夺了西魏政权、建立北周之后，"关陇集团"又在高氏篡夺东魏而建立起的北齐政权的军事高压之下诞生出"八柱国二十四府"。通过柱国—大将军—军府的制度，在领地和户数远逊于北齐的情况下，实现了"弯道超车"，并最终战而胜之。

北周的以弱胜强，看似一场"逆天改命"的战争奇迹，背后却蕴含着极为有趣的政治逻辑。整个纷乱的魏晋南北朝时期，所有士族都面临着一个终极难题，便是如何将自己在一州一郡的政治影响力通过制度的形式，转化为世袭罔替的收益体制。从这个角度来看，东晋以来南朝不断演进的门阀制以及前秦、北魏所推进的汉化改革都无法解决的问题，却被"关陇集团"成功解决了。

毕竟，对于先后加入"关陇集团"的大小家族而言，其所掌握的私家武装便是他们瓜分政治红利的股权证明。因为，他们可以通过手中所掌握的军府，来按比例参与对外征战并获得相应的升迁和封赏，而不用担心会如侯景那般遭遇鸟尽弓藏或如兰陵王高长恭那般功高震主。

有趣的是，在宇文泰死后"关陇集团"内部的一系列政治动荡中，关中地区土生土长的弘农杨氏最终成功崛起。在北周击败北齐之后，杨坚所篡立的大隋帝国凭借着府兵制的强大力量，跨越那一衣带水，结束了南北朝漫长的割据状态。

可惜，隋朝的第二任君主杨广不知节制地调用兵力，最终令府兵强大的动员机制在三次对高句丽的百万规模远征中不堪重负，一度崩溃。即便如此，作为"关陇集团"直系后裔的李渊通过在关中地区复活府兵体系，便迅速碾压了与之逐鹿中原的其他各路枭雄。

第六章

士族时代的黄昏

　　贞观六年（632年），为排定天下士族门第，唐太宗下令由吏部尚书高士廉编纂《氏族志》。书中以黄门侍郎崔民干为士族第一等，唐太宗阅后非常不满，认为冷落了李唐皇室，士族排定不能单纯以士族门第高下为考量准则，而应当重视当朝冠冕，以当朝官品高下为准。

一　重修《氏族志》：一本志书让关东士族低头

贞观六年（632年），为排定天下士族门第，唐太宗下令由吏部尚书高士廉编纂《氏族志》。书中以黄门侍郎崔民干为士族第一等，唐太宗阅后非常不满，认为冷落了李唐皇室，士族排定不能单纯以士族门第高下为考量准则，而应当重视当朝冠冕，以当朝官品高下为准。

于是，高士廉等依照唐太宗的旨意重新修订，于贞观十二年（638年）再次编纂成书，共收录"二百九十三姓，千六百五十一家"，分为九等，颁于天下。在新修的贞观《氏族志》中，李氏为第一等，外戚为第二等，崔氏降为第三等。

那么，唐太宗为何要两次下令编纂《氏族志》呢？《氏族志》又对当时的士族社会产生了怎样的影响？

唐太宗组织编纂《氏族志》的社会背景

这里所谓的"氏族"，其实就是历史上经常提到的门阀士族。

门阀的前身是汉代豪族。汉代的豪族问题从汉武帝时代开始凸显，"富者田连阡陌，贫者无立锥之地"这句话就是对这一历史问题的生动描述。西汉后期，土地兼并问题愈演愈烈，王莽篡汉自立，他企图通过实行王田制来彻底解决土地兼并问题。不过，由于王莽的改革大业侵害了豪强地主的利益，招致天怒人怨，他的改革最终破产，新莽政权也被农民起义和豪强地主共同推翻了。

新莽之后，就是东汉。东汉的建立者光武帝刘秀，能够在新莽末年的农民起义中脱颖而出，不仅因为他是刘姓宗室之后，也因为他是南阳地区的地主豪强，获得了南阳地区和河北地区广大豪强地主的一众支持。可以说，东汉是一个皇权与豪强共生的王朝。虽然刘秀后来也采取过一系列抑制豪强的举措，比如度田令，但是他并没有从根本上打破与豪强地主共享天下的格局。

与此同时，随着汉代经学的发展，社会上开始出现了一些累世经学的世家大族，有一些甚至是累世公卿的大族，比如在东汉时代号称"四世三公"的弘农杨氏和汝南袁氏。这些世家子弟往往洁身自好，以清廉正直而闻名朝野和乡里，并且不畏强权，自诩清流，不与朝中浊流为伍，因此，他们在社会上有着很高的声望。

当豪强和名士合流之后，就出现了我们说的门阀。东汉末年，门阀遭遇了出身寒族的董卓、曹操等势力的对抗，一些世家大族故而遭到重创，如汝南袁氏等。随着魏文帝曹丕篡汉自立，曹魏政权转而选择拉拢门阀大族，并且创建了一套适应名门士族品评人物的选官制度，这就是九品中正制。

九品中正制创建之初，确实起到了为国家选拔人才的目的，国家也在一定程度上把选任之权收归中央。但是，九品中正制迅速沦为维护门阀统治和利益的政治工具，这一制度本身也迅速成为门阀制度的重要组成部分。到了西晋，九品中正制的弊端正式显现，终于形成了"上品无寒门，下品无士族"的局面。

到了东晋，门阀政治真正成为东晋王朝最显著的政治特征，而这一局面的形成其实是魏晋士族门阀统治的继续和发展。

南北朝以后，门阀政治也开始受到寒族的猛烈冲击，出现了"寒人掌机要"的历史现象；隋唐时期，随着科举制取代九品中正制，门阀开始走向衰落；一直到唐朝末年，黄巢起义兵入长安，门阀才彻底走入历史的尘埃。

而与门阀相伴产生的就是谱牒之学，简称"谱学"。所谓谱学，是指当时社会上关于名门望族家谱的学问，流行于士族高门阶层，被当时人看作是一种重要的知识资源。就当时的社会情况而言，累世高门的望族何其多，少说也有几百家，这些高门望族的历史近可以追溯到魏晋，远可追溯到秦汉，想要把几百个高门望族的家族历史全部搞清楚，绝非易事。而且，有关士族门阀谱系的知识又往往被士族阶层垄断，庶族阶层根本无法获取，谱学渐渐也成为士族门阀阶层标榜自己社会身份和地位的一种舆论工具。

当时社会上也出现了一批谱学著作，最具代表性的是南梁武帝萧衍下诏编纂的《百家谱》，编纂者为王僧孺，合30卷。由此可见，谱学在南朝是得到官方大力推崇的。

当时还有很多士人以精通谱学而著称于世，他们对天下各大名门望族的世系、源流、姻亲、家讳都了如指掌，因能与人接谈而不犯其家讳而获得赞誉，形成了"世有官胄，谱有世官"的景象。

为何会出现这种景象呢？这和南朝士族门阀阶层的衰落有关。

我们知道，门阀政治存在于东晋一朝，门阀政治也成为东晋时代的最大特色，当时的民谚"王与马，共天下"就是对东晋门阀政治的重要体现。然而，当历史进入南朝以后，门阀士族的社会地位所受到的冲击和威胁日益严重，这才使得他们需要刻意用

"士庶之别"的观念来自抬身价，通过强化士庶之别的观念，一方面戒备庶族阶层的僭越，另一方面则戒备皇权的蚕食侵逼。

到了南朝，社会上越是强调士庶之别，就越体现出南朝门阀士族阶层的衰落。"士庶之际，实自天隔"，这种理念正是从刘宋时代开始深入人心的。而谱学在南朝的兴盛，其实是在这种社会背景下酝酿而成的。说到底，谱学之所以兴盛，其实是逐渐走向衰落的门阀士族阶层对自我身份的一种自夸和标榜，以此来进一步强化"士庶之别"，加强和巩固士族门阀阶层的阶级堡垒。

而在当时的北朝，出身北方大族清河崔氏的北魏宰相崔浩，渴望在当时的北魏重建魏晋以来士族门阀政治，便主张建立一套"齐整人伦，分明姓族"的政治制度，一套姓族与人伦、高官与儒学合而为一的贵族政治。这一整套施政主张对以清河崔氏为首的北方汉族门阀阶层无疑是大大有利的，但它同时也严重侵害了鲜卑旧贵族的既得利益，就发生了震惊北魏朝野的"国史之狱"，崔浩也被北魏太武帝所杀，清河崔氏惨遭屠戮。

"国史之狱"虽然使得崔浩的政治主张破产，北方汉族门阀也遭到了沉重打击，但是这并没有阻断北魏的汉化进程。到了北魏孝文帝推行全面汉化之时，"定姓族"的政治理念再次被提上日程。"定姓族"这一举措一方面确定了以清河崔氏、范阳卢氏、太原王氏以及荥阳郑氏为首的北方汉族门阀家族的地位，另一方面则促进了以鲜卑族为主的门阀化。这一时期，也成为北方门阀发展最盛之时。

到了北魏末年，随着六镇起义的爆发，北魏政权宣告瓦解，分裂为东魏和西魏。这一时期，发迹于武川镇的英豪开始聚拢于关陇地区，形成了以贺拔岳为首的集团势力。贺拔岳被杀后，宇文泰接管了这一集团，以西魏所居的关中为阵地，为了抗衡东魏高欢势力，开始实行一套军事化的府兵制改革。宇文泰推行的这场府兵制改革，其核心是"八柱国十二大将军"体系，而这也直接促成了日后影响深远的关陇贵族集团的形成，隋唐两朝的帝王家族也都是出自这一集团。

至此，北朝门阀开始出现了一个以"八柱国十二大将军"为核心的军事门阀贵族集团，即今人所称的关陇贵族集团。故而《周书》记载："当时荣盛，莫与为比。故今之称门阀者，咸推八柱国家云。"

进入隋唐，历史开始发生巨大变化。唐代诗人刘禹锡有一首著名的诗歌叫《乌衣巷》，诗云："朱雀桥边野草花，乌衣巷口夕阳斜。旧时王谢堂前燕，飞入寻常百姓家。"这首诗反映了门阀士族的衰落，以及新兴官僚士族兴起的社会转变。

唐初，社会上主要有三大政治集团：关陇集团，隋唐两朝皆脱胎于此，建立隋朝的杨坚家族和建立唐朝的李渊家族都是关陇集团的核心家族；山东士族，即函谷关或崤山以东地域的世家大族，如代表山东旧士族的崔、卢、李、郑、王"五姓"，山东士族在隋唐之际重新崛起，是唐朝建立必须团结和依靠的一支重要力量；江南士族，虽然南朝的门阀阶层自"侯景之乱"后就走向衰落，但是大的士族阶层仍保有一定的社会地位，如兰陵萧氏等。

唐朝建立之初，政权并不稳固，这也使得以李唐皇室为代表的关陇集团在当时并不占据主导地位。事实上，在唐朝初年占据主导地位的是山东集团。历史学家陈寅恪有一篇著名的文章叫

《论隋末唐初所谓"山东豪杰"》，这里的"山东豪杰"就是指山东集团。在这篇文章中，陈寅恪先生认为，山东豪杰在隋末乱世中崛起，是一个"胡汉杂糅，善战斗，务农业，而有组织之集团"，对李唐王朝统一天下贡献了巨大的力量，就连唐太宗发动"玄武门之变"夺取帝位也是因为得到山东集团的助力才成功的。

对李唐王朝而言，这种传统的门阀秩序显然是不利于国家统治的，一方面影响社会公平，阻碍社会阶层流动；另一方面，门阀秩序本身也是社会秩序和权力秩序的体现，出身关陇集团的李唐皇室自然无法容忍山东士族长期居高临下的姿态。

为了改变这种不利于李唐王朝统治的现象，唐太宗在贞观六年诏吏部尚书高士廉、御史大夫韦挺、中书侍郎岑文本、礼部侍郎令狐德棻，以及各地熟谙族姓的文人，在全国普遍搜求谱牒，参照史传辨别真伪，刊定各姓等第。

然而，高士廉等人并未体会到唐太宗编纂《氏族志》的真正用意，竟然把黄门侍郎崔民干列为士族第一等。唐太宗阅后大为不满，这才有了第二次重修《氏族志》之举。

崔民干在唐朝初年的政治意义

那么，崔民干到底是个什么样的人？

崔民干在史料中一般被称作崔干，原因是他犯了唐太宗李世民的名讳。崔民干出身山东大族博陵崔氏，但是从他的祖父崔猷开始，就世居关陇，历仕西魏、北周、隋、唐诸王朝。隋朝开国的"元从功臣"崔仲方即崔民干的叔父。

崔民干也是唐朝开国的"元从功臣"。根据《册府元龟》的记载，崔民干原是隋朝醴泉（今陕西礼泉）县令，见李渊太原起兵后，当即率众归顺，并奉献了所辖之县，以此功绩成为李渊丞相府主簿。

武德元年（618年）五月，隋恭帝杨侑正式禅位，李渊受禅称帝，建立唐朝，崔民干即被任命为门下省的次官黄门侍郎，四个月后，又出任山东道安抚副使，与大使淮安王李神通一起平定山东地区。次年（619年），李神通被割据河北的窦建德生擒，崔民干也随之成为俘虏。

自此以后，文献中关于崔民干的事迹就不甚明了，这主要是因为"两唐书"都未给崔民干立传，导致其事迹不详。不过，根据已出土的《崔干墓志》的记载可知，崔民干此后曾出任豳州（今山西彬州）刺史。崔干的殁年也不甚清楚，只知道在《氏族志》第二次编纂完成时他还健在，故而崔干的殁年当在贞观十二年（638年）之后，死后被追赠豳州都督。

有关崔民干的主要事迹就这些，可以看出，在隋末唐初这段历史中，崔民干并没有太显著的历史功绩，是一个相对边缘化的人物。这就让我们不禁疑惑，既然崔民干履历功绩平平，为何他能在唐朝建立之初被选入三省六部官员？又为何会在首次编纂《氏族志》时被贞观群臣列为士族第一等呢？

事实上，崔民干的家族虽然从祖父辈开始就世居关中，但是其家族与山东地域的高门大族都有着通婚关系，其家族在山东仍有很强的社会影响力。正是基于这层原因，唐高祖李渊才把崔民干列为三省长官，意在向天下表示重用山东士族的政治理念，以此来拉拢山东士族。之后，崔民干又被李渊派遣跟随李神通一同平定山东，这一安排其实是李渊想利用崔民干的清河崔氏身份来安抚山东士族，以达到让山东士人归附李唐的政治目的。

唐朝初年的三省官员中，还有一个人物与崔民干类似，即出身南陈朝宗室的陈叔达。

陈叔达是南陈宣帝陈顼第十七子，是南陈后主陈叔宝的异母弟，南陈朝灭亡之后便被迁往长安，隋炀帝大业年间被起用，任命为绛郡（今山西绛县）通守。李渊太原起兵后，陈叔达便献城投靠了李渊，因功成为丞相府主簿，建唐后被任命为黄门侍郎。

可以看出，崔民干和陈叔达的履历基本相似，都非关陇本土士族，也都是隋朝的地方长官，都在李渊起兵之际献城投靠，继而被任命为丞相府主簿，建唐后被授予黄门侍郎。

陈叔达被授予黄门侍郎，原因在于其出身陈朝宗室，在江南士族中颇具影响力，这是陈叔达被起用的真正原因。陈叔达被任命为黄门侍郎后，又被授予门下省长官纳言，后又升任侍中，向朝廷举荐了不少江南名士，对唐朝拉拢江南士族起到了重要作用。

前文说到，唐初有三大集团，即关陇集团、山东士族、江南士族。李渊起用崔民干和陈叔达，把他们任命为三省官员，是想利用此二人的家族身份和社会影响力，来实现其拉拢山东和江南士族的政治目的。而到了贞观年间，天下渐趋安定，唐朝已不再需要利用崔民干的家族身份来拉拢山东士族，对崔民干的态度也发生了急剧转变。

《氏族志》首次编纂完成时，崔民干还担任黄门侍郎的职务，崔民干也被列为士族第一等，但是唐太宗对此非常不满，下令重修；到了第二次编纂完成《氏族志》之时，崔民干已经被排挤出政治中枢，被下放为宋州刺史和幽州刺史。

由此可见，唐太宗下令重修《氏族志》，在对崔民干进行门第降格的同时，也在政治上进行打压，可谓是双重打击。唐太宗之所以这样做，就是要在完成天下统一之后，试图打破魏晋以来社会上形成的传统门阀秩序，实现其拔擢贤良、不拘一格纳人才的政治理念。

重修《氏族志》的社会影响和意义

贞观《氏族志》编纂原则是什么？对此，唐太宗明言道："不须论数世以前，止取今日官爵高下作等级。"于是，高士廉就秉持唐太宗的这一原则，以皇室为首，外戚次之，降崔民干为第三。

这里所谓的"今日官爵高下"，简而言之就是"尚官"，而"论数世以前"其实就是指传统的士族门阀秩序，即"尚姓"。所以，贞观《氏族志》的编纂重修其实就是"尚官"和"尚姓"之争，即士族阶层的政治和社会地位到底是由官品决定的还是由家世决定的。唐太宗给出的答案是"官品"，即"今日官爵高下"。

这种转变有着深远的社会影响。魏晋以来，选官制度是九品中正制，而负责选拔人才的中正官被世家大族把持和垄断，德行和才能常常被忽视，门第家世就成为最为重要的标准，甚至是唯一标准。这种现象从魏晋以来持续了数百年，"尚姓"的观念早已深入人心，也难怪高士廉等人体察错了唐太宗的真正用意，使得唐太宗大为不满。

当然，唐太宗所秉持的"尚官"理念也并非无源之水。

早在西魏时代，主持西魏府兵制改革的苏绰就在著名的"六条诏书"中提出了"罢门资""选贤良"的政治理念。正是在苏绰这一政治理念的推动下，西魏和北周呈现出"周氏以降，选无清浊"的现象，官员选拔不再有清浊之分。所谓"清浊"，其实就是九品中正制下高门和寒门任官之别。

正是这种不重门第、重视军功的社会环境，使得西魏北周的府兵制改革取得了巨大成功，并从"后三国"（北周、北齐、南陈）时代迅速崛起，也为之后隋唐科举制的出现奠定了基础。

可以说，唐太宗这种"尚官"不"尚姓"的政治理念，是北朝以来军功政治理念演化而来的，是唐代政治从贵族政治向官僚政治转变的鲜明体现。

与此同时，在唐朝开国统一天下的过程中，一批新的贵族群体正在悄然兴起，其中不乏庶族阶层。于是在唐初社会，新兴贵族和传统士族之间就出现了新的矛盾，而唐太宗编纂《氏族志》就是顺应新兴贵族阶层渴望获得社会身份认可这一强烈愿望下的政治举措。

总而言之，贞观《氏族志》的编纂重修，无疑是唐初新旧士族升降浮沉的一个缩影。

当然，影响中国中古社会长达数百年的门阀观念已经深入人心，唐太宗想要通过编纂《氏族志》来扭转这一观念绝非易事，更非一时之事，甚至就连他本人也会时不时地冒出门第出身的偏见来。比如有一次，唐太宗在朝堂上公然向太子的老师张玄素发问，问他在隋朝担任的职务，而张玄素出身低微，唐太宗的一再追问使得张玄素十分窘迫，这本质上就是根深蒂固的门户偏见的反映。

唐太宗编纂《氏族志》，主要是想确立以皇权为主导和"以当朝官爵定高下"的社会等级秩序，是试图扭转传统门阀秩序的一次重要政治举措，这无疑是具有积极意义的。

但是，我们也不应对唐太宗编纂《氏族志》这一事件的影响评价过高，几百年的传统门阀观念和秩序早已根深蒂固，绝非一份官方谱牒就能轻易扭转的。事实上，以"五姓七望"为代表的山东旧士族并未因《氏族志》的编纂而从此低头，唐初的政治新贵也并非能借助《氏族志》而跻身头等门阀之列。最典型的事例，就是以房玄龄、魏征为代表的贞观新贵仍然在力求与山东士族联姻。

二 "禁婚家"：士族联姻必须经朝廷审批

久战之后，刚有点儿天下安定的意思，国家就开始为人们的婚姻操心。细想想，这也是情理之中：国家想发展，得有劳动力，有人耕种、有人纺织、有人贩卖，才能有税收，维持统治。

大唐也是如此。贞观元年（627年），朝廷就下了《令有司劝勉庶人婚聘及时诏》，规定男20岁、女15岁就可以结婚，鼓励60岁以上的鳏夫和50岁以上的寡妇再婚。

风传山东士族在嫁娶时会收取高额彩礼，唐太宗很不高兴，贞观十六年（642年），下《禁卖婚诏》，倡导少收彩礼。

显庆四年（659年），唐高宗下了"禁婚诏"，矛头直指门阀大族："后魏（北魏）陇西李宝，太原王琼，荥阳郑温，范阳卢子迁、卢浑、卢辅，清河崔宗伯、崔元孙，前燕博陵崔懿，晋（西晋）赵郡李楷，凡七姓十家，不得自为昏（婚）。"同时还明确了财礼的数量：三品以上之家，不得过绢三百匹；四品、五品，不得过二百匹；六品、七品，不得过一百匹；八品以下，不得过五十匹。还规定男方家不得收女方的嫁妆。

下诏"禁婚"：是要主张门第平等吗？

唐太宗、唐高宗接连对山东士族下手，是这些大族真的普遍存在"卖婚"的情况吗？还是大唐主张门第平等？

其实都不是。

唐太宗一度十分重视"山东人"，毕竟在"玄武门之变"中，他的十个核心死士之一郑仁泰就是"山东人"，出身于荥阳郑氏；他的姑姑同安长公主，嫁给了"山东人"——太原王氏出身的王裕；他的儿媳王皇后也是太原王氏；他的几个重臣房玄龄、魏征、李绩都是"山东人"。

但随着时间的推移，事情发生了变化。贞观初年，唐太宗在朝堂上就诋毁"山东人"，大臣张行成听不下去了，对李世民说："陛下是天子，天下都是你的，你要一视同仁，整天说'山东人'不好，别人会说你狭隘呀！"

李世民嘴上不说，心里对"山东人"的厌恶，却始终没减。贞观十八年（644 年），唐太宗欲征高句丽，急寻惯战之将，听说程名振很有本事，就召来问话。程侃侃而谈，太宗非常满意，表示可以重用，对方却没有拜谢，太宗大怒，骂其"山东鄙夫"。

讨厌"山东人"，是关中贵族的一种习性。自北周以来，掌控了政治权力的关陇贵族，就处处以关中为先。前文提到，史学家陈寅恪将自宇文泰至唐初该集团（关陇贵族集团）主导政坛所施行的举措称为"关中本位政策"，也有学者在《唐代荥阳郑氏家族：世系与婚姻关系考》一书中指出，在北周灭齐及随后发生的尉迟迥举兵反杨（杨坚）事件中，山东人士接连遭受严重打击，也因此对关陇形成敌视。隋朝统治者对山东士族，尤其是对山东高门防范、疑忌的态度，则一直持续到唐初。

为何"禁婚"：高门自矜与打倒高门

六朝初期以来寒族逐渐放弃了与名族交往，与之相对应的名族也日益故步自封。比如北齐崔㥄对卢元明讲"天下盛门唯我与尔"，宋荀伯子对王弘称"天下膏粱，唯使君与下官耳"。这种自矜门第的风气发展到极致，逐渐产生了希望保持血统纯粹性的想法。（《六朝门阀：太原王氏家系考》）

高门名族一旦形成，就要极力维护自己的利益。用各种手段来排除那些低位阶层，建立自己的门阀优势，应是情理之中。所以，一些学者认为他们倾向于采取"内婚制"，而这也是高宗下"禁婚诏"的主要原因。

婚姻是一种血缘纽带，也是一种有效的阶层"区隔"手段。李唐皇室从婚姻入手来打击山东门阀，确是妙棋。

山东贵族自矜高门，让坐天下的北周、隋、唐皇帝与关陇贵族颇感不快，他们并不是想取消贵族制，而是要打倒山东门阀，取而代之。

所谓的"内婚制"，如果排除阶层区隔的动机，从世俗的角度看，大约只是那些家族更喜欢"亲上作亲"罢了。"亲上作亲"是唐代婚姻的主要潮流，连皇室也喜欢如此。根据"七姓十家"彼时的婚姻数据，"内婚"在个别名族是主流的婚姻方式，但并没有结构化。

贞观《氏族志》最开始把博陵崔氏列为第一等，陇西李氏和后族排在其后。《旧唐书·高士廉传》记载，李世民非常生气，对朝臣说："我与山东的几大名族，崔家、卢家、李家、郑家，过去并无嫌隙，只因为他们已经连续几代名声衰减，不再是有名气的官宦之家，可他们还是以士大夫自居，在彼此间通婚，馈赠高额的聘礼。说实话，他们才识很普通，不过自以为是高士，故而自傲。他们不过借助祖宗的名声，依仗着祖宗的产业。我不理解，人们为什么那么推重这些大族啊？"

北魏首先在北方确定姓族，但是把皇室与世家大族分开排定，山东七姓因此而贵。高士廉不会办差事，把皇室与世家大族放一起排名，皇室排在了山东大族的后头，李世民当然不开心。

高士廉出身于渤海高氏，也是山东名族，是长孙皇后和长孙无忌的舅舅。李世民不好对他发作，只是调整了贞观《氏族志》的编纂班子，由原来的高士廉牵头，调整成混杂了山东郡姓高士廉、关陇贵族韦挺、江左侨姓岑文本、代北虏姓令狐德棻参与，根据李世民的意见，把皇室和后族排到前面，博陵崔氏调整到了第三等。

新排名体系没有立刻产生影响，因为唐初朝廷许多最高级别的官员都来自高门大姓，其中包括被唐突降级的崔氏家族的主要人物。唯一重要的转变是把皇族和后族升到最高等级，余下的大部分没有发生变化。（《哈佛中国史·世界性的帝国·唐》）

唐高宗对山东世家大族也无仇无怨，有仇有怨的是武则天和李义府。

唐高宗废了王皇后，想立武则天为后，但褚遂良这些人以并州武氏不是名族为由，加以阻挠。

武则天后来好不容易当了皇后，第一件事当然是重修贞观《氏族志》，让自己的母姓进入上等名族。史书记载："许敬宗等以其书（贞观《氏族志》）不叙武氏本望，李义府又耻其家无名，乃奏请改之。"不仅如此，李义府还没收了尊重旧门阀的贞观《氏族志》，又命焚之，希望全面否定对旧门阀的敬意。

李义府是显庆四年（659年）"禁婚诏"的重要推手，他儿子向山东高门求婚遭到拒绝，于是报复。如《唐会要》所示，李义府热切希望可以借《姓氏录》的编纂提高自己家族的社会地位，简而言之，"编纂《氏族志》本身就是对门阀制度的肯定"。

武则天也是贵族制的拥趸，她的女儿太平公主想要嫁给薛绍，但薛绍的嫂子不是贵族出身，武则天便公然鼓动两人离婚，理由竟然是："我女儿哪能与庄稼汉的后人当妯娌啊？"后来，有人举出薛绍的嫂子出自名门，是兰陵萧氏出身，这才作罢。

崇慕高门：唐代的社会风气

明知道唐太宗不喜欢"山东人"，但一些大臣却偏偏要与山东名族联姻。也许，这恰恰反映了贵族制社会的本质，皇权虽然可怕，却不能禁止人们自主行动，包括婚姻选择。

《新唐书》上说，大唐建政，"王妃、主婿皆取当世勋贵名臣家，未尝尚山东旧族"。但房玄龄、魏征、李勣这些人继续与山东名族结成婚姻关系，因此，几大名族的声望不减。

唐高宗时，宰相薛元超曾说自己平生有三恨："始不以进士擢第，不娶五姓女，不得修国史。"吏部尚书李敬玄，前后三娶，都是山东门阀之家，然后与赵郡李氏合族谱，因此许多官员都跟他有亲戚关系，高宗知道后也没有办法，后来还让他做了中书令。

唐玄宗天宝时期的吏部侍郎李彭年，"慕山东著姓为婚姻"。

到了晚唐，与山东名族联姻再成风尚，景云年间的宰相李日知，子侄辈还没有成年的时候，就纷纷与山东名族订了婚约。

《唐会要》记载，至贞元（785—805年）中，左司郎中柳芳论氏族，仍然把山东士族排在前面，强调山东士族不可动摇的地位。

崇慕贵族，并想办法厕身其中，成为贵族阶层中的一员，也是唐代的社会风气。比如，白居易中进士8年后，36岁才娶了弘农杨氏为妻。与"七姓十家"的声望相比，弘农杨氏还略逊一等，但也是名族。白居易的好友元稹也努力与名族沾亲带故，先后二娶，前妻是京兆韦氏，后妻为河东裴氏。虽然两个人都没能与"七姓十家"攀上亲，但是与次一等的名族联姻，元稹已经心满意足，白居易还特意写诗赞美元稹"韦氏女清贵，裴氏甥贤淑"。

"禁婚"效果："十姓七家"放弃"内婚"了吗？

高宗的"禁婚诏"，应该起到了一定效果。

《唐代妇女的生命历程》一书中说：

从墓志材料来看，高宗年间的墓志中确实很少见到望族自为婚姻的炫耀，墓志标题往往只标明死者的姓，而极少标其郡望。

但很快，"禁令"失去效果。

前面说过，唐高宗下"禁婚诏"，背后的获益者是武则天与李义府，而高宗本人并不想打压山东门阀。另外，"安史之乱"爆发后，朝廷的政治能力下降，已经无力在社会生活领域进行有效的约束。"四姓（七姓十家）一直固守高门自婚的传统，供以崇其门第。其二说明当时求婚四姓风气之盛。在这种情况下，禁婚诏只施行了很短一段时间，很快便流为空文，反而被禁婚家用

以自炫,借此进一步抬高其身价。"(《唐代荥阳郑氏家族:世系与婚姻关系考》)

当代学者根据唐代出土的墓志铭进行调查,发现武则天垂拱年间(685—688年),在墓志铭上标注郡望的现象,已经变得频繁。到了唐玄宗天宝年间,人们更多地在墓志铭中提到自己出身大族,一些女性墓志铭也会提到其显赫的大族出身,这表明人们不再避讳自己出身名族。

《唐代妇女的生命历程》一书中还提道:

> 从唐代的墓志铭中我们可以看出,从政对望族来说非常重要,墓志铭在描述大姓的阀阅之尊崇的同时,还详细记录了死者祖先的官职。这既是望族间对朝廷初期政策的一种抗议,也是对微族出身的进士集团的防备。

抛开"禁婚诏"的实际效果,仅从我们所能掌握的山东名族的婚姻数据来分析,"七姓十家"实行"自婚制"的现象,可能并不那么凸显。

根据对92个唐代博陵崔氏配偶的统计,美国汉学家伊沛霞指出,52%的崔氏配偶来自七大姓,27%的配偶来自其他士族,15%的配偶来自权势之家,而只有2%的配偶出身于一般家庭。

我们换个视角来解释这组数据:以博陵崔氏为例,只有一半的婚姻属于人们所说的"内婚",而几乎一半则不属于,还有2%的婚姻是与普通家庭缔结。

日本学者守屋美都雄对太原王氏婚姻数据的梳理,似乎同样不支持"内婚制"普遍存在的观点。根据守屋美都雄整理的资料,太原王氏与几大名族的通婚比例并不高:天宝以前,太原王氏四房与崔姓通婚 7 次、李姓通婚 6 次、张姓通婚 5 次、刘姓通婚 4 次、卢姓通婚 3 次；天宝以后，分别是 4 次、7 次、6 次、2 次和 2 次；其他的通婚，则为五大姓之外的其他姓族。

太原王氏在唐初曾与李唐王室联姻，而彼时"七姓十家"的其他名族，都被皇室排斥。这样的望族，大部分婚姻都不是与山东门阀缔结，或可管中窥豹。

中国学者谢思炜、王昕、燕雪平对荥阳郑氏的婚姻数据进行了分析，在其 335 个样本中，荥阳郑氏共计与 61 个姓氏结有婚姻关系：其中崔、卢、李三大姓所占比例最高，约占全部婚姻对象的 57%；太原王氏虽属"七姓"，但与郑氏的婚姻关系并不密切，仅占 2% 左右；另外，属于关中大姓的京兆韦氏、弘农杨氏，合计约占 5%。

据谢思炜等学者分析，荥阳郑氏与赵郡李氏的婚姻计 18 例，与陇西李氏的婚姻 45 例，其中 30 例是郑氏女嫁出、15 例是娶进，两家都喜欢亲上作亲。

除了几大姓族以外，荥阳郑氏还与其他 58 个姓氏共计发生 131 例婚姻，占全部调查婚例 335 例的 39%：其中主要为山东、关中等地的北方士族，也有少量南方姓氏，还有北朝时代的代姓；结婚比例较高的是京兆韦氏、弘农杨氏、太原王氏、河东裴氏、清河张氏、琅琊王氏、京兆杜氏；此外，还有安定皇甫氏、安定胡氏、昌黎韩氏、天水权氏、扶风马氏。

同样按照分析博陵崔氏的方法来分析荥阳郑氏，发现其与"七姓十家"的婚姻约占 61%，但他们也与江左侨姓和代北房姓结亲，很难说其始终坚持"内婚制"。

当然，这样的结果是"禁婚诏"在起效，还是"七姓十家"所谓"内婚制"本来就只是一种"内婚趋向"或"亲上作亲"的习俗而并非结构化的婚姻准则，我们无法得出最终结论。

无疾而终：皇室也向"七姓十家"低头

唐高宗禁婚，实行得较为严厉，但"七姓十家"只是不敢公开举办婚礼，而是"密装饰其女以送夫家"。自唐玄宗朝，"禁婚诏"就没用了。"禁婚诏"不但没有起到实际效果，反而推高了这"七姓十家"的声望。据《新唐书》记载，自唐宪宗朝开始，公主选尚范围已经包括了山东门阀士族。

从独宠功臣贵戚，到兼宠山东门阀，李唐皇室已经放弃了对山东名族"七姓十家"的压制。

自唐高祖为帝两百年后 836 年左右，唐文宗想把公主嫁给知名士族，对宰相说："民间婚嫁不看官品，却在乎那些名望高的名族，我李家做天子 200 余年，怎么就比不上崔家和卢家呢？"然后下诏让宗正卿在那些适合婚配的世家子里面选一选。但愿意娶公主的，仍然不在"七姓十家"里，真源长公主下嫁给了微族洹水杜氏之后杜中立。

这还不算，唐文宗为儿子选妃，也遇到了困难。《太平广记》记载说，文宗为庄恪太子选妃，朝臣家有适龄未婚女子的，名字及八字等都被呈送到宫内，引起了朝野不安。文宗知道后，对宰相郑覃说："我想为太子婚娶，本来想与你们荥阳郑家结亲，可你们却不答应。我听说其他朝臣也不愿意与朕结为姻亲，这是为什么呢？我李家也是数百年的衣冠士族，你们都不与我做亲家，难道要让我家子孙都去做和尚吗？"

唐文宗对郑覃说这番话，其实颇为辛酸。《新唐书·郑覃传》记载，郑覃宁愿把孙女嫁与九品卫佐崔皋，也不愿意嫁与太子，唐文宗无奈赞扬郑覃"不昏（婚）权家"。虽然李唐王朝已经不如唐太宗时那么兴盛，但是毕竟是帝王之家却遭受嫌弃，估计心中的滋味，很难与外人道吧。

公主权势巨大，所用资财都是皇家供给，挥金如土，骄横异常，士人视婚娶公主为畏途。名族不愿与皇室结亲的现象很普遍，例如郑颢在宰相白敏中的推荐下，被迫放弃与卢氏的婚姻，被招为驸马，从而对白敏中怀恨在心，不断向皇帝打白敏中的小报告。唐宣宗朝，40岁才考中进士的王徽，听说皇帝要招自己为驸马，竟然去找宰相刘瑑哀求，说自己年纪大了，身体有病，不配与皇家结亲。宰相刘瑑亲自跟皇帝解释，这才救了王徽。

人们不愿意与皇室结亲的原因，主要是公主们不守礼法。从唐初开始，公主们淫乱奢靡之风盛行，已经到了令人侧目的程度。

另外一个原因，则是皇室权威衰落。"安史之乱"后，李唐王朝已经没有能力控制全国，北方原被安禄山控制的地区，落入了其他藩镇之手，他们相对独立，掌握地方财权，且经常因为谋求世袭问题而反叛李唐王朝，朝廷不得不花费巨额经费前去平叛，但往往效果不佳。

唐人的门第观念可以说终唐之世也未曾减弱。风气所及，影响到市井文学。在《太平广记》所收录的各类婚姻故事中，与山东大姓有关的婚姻故事为70余篇，其中17篇有荥阳郑氏的人物出现。

需要指出的是，科举制并没有改变唐人崇慕山东门阀的习俗，一是中举者多为世家子弟，二是普通人家子弟中举以后，也纷纷与权势之家和山东名族联姻。660—683 年，通过科考的平均人数为 18 人。670 年，11 个中举的进士只有一人来自其他地方；681 年，51 人中只有一人来自其他地方；682 年，55 人中只有一人来自其他地方。这说明名族之外的中举人数太少，根本不足以改变以名族为主的社会构成，同时说明中举者多为京城名族，他们熟悉京城的语言、礼仪、人脉，再以家世做依托，能够更多地获取社会资源。

"所有能确认为世族出身的知贡举，都居住于京城地区，其中居住于洛阳的人比居住于长安的人多 3 倍。而且，其中 84% 在京城精英的婚姻网络中。"（《中古中国门阀大族的消亡》）这表明人们认为科举制兴起、贵族制衰落的想法，可能过于天真。

三 科举暴击家学：晚唐世家与士寒之争

尽管古人老早就完成了大一统的伟业，但是要持续、稳定地维持一个规模如此庞大的王朝运转，还是不容易的。比如在政治组织构架上的问题，就从来没有消停过——智者在技术局限下不断严优，而时代发展的车轮，却总是把他们苦心孤诣制定的制度碾压得支离破碎。

在两汉短暂的政治稳定期后，王朝政治组织又一次出现危机。魏晋南北朝的人们发现，无论一次次的英雄史诗如何磅礴大气，一旦创业者风吹云散后，他巧取豪夺赢来的"血酬红利"，罕有传得出三代之例。

帝王家族，总难逃血光之灾，而且因果循环越来越快。

英雄宿命之轮回，皆源于政治构架之因循和扭曲。

斯时的王朝，除被世家所垄断的家族教育体系外，统治者再找不到一种稳定的管理人才来源。因此各种治国安邦的具体业务，亦即王朝的经营权，只好长期交由世家大族把持。

然而世家大族，又是一群冷酷无情的政治投机商——在这群狐狸眼中，皇帝不过是巡护公共领地的狮子。一旦狮子衰老或无能，不再能开疆拓土或维护王朝稳定，狐狸们就会毫不留情地，从无数觊觎帝位的野心家中遴选出新的枭雄取而代之。一言以蔽之，狐狸们以业绩能力为导向考核狮子，并随时准备把他当替罪羊抛出去。

于是自魏晋至隋唐，皇帝常常倾国覆族，但五姓七族、王谢朱张不倒。恶名与风险统统归诸帝王，荣誉与实利一概入于私门。春秋时的管仲尚且提倡"善归于上，恶归于己"，而魏晋以下的世家大族为了沽名钓誉自高门楣，却全不顾及职业道德操守，愣是把风险与黑锅统统扔给帝王去背。

然而时代局限如斯，皇帝们虽然不高兴，也只好战战兢兢地坐在悬有达摩克利斯之剑的宝座上，一个不当心就会被轰下台去。他们的压力是如此之大，以至于竟发出了"愿后身世世勿复生帝王家"这样的哀叹（南朝宋顺帝刘准语，遭萧道成篡弒时，年仅13岁），而世家大族却在熙来攘往的政权纷替中游走自如——无论谁当皇帝，总得请他们来打理不是？

就这样，皇帝与世家大族在最根本的利益上逐渐出现了不可调和的严重分歧。这种随时会遭叛卖的处境，当然不是那些有雄才大略的皇帝所能忍受的。

娶谁家女儿是严肃的政治问题

世家大族之所以能长期操持权柄，一赖其垄断的教育资源，二赖其以婚媾关系构建起来的人脉网络。

因循传统的世家教育，固然难以培养出开天辟地的英雄人物，却能源源不断地制造循规蹈矩、娴于政务、人脉熟稔、潜规则认同感强且整体成才率较高的业务骨干，如账房先生（理财政）、博弈大师（主外交）、文案写手（草诏书）、资深律师（定律令）等。

凭着个人的武勇与机遇，寒门庶族可能成为秦叔宝与尉迟敬德；凭着个人的智慧与投机行为，寒门庶族也可能成为徐茂公或魏征。但没有家族的熏陶、培养与铺垫，一个寒门子弟绝难12岁成为甘罗（战国外交家、政治家，12岁拜相），半辈子也难成为王肃（北魏政治家，出自琅琊王氏，娴熟于政治制度，为鲜卑设计全套汉化官制），永远也成不了王羲之（东晋书法家，亦出自琅琊王氏）。乱世里提刀子卖命、设套子坑人，和治世里跑衙门（认得门）、抢人脉（认得人）、搞冷门科研（拉经费），在能力要求上压根儿是两码事。

所以自魏晋以降数百年，乱世中侥幸上位的寒门庶族，无不以融入世家圈子为孜孜以求的目标。就连番邦拓跋氏，在登上中原帝位后，也不惜做陈世美，举宗改娶中原世家女子为妻，企图以血统之融合而求文化之认同（北魏孝文帝改革，鲜卑皇族改与中原卢、崔、郑、王四大世家通婚）。

然而并非谁都是皇帝，可以完成与世家融合血统的美好意愿。为了能让子孙后代有个世家大族的外公，亦即从世家垄断的教育资源、人脉关系中分得一杯羹，寒门出身的新贵每每只能觍颜与交。在世家政治极盛之时，寒门新贵这样的努力通常不过是痴心妄想。偶尔有穷疯了的落魄士族，会看在孔方兄（代指金钱）的面上嫁女于寒门庶族，但旋即便会被其他士族公议开革出世家门墙之外。然而，"侯景之乱"毁掉了南朝世家赖以存在的政治基础；北魏末年的"六镇之乱"及隋、唐之间的大动乱，同样也严重削弱了北方世家的政治影响，尽管世家多有治世之良臣，却绝少乱世之枭雄。

在盘马弯弓的武士面前，理财、辞令、书法、律条之类的技能统统归于无用，以火箭速度提拔起来的官员，大多是那些一天能砍折15柄刀子的猛人，比如《北齐书·薛孤延传》："薛孤延，代人也。少骁果，从神武起兵，以功累加仪同三司。从西征，至蒲津。及窦泰失利，神武班师，延后殿，且战且行，一日斫折十五刀。"而不是严守法度的会计师、长于煽情的写手以及博古通今的制度设计家。

为了在乱世中自保门楣，骄傲的世家只好放宽婚姻标准。唐朝的寒门新贵也忘怀了自己的出身，欣然被敌对阵营的糖衣炮弹打成痴迷状态，只要世家略开一扇旁门，他们便会寻机蜂拥而入。

《新唐书·高俭传》道："房玄龄、魏征、李勣（徐茂公）复与（山东士族）婚，故望不减。"房、魏、李三人——一个是典型官僚，一个是敢谏直臣，一个是圆滑狐狸——他们却有共同的选择，将寒门出身的大唐新贵之口味暴露无遗，即对世家政治的迷恋与复辟。

而对比鲜明的是，大唐皇帝的女儿常常无人问津：唐宣宗时，前文提到的进士王徽听说自己当选驸马，一急之下跑去找宰相哭诉推托，连身体不好这种理由都搬了出来；唐宪宗时，皇帝求公卿大臣给公主介绍驸马，大家纷纷托词说自家子侄条件不靠谱……就连游方术士也瞧不上堂堂大唐公主，唐玄宗要将妹妹玉真公主嫁给"八仙"原型之一的张果老，孰料竟生造出"娶妇得公主，平地生公府，可畏也"这样的言论来加以拒绝！

非但公主们爱情不顺，就连身为王朝继承人的太子同样难逃吃瘪。前文也提到，唐文宗欲为其太子迎娶宰相郑覃孙女，但郑覃竟把孙女嫁给九品官崔某。《新唐书·杜中立传》中，皇帝在悲愤之下叹道："民间修婚姻，不计官品而上阀阅，我家二百年天子，顾不及崔、卢耶？"

在初唐动荡的政治环境下，世家竞相与新贵缔结婚姻，还隐含着更严重的政治斗争意味——这哪里是和皇帝抢亲家，压根儿就是争抢政权支柱嘛！如果任其发展，让世家完成人脉网络的大布局，唐朝就又有沦为"齐梁世界"的危险（在世家势力的怂恿、支持以及投机下，南朝篡夺内讧不断，尤其以南齐、南梁两朝为甚，故后人遂以"齐梁世界"为政治乱世的代称）。

一旦牵扯上政治斗争，世家与新贵之间的"婚姻自由"，就成了帝王心中"是可忍孰不可忍"的严肃问题。

贞观六年，唐太宗便对房玄龄抱怨道："比有山东崔、卢、李、郑四姓，虽累叶陵迟，犹恃其旧地，好自矜大，称为士大夫。每嫁女他族，必广索聘财，以多为贵，论数定约，同于市贾，甚损风俗，有紊礼经。既轻重失宜，理须改革。"（《贞观政要》）

然而，此时的李唐根基尚不稳固，皇帝还不敢公然挑战世家集团，只是发发牢骚而已。直到唐太宗之子唐高宗朝，坐稳了宝座的皇帝才下诏书明令禁止著名世家圈内缔结婚姻："后魏（北魏）陇西李宝，太原王琼，荥阳郑温，范阳卢子迁、卢浑、卢辅，清河崔宗伯、崔元孙，前燕博陵崔懿，晋（西晋）赵郡李楷，凡七姓十家，不得自为昏（婚）。"

为了防止新、旧官僚结成小集团，进而架空自己，皇帝们一方面与世家争抢身居要害职位的亲家（如唐太宗便嫁女儿高阳公主与房玄龄之子房遗爱，无奈公主性情蛮横且不守妇道，反更坐实了"非世家的女儿没家教"的社会舆论），另一方面则悍然禁止他们以缔姻手段继续拓展、巩固人脉网络。

然而，社会价值观总是存在惯性，即便是最严肃的行政命令，也仍然不能改变时人心中根深蒂固的世家情结。这些被"禁婚家"，反倒因此"益自贵"。

于是，唐太宗便借重修《氏族志》事件，对世家发起了第二轮打击。

大唐版的"士族排行榜"

一如今日的"大厂"招聘，在没有历史业绩可参考的情况下，招聘时只好考查文凭，通过文凭的含金量，来评估新人的分量。"世家政治"时代也是一样，不过他们的参照系是《氏族志》——一部详细记载某地某族出产某专业人才的工具书。比如陇西李、吴兴沈出将才，琅琊王、博陵崔出宰相，谯郡桓出叛贼，诸如此类。

贞观六年，唐太宗对房玄龄发完前述那场愤愤的牢骚之后，下旨重修《氏族志》，企图以现实地位为标准，重定世家等级，从而打击泥古不化、惯以历史成就自诩的世家大族（尤其是离心力最强的山东士族）。所以，这部"贞观版"的《氏族志》，其政治色彩就远重于学术价值了。

为了表示编纂工程的客观、严谨以及科学性，太宗提出了"刊正姓氏，普责天下谱牒，兼据凭史、传，剪其浮华，定其真伪，忠贤者褒进，悖逆者贬黜"。为严肃其事，主持编纂《氏族志》者，也皆是核心衙门的主要领导。

领衔编纂者是高士廉（吏部尚书，唐太宗的妻舅），接下来顺次为：韦挺（御史大夫，关陇士族）、岑文本（中书侍郎，"二十四史"中《周书》史论部分的主要作者）、令狐德棻（礼部侍郎，《周书》主编）等人。

照说这支编纂队伍人才济济，阅历才智均强，编纂工作应该极其顺利才是，但结果却让人大跌眼镜——第一稿便让唐太宗驳回重纂，还差点儿挨处分。原因也简单，高士廉本人便是山东士族出身（北齐皇族疏属），他保持惯性思维先入为主，排第一的头等士族居然是博陵崔氏。

唐太宗愤然："我与山东崔、卢、李、郑，旧既无嫌，为其世代衰微，全无冠盖，犹自云士大夫，婚姻之间，则多邀钱币。才识凡下，而偃仰自高，贩鬻松槚，依托富贵。我不解人间何为重之？"借遣责山东士族卖婚套钱的劣迹，先兴大义以责之。

然后点明问题的严重性，更隐含威胁："今崔、卢之属，唯矜远叶衣冠，宁比当朝之贵？公卿已下，何暇多输钱物，兼与他气势，向声背实，以得为荣。我今定氏族者，诚欲崇树今朝冠冕，何因崔（民）干犹为第一等，只看卿等不贵我官爵耶？"（《贞观政要》）

眼见皇帝态度剑拔弩张，高士廉等按照"止取今日官爵高下作等级"的标准，在贞观十二年（638年）捧出成稿：李唐皇族列为第一等，皇后长孙一族列为二等，博陵崔氏则打入三等。

唐太宗官修《氏族志》，是在压制离心力最强的山东士族集团（崤山以东的博陵及清河崔、范阳卢、赵郡李、荥阳郑等四大头等士族），同时，刻意抬高自己所属的、声望较逊的武川（以皇族李氏、后族长孙氏为代表的武功贵族）、关陇（以韦、裴、柳、薛为代表的次等士族）士族集团。

然而，在士族集团之间找平衡，虽能奏一时之功，归根结底还是政治上的"走钢丝"技巧，稍有不慎就会失衡，陷入不断纠偏、矫枉过正，然后再纠偏的振荡态，这就是东汉中叶以后的局面。

最理想的办法，当然莫过于彻底消除一切以血缘裙带关系为基础、政归私门牵引相继的政治集团，改让整个官僚集团在皇帝的监控下，保持随机抽取、平稳交接、有序更替的新陈代谢。

从"推荐"到"竞聘"

技术水平的进步，让大唐可以迈出更大的人事改革步伐，而这是魏晋时代的大英雄们连想都不敢想的。

当唐太宗威望如日中天之时，他的对手是刚刚遭受过数轮沉重打击的世家大族，实施人事改革的技术条件又刚好全部发展到位——语言标准的统一、廉价造纸术的普及、雕版印刷术的成熟，使求学模式从"汗牛充栋"一跃进化为"牛角挂书"。

此时的人才培养逐渐呈现出标准化、廉价化以及作坊化的趋势，这也就意味着，数百年来世家赖以垄断人才培养的技术局限，正被时代的大发展逐步跨越。

一个草根大崛起的时代，至此已如磅礴朝日，呼之欲出了。

为削弱世家大族对官僚体系的把持力度，大唐皇帝继承了隋代的科举制，唐高祖武德四年（621年）启动了首次科举。不过此科影响不大，总计录取才5人（秀才科取1人，进士科取4人），尚属于试验性质。到唐太宗时，科举制度日趋稳定。贞观初年，唐太宗于放榜日赴端门观望，见新进士于榜下缀行而出，喜不自禁地对侍臣道："天下英雄，入吾彀中矣！"算是肯定了科举制度。《唐摭言》对此评价为："文皇帝拨乱反正，特盛科名，志在牢笼英彦。"

大唐科举，一改魏晋以来官吏选拔的传统模式，变"推荐"入仕，为"资格竞聘"入仕：只要个人审核过关（未犯过国法，且非谋私利的工商业者），皆可"怀牒自列"，自由申报官员"资格竞聘"，并参加礼部定期举办的考试。

初起时，礼部考试门类繁多：有秀才、明经、进士、明法、明书、明算等六大常设科目；有选拔天才儿童的"神童科"；有照顾皇亲和三品以上官员子弟的弘文、崇文生举（参照明经、进士考试办法，但要求较低）；偶尔还有些专业科目选拔（制科），如志烈秋霜、词殚文律、抱器怀能、茂材异等、才膺管乐、道侔伊尹、贤良方正、军谋宏远、明于体用、达于吏理之类。

因为分科制举，所以称之为"科举制"。

既然入仕资格考试种类繁多，且各科在进身道路上也有明显的快慢之分，时日一长，考生便自然出现分流现象：

秀才科，入职就是正八品上的官阶（上上第），较同等成绩的明经生要高出三阶，但因难度实在太大（政治、经济、军事、文学素养、道德操守，几乎无一不考），及第机会过少，考生皆视为畏途，该科很快无疾而终；

明经科，考传统政治范畴内的填空题及名词解释，自然成为娴熟于传统政治、稳重有余而文采不足的士族子弟之最爱，入职官阶略高于进士科，从八品下叙官（上上第）；

进士科，主要考文学才华，入职官阶又较明经科低一等，从九品上（上上第）。因为应试无门槛，所以该科成为寒门庶族子弟的首选；

明法（法律）、明书（书法）、明算（算数）三科，都是偏门的专业技能考试，所以考生不多，且发展空间狭窄，该科遂逐渐退出历史舞台。

一般说来，礼部考的是对政治文化及传统案例、执政风格的认知、掌握以及发挥，士子通过礼部考试便具备了做官资格，称为"进士及第"。但实际任用，尚需吏部复试决定。

吏部的复试较礼部简单，以面试为主，穿插笔试，考题更像如今的职业能力倾向测试，偏重于潜力考查。根据各人的仪表、对答、公文处理等能力，给予不同的岗位分配。

礼部把入门关，吏部把分配关，从唐至清，虽然科举内容一变再变，但是这套录取、任用体制基本延续未变。

"官员竞聘"的科目于初起时五花八门，经过一番自然筛汰后，最终只剩下明经与进士两大科——明经科背后是世家大族累积数百年的执政经验，而进士科背后则是寒门庶族庞大的群众基础。

政治精英瞧不起舞文弄墨的酸丁，这是早有历史恩怨在兹的。

早在东汉灵帝时，为了对抗成天研究政治（经学）、煽动负面舆论的太学生，掌权的宦官就使出釜底抽薪之计，成立"鸿都门学"，收罗一帮没资格研读政治的寒门子弟，改而研究文学艺术等科目。在宦官的关照下，"鸿都门学"的毕业生出仕待遇远较太学生优厚。从那以后，学政治的和学文学的，就成了职场上的对手、学术上的冤家。

大唐朝又重演了这一幕。

在皇帝引入科举竞聘制后，世家子弟的出仕道路立刻变得狭窄起来：除了少数有资格能够凭借"祖荫"入仕者外，大多数世家子弟只好选择应考明经科，去挤竞聘的"独木桥"。这就已经够让世家大族不满的了，偏生太宗之后又来了个"新出门户"的武则天当权，她不但继续在政治上压制世家，而且还抡刀子杀人，显而易见是没有道理可讲的了。

好不容易等到唐玄宗上台，缓过气来的世家大族立刻发动了反攻倒算。

唐玄宗天宝九年（750年）的敕文中，世家大族便借皇帝之口道："文学政事，本自异科，求备一人，百中无一。况古来良宰，岂必文人？"给多位寒门子弟出身的进士科文学家，兜头泼了一盆凉水。

这仅仅是开始。

唐代宗宝应二年（763年），礼部侍郎杨绾又提出，进士科"重文轻儒"，助长了青年官员苗子的浮华作风，实在要不得，建议将"竞聘"改回"推荐"的老套路。这一提议引起舆论的热议——可不是吗？唐玄宗天宝年间文豪如云，唐诗仙、圣齐出，可还是"词人材硕者众，然将相屡非其人"，最后闹出个"安史之乱"，杨绾本人虽为世家子弟，却是进士科出身，又是"竞聘"项目的主要负责人之一，所以他的提议极有杀伤力，进士科差点因此被扼杀。

接下来，唐德宗贞元十二年（796年），驸马爷王士平与其妻义阳公主闹婚变，有两个报考进士科的无聊文士将其事迹谱写成乐曲到处张扬，皇帝大怒之下，又差点儿废掉进士科。

唐文宗开成元年（836年），世家出身的宰相郑覃屡次请罢进士科，理由是："南北朝多用文华，所以不治。士以才堪即用，何必文辞？"认为"此科率多轻薄，不必尽用"。而与郑覃同党的中唐名相李德裕，说得更妙："然朝廷显官，须是公卿子弟。何者？自小便习举业，自熟朝廷间事，台阁仪范，班行准则，不教而自成。寒士纵有出人之才，登第之后，始得一班一级，固不能熟习也。"

以上反对进士科的，都抓住了此科选才的天然弱点：科目设置不具备针对性，文笔好和从政经验是两码事；寒门出身的文学之士不懂官场礼节规矩；等等。

尽管被世家出身的政治精英批评得千疮百孔，但是以进士科为代表的科举"竞聘"制度却始终屹立不倒。

奇怪吗？不奇怪。

因为，这套"竞聘"制度的首要目的，从来就不是求才。唐人中还真有明白这一点的，赵嘏"太宗皇帝真长策，赚得英雄尽白头"，一语道破了科举真意。

技术的发展，引发教育普及、知识流播的"多米诺效应"，推进了草根阶层的分化。而以科举为筛网，将草根中的优秀分子遴选出来，一来可以制约乃至取代长期威胁皇帝安危的世家力量，起到平衡政治的杠杆作用；二来又为草根阶层开启了一条合法上升通道（不管它多么狭窄），有助于缓和社会矛盾，起到"泄压阀"的效果。

大唐正是认清了科举的深意，所以尽管对"进士无行"也很窝火，却始终不废科举；而失去了垄断政权技术基础的世家大族，则在与寒门庶族的斗争中，不断衰败。

四 "天街踏尽公卿骨"：北方贵族的最后灭亡

《秦妇吟》是晚唐诗人韦庄（约836—910年）创作的一首叙事诗，它是唐代最长的一首诗歌，大概也算得上是我国古代诗歌中遭受最不公正待遇的一首诗。在长达1000多年的时间里，人人都知道这首诗的存在，但只清楚其中的残句："内库烧为锦绣灰，天街踏尽公卿骨。"

百足之虫，死而不僵

这两句诗，讲的是黄巢起义大军攻入长安（880年）的史实。有唐一代，自从"安史之乱"以来，长安多次沦陷，皇帝对逃路大约已驾轻就熟。眼看起义军近在咫尺，唐僖宗遂带着几个亲王、妃嫔，率神策军五百人，溜出金光门一路逃往西川去了。这就苦了蒙在鼓里的百官，早晨还去上朝，退朝之后，听得败兵进城，才惊慌逃窜。后来，人们在敦煌莫高窟找到了《秦妇吟》全文，发现韦庄是这样描写当时的狼狈情景的："忽看门外起红尘，已见街中擂金鼓。居人走出半仓皇，朝士归来尚疑误。"

接下来，就是千载闻名的"天街踏尽公卿骨"的情形。黄巢起义军进入长安之后，建立"大齐"政权，严厉镇压了一批罪大恶极的唐朝皇族和大官僚地主，以及一些顽固的反动分子。这对北方士族是一次沉重的打击。

魏晋南北朝时，士族得势凭借的是九品中正制，门阀士族"贵仕素资，皆由门庆，平流进取，坐至公卿"，其子弟也是"上车不落则著作，体中何如则秘书"，在政治上享有特权，垄断了仕途。但隋文帝已经废除九品中正制，开创了科举，从而在法律条文上取消了门阀士族的一些政治、经济特权，唐太宗见新进士缀行而出时也喜不自禁地说："天下英雄，入吾彀中矣！"那么，有人或许要问了，为什么此后时隔两个多世纪，"士族"仍然存在呢？

这与唐代科举制度这种新生事物尚不成熟有关。士族很快认识到只有认同科举才能避免成为衰弱小姓，于是，唐中叶以后，名族参加科举者便与日俱增。

为防止舞弊，"糊名"在唐代科举中，只是偶尔为之，并没有形成制度，"誊录"制度亦未实行；反而"公荐""通榜"却十分盛行，且得到国家的认可，不受任何谴责。从积极面看，这种做法兼容了社会公论和舆情呼声，而从消极面看，其又给人情与权势干预考试留下空间。主考官"亦有胁于权势，或扰于亲故，或累于子弟"，往往在科举之前主考官已列好中举者的名次，所谓"未引试之前，其去取高下固已定于胸中矣"。譬如，唐文宗大和二年（828 年）的进士考试由崔郾出任主考官，担任太学博士的吴武陵向其推荐杜牧，而且当场朗读了杜牧的名作《阿房宫赋》，令崔郾非常吃惊。接下来，吴武陵提议"请侍郎与状头（元）"，结果崔郾回答"已有人"，最后只许给杜牧一个第五名——前四名自然都已经定好了。

论起这种"开后门"的能耐，各种关系盘根错节的士族当然比"两耳不闻窗外事"的寒素学子要强得多。世世代代以贩私盐为生的黄巢正是由于"屡举进士不第",才会不平则鸣,"遂为盗"。日后成了气候的黄巢也曾发布檄文,历数朝廷罪过,科举不公就是其中的重要内容,可见他一直对考场黑幕耿耿于怀。

考场黑幕的结果,自然是众多士族在政治舞台上仍旧具有重要地位。有人统计,"安史之乱"后,史传人物经由进士上达者268人,名族及公卿子弟有205人,约占70%(龚鹏程《江西诗社宗派研究》)。南北朝以来世家旧族如范阳卢、清河崔、弘农杨、荥阳郑、京兆王、京兆韦、太原王等氏,无不是科举显赫之家。

以此观之,九品中正制虽然换成了科举,从理论上讲,人人都要进行试策、帖经、杂文等项考试,进士(和明经)及第后才能取得做官资格,可是在很长一段时间里,进入朝堂的颇有一些老面孔。旧士族紧紧抓住科举这根救命稻草,利用自己传统的文化优势,通过让子弟不断地应举中第而维系门第于不衰,"百足之虫,死而不僵"。

战火所及,玉石俱焚

尽管如此,唐代的士族阶级仍然在走下坡路。

一方面,科举毕竟不是九品中正制那样的"铁杆庄稼"。尽管许多士族科举得势,而作为一种本质上的"零和游戏",既然有寒素之士得中进士,自然也会有士族子弟不幸落榜。比如,刘得仁家世显赫,"昆弟皆历贵仕",偏偏他本人"苦于诗,出入举场三十年,竟无所成"。这虽然是个例,但是随着科举制度的实行,几百年间科举落榜士族的绝对数字也不会小。一旦科举失败，"世禄失之，其族绝矣"。这就是当时的社会现实。

另一方面，战乱也是一个很重要的原因。历时 8 年的"安史之乱"是唐代由盛而衰的转折点，也是中原地区经历了一个半世纪和平岁月之后的一场大战乱，这里本是崔、卢、李、郑、王等山东旧士族聚集的地区，战火所及，玉石俱焚，旧士族自然也难逃劫数。

比如，柳宗元一家"举族如吴"后，无以为食，其父"独乘驴无僮御以出，求仁者，冀以给食"，落到了乞讨的可怜地步。即便是战乱平息，不少留居原地的士族日子也不好过。"安史之乱"名义上的结束，是以唐廷将河北之地付授安、史部将作为代价的，继之而起的则是以"河北三镇"（范阳节度使、成德节度使、魏博节度使）为首的藩镇割据。在唐后期的河北藩镇中，统治支柱和社会基础是以牙兵为核心的职业军人集团，一些出身低微而握有军权的人控制了藩镇的统治权。随着这些职业军人集团的崛起，当地名门大族的地方代表性不断丧失而被边缘化，他们几乎没有掌握过节镇的统治权或进入统治核心。杜佑在《省官议》里就因此感慨："今田悦之徒，并是庸琐，繁刑暴赋，惟恤军戎，衣冠士人，遇如奴虏。"

唐末农民战争的规模大过"安史之乱"，尤其是黄巢率军入江西，经江浙，从山东转战广东，再由广州回攻洛阳，破潼关，最后攻下长安，给予唐朝中央政权致命一击。中和四年（884 年）六月，黄巢身死泰山狼虎谷（今山东莱芜西南），起义彻底失败，唐廷虽幸免于覆灭，但也是奄奄一息。眼看唐朝大厦将倾，各方诸侯觊觎天下，随即爆发大规模的割据混战。

公元887年，张全义当了河南尹，只见当时的洛阳白骨遍野，荆棘满地，居民不满百户，田地尽归荒芜，景象十分惨淡。张全义带了100多人上任，他挑了18个人当屯将，在洛阳18个属县的村落中，插上旗帜，张贴榜文，招集流散农民，恢复生产。他规定开头不收租税，对犯法的人，除杀人犯外，其余只略微打几下板子。人口多起来了，他又挑选壮士，练习阵法武艺，保卫地方。经过几年努力，洛阳18个属县的农业生产完全恢复。从当时整个中原地区的情况来看，这些恢复发展生产的情况是局部性的。然而，北方其他强有力的割据者，在这方面都没有什么作为，于是大军阀朱温靠张全义支持，在经济上立于不败之地。中原其他地方的惨象自然不问可知了。

衣冠旧族，没而不振

在唐末战乱中，一些门阀旧族不但在政治上遭到毁灭性打击，其经济实力也被摧毁，比如，唐代武宗时的宰相李德裕出身赵郡李氏。这个家族在晚唐势力非常兴盛，元和初年，"三祖之后，同时一人为相"，"至太和、开成间，又各一人前后在相位"。李德裕在洛阳有座宏大别墅叫"平泉庄"，但在战乱中化为乌有，"李氏花木，多为都下移掘，樵人鬻卖，园亭扫地矣"。这件事情还有下文，五代后唐年间（923—936年），李德裕的孙子李敬义还惦记着祖业，当他得知李德裕的醒酒石为张全义的监军所得时，便请托张全义向监军索取。张全义参加过黄巢起义，但他对李敬义还挺尊重，便转告给了监军。谁知这位在史书上不曾留下姓名的监军大人闻后居然大发脾气，说："黄巢败后，谁家园池完复，岂独平泉有石哉！"一句"谁家园池完复"就充分说明，经过唐末剧烈战乱的冲击，士族官僚的田园资产损失巨大，甚至连李德裕这样规模巨大的平泉庄也被破坏无遗了。

本来就已命悬一线的北方士族，在黄巢起义失败20年后，又遭到了致命一击。天祐元年（904年），已经成为中原最强大军阀的朱温强迫长安城内的皇室全部迁往洛阳，彻底破坏长安的公私建筑，把材料浮渭水入黄河，运往洛阳。这是长安城遭到的一次致命浩劫，"自此遂丘墟矣"。唐末以后，传统中国的改朝换代仍在进行，而长安再也没有被选择为国都。

此时，朱温（唐廷还赐名"全忠"）称帝篡位已是箭在弦上。他决心打击旧日高门望族，扫清妨碍他的社会势力。这时候，朱温手下有个谋士叫李振，跟黄巢一样，在唐末科举里几次落第。士族对庶族的歧视和在科场制上独占鳌头的情势造成了庶族士人尤其是落第庶族士人的仇视，李振要发泄当年的怨气，便劝朱温大批贬逐屠杀朝廷大员——理由就是"朝廷所以不理，良由衣冠浮薄之徒紊乱纲纪"。凡是自命门第高贵，或科举出身颇有声名，只要在统治集团中有地位、有影响的，统统加上"浮薄"的罪名，斥革驱逐。

天祐二年（905年）五月，朝中官僚士族，宰相裴枢（河东著姓）、崔远（博陵名族）等被贬逐，接着工部尚书王溥（太原著姓）等人也被贬逐。次月，朱温又将裴枢等30多位朝臣招到白马驿（今河南滑县境内）全部杀掉，尸体投入黄河之中。李振又对朱全忠说："这些人不是自称清流（指进士出身）吗？那就把他们投入黄河，叫他们全变成'浊流'！"朱温大笑从之。这自然是泄愤的表现，但唐末北方士族的精英人物，也因此差不多被一扫而空了。

在屠杀大批公卿以后，朱温又上演了一幕禅让的丑剧，唐朝从此名实俱亡。但这位后梁太祖做不成曹丕，更成不了司马炎。河东有强敌李氏，河北方镇尚存，南方也已形成几个割据集团，所谓梁朝，不过是中原最大的一个割据势力而已，中国的历史，就此正式进入"五代十国"时期。

五代年间，士族衰微之势已不可逆转。据历史学者毛汉光先生统计，士族出身的官员在整个文职官员中所占比例自后梁之53.1%，骤降为后唐的34.8%，此后仍继续滑落，至后晋为33.3%，至后汉为22.5%，至后周则仅为20.9%。也就是说，从后唐开始，士族出身的官员在整个文职官吏中的比例再也没有占据半壁江山。这种趋势发展的结果就是，入宋之后，士庶之分终于彻底模糊，宋代科举取士几乎已无任何身份限制，无疑为平民大量进入仕途提供方便，也促进了社会结构的进一步变化。宋人在撰写人物传记时，每每言曰："唐末五代，天下丧乱，衣冠旧族，往往流落闾阎间，没而不振。"在吟诗时，也会不自觉地吟出这样的诗句："唐家甲乙尊门族，谁有流传直到今？"这可以说是对士族没落的最好写照。

《共治天下：士族的崛起与衰落》
创作者列表

（按文章出现顺序排列）

瀛洲海客　江上苇　陈峰韬

郭歆　潇湘水冷　赵恺

刘勃　黑色君　刘凯

孙晓飞　郭晔旻